U0891330

刘应明院士

1954 年刘应明高中(福州一中)入学照

1957 年刘应明北大入学照

刘应明全家合影

刘应明与夫人吴玉群合影

刘应明家人合影

刘应明夫妇与外孙女合影

刘应明与母亲、女儿合影

刘应明与柯召(1995 年)

刘应明在拓扑与模糊数学讨论班(1995 年)
(左起：李中夫、梁基华、蒋继光、刘应明、罗懋康、肖谦、张德学)

20 世纪 90 年代博士论文答辩会
(前排左起：张景中、杨路、刘应明等)

刘应明与四川大学数学系领导唐志远、熊华鑫

刘应明与学生们合影(2010 年 5 月)
(前排左 2：刘应明，左 3：阮勇斌；后排右 1：何明)

刘应明与同事、学生们合影
(前排左起：罗懋康、李中夫、刘应明、梁基华、张德学；后排左起：寇辉、贺伟、徐晓林、彭联刚)

2001 年历届求是数学奖获得者报告会合影

刘应明和陈省身夫妇合影(20 世纪 90 年代)

刘应明(左二)与姜伯驹院士、张恭庆院士、丁伟岳院士合影(2010 年 8 月)

刘应明(左一)在上海参加何梁何利基金科技进步奖颁奖大会上与复旦大学、李大潜院士(右一)谷超豪院士及夫人胡和生院士合影
(2005 年 10 月)

刘应明(左二)与马志明院士、彭实戈院士合影
(2010 年 8 月)

第一届全国模糊拓扑学术讨论会合影(1984 年于南京师范大学)

模糊数学与模糊系统委员会常务理事会合影(2009 年于浙江舟山)

全国模糊数学与模糊系统常务理事会合影(2011 年于西安)

中国模糊数学与模糊系统第十六届学术会议合影(2012 年于福州)

全国模糊数学与模糊系统常务理事会议合影(2013 年于南京)

中国系统工程学会模糊数学与模糊系统专业委员会常务理事会议合影(2015 年于伊宁)

中国数学会第十次全国代表大会合影(2007 年于北京)

四川省数学会 1988 年年会合影(西昌)

四川省数学会第五届会员代表大会暨 1992 年学术年会合影(成都)

四川省数学会 1997 年年会合影(涪陵武隆)

刘应明代表四川大学长江数学研究中心与加拿大太平洋数学所签署合作协议

四川大学统计学研究中心成立大会

(从左至右：潘建新教授、耿直教授、谢和平院士(时任四川大学校长)、刘应明院士、马志明院士、李安民院士、何书元教授、彭联刚教授)

1999 年 1 月 4 日刘应明院士(前排左 4)到四川师范大学看望四川省冬令营集训队员

(其中包括张伟(三排左 3)、许晨阳(二排左 4)、朱歆文(二排左 7))

“刘应明奖学金”颁奖典礼部分人员合影

(前排左起：谢和平(时任四川大学校长、院士)、刘应明、何明)

刘应明(五排中部)参加第十届全国人民代表大会合影(2008 年)

刘应明(五排中部)参加第十届全国人民代表大会常务委员会组成人员合影(2008 年)

刘应明、九三学社四川省委副主委李仁霖(右一)与来访指导工作的全国人大常委会副委员长、九三学社中央委员会主席韩启德(左一)座谈(2006 年 4 月 10 日)

刘应明带队视察南充市

(九三学社南充市委副主委、西华师范大学计算机学院院长李明东(二排左一)、九三学社四川省委原秘书长戴晓雁(左二)、南充市人大副主任、九三学社南充市第六届委员会主委陶治国(左三)、南充市政协原副主席、秘书长李盛文(右一)、南充市政协原副主席、九三学社南充市第四届委员会主委胡昌川(二排右一))

中国学位与研究生教育学会第二届常务理事会议留念(1999 年)

四川省学位与研究生教育学会 2000 年年会代表合影

四川大学外国专家工作会代表合影(1999 年)

刘应明院士一行访问香港浸会大学(1998 年)

(右五：刘应明院士；右六：曾宪博教授，时任香港浸会大学教授、学务副校长兼林思齐东西学术交流研究所所长；右四：四川大学法学院赵炳寿教授；右三：晏世经副教授；左五：四川大学哲学系冉昌光教授；左四：四川大学工商管理学院陈高林教授；左三：四川大学高分子学院顾易教授；左一：四川大学经济系赵怀顺教授；右一：香港浸会大学林思齐东西学术交流研究所助理所长陈焕贤)

刘应明出席格致中学 160 年校庆时在其塑像前留影

刘应明传

白苏华　陈朝东　著

科学出版社
北　京

内 容 简 介

刘应明院士是著名的数学家、教育家和社会活动家，他的经历有传奇色彩。他是我国模糊数学研究的奠基人之一，在模糊数学以外也取得了多个重要的成果。他又是改革开放以来我国数学界一位杰出的领军人物。为发展我国的数学事业，特别是推动我国西部的数学教育事业，以及引领四川大学数学学科的快速发展方面作出了重要贡献。他善于思考，勇于担当，有锋芒，有情怀，把毕生的精力和才华挥洒在祖国的数学事业和教育事业中。

本书用感人的文笔和翔实的资料，向我们展示了一个活生生的刘应明。读者可以从他的学问、事业、理念、实践、人生等方面得到许多启发。

本书适合大众读者阅读，特别是青年学生、文化教育工作者、科技工作者、数学爱好者以及各级党政部门干部。

图书在版编目(CIP)数据

刘应明传／白苏华，陈朝东著. —北京：科学出版社，2020.9
ISBN 978-7-03-065836-4

Ⅰ. ①刘… Ⅱ. ①白…②陈… Ⅲ. ①刘应明(1940—2016)-传记
Ⅳ. ①K826.11

中国版本图书馆 CIP 数据核字(2020)第 147387 号

责任编辑：胡庆家 崔慧娴／责任校对：彭珍珍
责任印制：肖 兴／封面设计：无极书装

科学出版社 出版
北京东黄城根北街 16 号
邮政编码：100717
http://www.sciencep.com
三河市春园印刷有限公司 印刷
科学出版社发行 各地新华书店经销
*
2020 年 9 月第 一 版 开本：720 × 1000 1/16
2020 年 9 月第一次印刷 印张：16 插页：8
字数：320 000

定价：128.00 元
(如有印装质量问题，我社负责调换)

序

刘应明是著名的数学家、教育家，是改革开放以来我国数学界一位杰出的领军人物。他的经历有传奇色彩。1963 年他从北京大学毕业，将成为凤毛麟角的研究生时，却意外地失去留校读研的机会，被分配到四川大学工作。逆境中刘应明仍勤奋学习、思考，两年就攻克了拓扑学权威 Whitehead 提出的一个问题，当时却未得发表。“文化大革命”中后期，他潜心研究模糊数学，开创了模糊拓扑学的“有点派”(pointed approach)；他是我国模糊数学研究的奠基人，在模糊数学以外的多个方向也取得了重要的成果，1993 年曾担任国际模糊系统协会的副主席。他没有在国外学习、工作的经历，也没有好的机遇和环境，是凭实力闯上了国际数学舞台。1995 年他当选为中国科学院院士。

四川大学是数学在我国西部的老根据地，即使在科教兴国与西部大开发的战略形势下，其在国际交流、人才引进等方面仍不占优势，发展的关键还得靠自身的造血功能和凝聚力。四川大学的数学学科迅速进入国内先进水平行列是我国数学地图上的突出现象，而且专业齐全，特色明显，现已列入教育部的世界一流学科建设名单。这当然是四川大学同仁团结奋斗的硕果，而刘应明从 20 世纪 80 年代中期起就是这个进程的卓越的引领者和有力的组织者。他负有使命感，有事业心，性格坚韧不拔，做事鞠躬尽瘁，令人感叹。

刘应明还是一位社会活动家。他担任过两届全国人大代表、两届全国人大常委会委员、两届全国政协常委，还担任过全国人大教科文卫委员会的副主任；多年担任九三学社中央委员会副主席、四川大学副校长。他长期服务于教育部、国家自然科学基金委、中国数学会以及四川省教育、科技部门的诸多机构，为我国数学的健康发展而奔忙操劳。我和他有过几次关于数学教育、教师培养的讨论，他思路宽广，情况熟悉，总是观点明确，一针见血，又很接地气，切实可行，这是他一贯的风格。作为朋友，我觉得他善于思考，勇于担当，有锋芒，有情怀，好像一位大侠，把毕生的精力和才华挥洒在祖国的数学事业和教育事业中。

传记的两位作者，其中白苏华是刘应明院士几十年的老同事，他们用感人的文笔和翔实的资料，向我们展示了一个活生生的刘应明。读者可以从他的学问、事业、理念、实践、人生等方面得到许多启发。我诚挚地推荐这本好书。

姜伯驹

2020 年 3 月

目　　录

第三篇 桃李春风，教坛宏图

刘应明简介

刘应明(1940～2016)，数学家、教育家、社会活动家。1940年10月8日生于福州市，2016年7月15日逝世于成都市。1963年于北京大学数学力学系毕业后到四川大学任教。1995年当选中国科学院院士。曾担任四川大学副校长、中国数学会副理事长、全国人大常委会委员兼教科文卫委员会副主任委员、全国政协常委、九三学社中央委员会副主席、四川省政协副主席、九三学社四川省委主任委员、国务院学位委员会委员、全国博士后管理委员会"数学与系统科学"专家组召集人、中国工业与应用数学学会副理事长、国际模糊系统协会(IFSA)副主席兼中国分会主席、四川省数学会理事长、四川省科学技术协会(简称四川省科协)副主席。

刘应明先后获得国家自然科学奖、何梁何利基金科学与技术进步奖、华罗庚数学奖及国际模糊系统协会最高荣誉"IFSA Fellow"称号。

刘应明的主要研究范围是模糊数学和经典拓扑学。

模糊数学又称不分明数学，研究突破"非此即彼"逻辑关系的不确定性的数学处理。1977年，刘应明突破拓扑学中的传统观点，以古典的邻域概念为特例推导出一种崭新的邻属结构——重域系。这是模糊数学领域开创性的奠基工作。《伦敦数学会系列丛书(*The London Math. Soc. Lecture Notes*)》(Vol.93，1985)及苏联《数学进展(*Russian Math. Surveys*)》(Vol.44，1989)指出：这克服了学科发展的严重障碍，奠定了这个方面的坚实根基。

刘应明在模糊数学研究方面为我国跻身世界前列作出了开创性贡献，特别重要的贡献还有多元函数的"简单逼近"问题。这克服了神经网络理论应用中的一个难题，即序结构与 Dieudonné 插入问题，把法国著名数学家 Ehresmann 倡导的以"无点化"(pointless)为特征的格上拓扑学发展到新的阶段。他把模糊性处理为直观背景，研究了一种有点式的格上拓扑学——Fuzzy 拓扑学(不分明拓扑学)。国际学术界及美国《数学评论》(*Mathematical Review*)等认为，该工作"非常引人注目且十分有用"，深化了我们对数学基本概念(指邻近构造)的认识，奠定了不分明拓扑"有点派"基础。

他与罗懋康合作的著作 *Fuzzy Topology*(世界科技出版公司，新加坡，1997)，是世界首部格上拓扑学的专著。

刘应明在经典拓扑学方面的主要贡献有：解决了关于 CW 复形可乘的有名的

怀特黑德(Whitehead)问题；独辟蹊径，统一了几种仿紧空间的基本成果；与他人合作解决了 Domain 理论拓扑结构方面的两个长期未决的 Lowson-Mislove 问题。

刘应明致力于四川大学数学学科的建设与人才培养，使四川大学成为我国为数不多的专业齐全、层次完整的数学教育与研究基地，最早的数学一级学科博士学位授权点之一，最早的国家数学基础科学人才培养基地之一，入选国家世界一流学科建设行列。他的学生如罗懋康、阮勇斌、应明生等，都是数学界很有影响的才俊之士。

刘应明致力于我国科学界，特别是数学界的发展与建设，并为之付出了毕生的精力，曾获得国家级教学成果奖、宝钢教育奖特等奖等奖项，被评为全国优秀教师。他是我国西部地区数学学科建设的杰出带头人，为我国西部地区数学人才培养、学科建设、科学研究倾注了大量心血，为全国数学科学的平衡发展作出了重要贡献。

第一篇

闽江少年，北大学子

刘应明 1940 年 10 月 8 日生于福建省福州市。福州是拥有 2200 多年历史的国家历史文化名城，文化底蕴深厚，是中国近代文教和科技人才的摇篮之一。

幼年的刘应明却生活在战争时期，家境贫寒，生活不易，乱世之际，苟全性命而已。

进入小学时，他体弱多病，成绩平平；五年级以后，他身体状况稍有好转，成绩就跃居班级第一名，而且很少有人能超过他，从小便展现出过人的学习天赋。

刘应明自小聪慧刻苦，求学之路也十分顺利。1951 年，刘应明被保送到福州格致中学读初中，1954 年以班级第一名的成绩毕业后，考入百年名校——福州一中就读高中，1957 年考入北京大学数学力学系。

北京大学六年，在名校的熏陶中，在名师的指导下，刘应明迅速成长，以优异的成绩毕业。

从初中到大学，刘应明完全是依靠人民助学金资助读完的。在以后的人生道路上，面对生活挫折乃至政治逆境，他之所以能泰然处之，没有过多的心理负担，得益于他少年清贫带来的淡泊，以及修身养性带来的开阔胸襟。

第一章　乱世出英豪，薪火永相传

第一节　生于乱世，刘家福星

1913 年，福建的二次革命失败后，福州军阀争权、政局动荡，各派系军阀先后进驻福州掌握福建省的行政权，直到 1926 年 12 月 13 日，北伐军占领福州并结束了福州的军阀统治。同年，粤军第一师改为国民革命军第四军，并在 1930 年中原大战中协助蒋介石击败冯玉祥、阎锡山，随后番号改为“国民革命军第十九路军”，由蒋光鼐任总指挥，蔡廷锴任军长。国民革命军第十九路军在北伐战争、中原大战和“一·二八”淞沪抗战时期战斗力极为强悍，被誉为“铁军”。

1933 年 11 月 20 日，第十九路军和国民党内部分反蒋势力在福州发动“福建事变”，成立中华共和国人民革命政府，定首都于福州。蒋介石随即率军进攻福建，由于“福建事变”未取得其他势力支持，第十九路军内部亦有反对意见，在双方实力悬殊下，中央军于 1934 年 1 月 15 日占领福州，1 月 21 日泉州、漳州也失守，“福建事变”失败。第十九路军部分向中央军投降，只有少量军官到广西投靠李宗仁重组，其余被收编的部队中级以上军官全被更换，“国民革命军第十九路军”番号亦被取消。

图 1-1　“福建事变”中的第十九路军

刘应明之父刘贞汉曾效力于第十九路军，担任过参谋等职。因“福建事变”失败，刘贞汉随即返乡，不久便失业在家，靠卖苦力的微薄收入养家糊口。刘贞汉回乡后不久，与同乡胡家女胡玉金喜结连理。

1937 年，抗日战争全面爆发。1940 年 10 月 8 日，福州市郊洪山桥镇刘家一个婴儿呱呱落地，他就是本书的主人公——刘应明。次年 4 月 18 日，日军登陆运输舰艇驶抵闽江口海域集结，日军 30 架飞机随即对福州及闽江口两岸地区轮番轰炸，距离洪山桥仅约 40 千米。19 日拂晓，日军登陆第一梯队在海军和空军火力的掩护下，抢滩登陆。21 日，马尾失陷。21 日晚，福州沦陷，美丽、宁静的福州顿时成了人间地狱。此时，刘应明还不足 1 岁，家人四处躲藏以免被伤害，求取安身。

图 1-2　日军侵占轰炸福州现场(英国传教士拍)

1941 年 9 月 3 日，国民政府成功收复了福州，至此，福州在沦陷了四个月零十三天后，终于光复了。可就在三年后(1944 年 9 月 27 日)，日军陆军第六十二独立混成旅团 2000 余人，在长岭熹一的指挥下，从闽江口的晓沃、道沃、浦口、东岱等地登陆，28 日占领连江琯头。10 月 4 日，日本侵略者从大北岭和马尾两路会攻并占领福州，同时占领长乐。福州第二次沦陷。四天后，在福州全城沦陷、日本侵略者恣意妄行的恐怖形势下，刘应明迎来了 4 岁生日。此时，他还完全不懂得这场战争意味着什么，但却在幼年的记忆里依稀印下了烙印。日本侵略者在福州同侵占中国其他地方一样，用尽所有野蛮的法西斯手段，实行残酷的军事镇压，所经之处奉行“烧光、杀光、抢光”的“三光”政策，烧杀淫掠、狂轰滥炸，暴行累累。据统计，日本侵略者 1941 年、1944 年两次侵占福州期间，福州 340 余人被杀，有 18 万难民。

第二节　有福之州，薪火相传

刘应明的故乡福州，可谓“有福之州”。

福州，别称榕城，位于福建省东部、闽江下游及沿海地区，是福建省省会，福建省的政治、文化、交通中心，海峡西岸经济区中心城市之一。福州历史悠久，早在新石器时代晚期便有闽族先民们在此渔猎、采集，从事原始农耕。福州于公元前 202 年建城，历史上曾长期作为福建的政治中心。唐开元十三年(725 年)，福州升为都督府，福州之名始用至今。

福州文化底蕴深厚，是拥有 2200 多年历史的国家历史文化名城。虽然现在高楼林立，充满了现代气息，但仍葆有“山在城中、城在山中”“三山两塔一条街”的古城格局，其富有特色的山水城市空间格局被誉为“东方城市设计的佳作”。福州有作为福建文明之源的“昙石山文化”，折射中国半部近代史的“三坊七巷文化”，孕育中国近代海军的“船政文化”，被誉为雕刻技艺成非遗瑰宝的“寿山石文化”，作为海上丝绸之路重要见证的“丝路文化”，它们共同铸就了闽都文化的辉煌历史。

福州人杰地灵，名人辈出。古有后世称颂“杏林春暖”、建安三神医之一董奉，“海滨四先生”之首、北宋著名理学家陈襄，北宋名臣、书法家、文学家、茶学家蔡襄；近代林则徐、沈葆桢、严复、林觉民、林旭、冰心等是对当时社会乃至中国近现代进程有着重要影响的人物，都是从福州三坊七巷走出来的。著名数学家陈景润、刘应明、林群等均诞生于福州这片土地上，将这片土地上的宝贵精神继续传承发扬。

第二章　名士多磨难，英雄出少年

第一节　洪山桥镇的清贫少年

1940 年，刘应明的父亲刘贞汉，高中文化，早期从国民党第十九路军返乡后便靠卖苦力的微薄收入养家糊口。母亲胡玉金，小学文化，是勤俭持家的贤妻良母，除了当好家庭主妇之外，也做一些摆摊之类的小买卖或杂活，挣一点钱以补贴家用，基本能够维持生计。刘应明是家中的长子，下面有三个弟弟。由于战争年代，物质匮乏，家庭生活条件拮据，刘应明年少时体弱多病，曾染过伤寒、肺结核、白喉诸疾，久治也未能痊愈，家人对他更是怜爱。受福州浓厚文化传统的影响，当地人十分重视教育，加上他父母均受过不同程度的教育，从小便教他读书识字，训教甚严。

刘应明老家在福州市西郊洪山桥。这个小镇当时应该算是福州远郊，背山傍水，紧靠现在的福州大学。闽江从家门前滚滚入海。在舟行四方的南国，用他的话说，“当年的家乡小镇交通便利，算得上一个由周遭山村进入福州城的中转地。”“我家附近米店老板就有一栋三层楼的砖房，是 20 世纪二三十年代修的，在当时是相当不容易了。”时过境迁，在 20 世纪 50 年代，当年的洪山桥不通公共汽车，百年前水陆码头的繁华也不复存在，只是闽江上小汽轮靠岸时会有一些旅客上下。

处于这闭塞的小镇，加上家境贫寒，刘应明童年时吃不饱饭，更不用说买课外读物了。唯一的一本课外书是城里的亲戚带给他的童话书——《渔夫与金鱼的故事》。不过，横跨闽江历经百年的洪山石桥及屋后山脚下长满龙眼、荔枝、橄榄、芒果的果林，给他的童年带来无穷乐趣。荒山远眺、清江横渡、石桥凭栏、林野徜徉，大自然的灵气陶冶了他的性格，使其胸怀开阔。

清贫可养志，清贫的少年生活对刘应明是一种磨炼和激励。他后来纵然身处逆境也能泰然处之，集中精力于工作和学习。他受启蒙很早，而且喜好读书，四岁就开始寄读在家旁边的洪山桥小学，因为没事情做，就在学堂混着。但是他小学时体弱多病，因为闹病，一年级到四年级有一半的时间待在家里无法上课。刘应明曾自我嘲弄：“小孩都会有很多理想。家里唱川戏，就从小立志演川剧；家里开米店，就拨着算盘想做生意。我这个人胸无大志，没别的理想，就是希望能够不生病。”

但刘应明过人的学习天赋很快就展露无遗。生病的时候，他成绩中等，五年级以后身体稍有好转，成绩就跃居班级第一名，而且很少有人能超过他。刘应明对数学的兴趣一直很浓厚。

第二节　寄宿格致中学的十岁男孩

1951 年他以第一名的成绩从洪山桥小学毕业，升入福州五中。后因格致中学接收成绩第一名的保送生，家人大概考虑到他年仅十岁，离家寄宿有熟人照顾更放心一些，便选择了格致中学，因为有邻居在那里读高中。1997 年《科技日报》记者采访刘应明时，他谈起求学的这段经历，感慨不已。他说，“他家境贫寒，有一段时间常常吃不饱饭。他从初中到大学这十几年完全是依靠人民助学金完成的。他认为在以后的人生道路上没有过多的心理负担，这可能得益于他的少年清贫，因为在少年时代他就习惯了过苦日子。”

中学六年、大学六年(当时北大本科是六年制)，这十二年求学期间，家中没有能力在经济上给予他支持。上学期间，他的零用钱可以说是接近于零，但伙食相较家中已很好，到了大学还偶有衣服补助，无饥寒之苦而能安心读书。他对这些都已很满足。从初中一年级开始，他就住宿在校。当时学校规定家庭困难且假期留校的学生可以继续享有助学金。十岁出头的他，长假期也不过是回家两三天。他少小独立在外，并不感到烦忧，倒是校内丰富的书刊及集体生活使他感到十分充实。连小学时患的肺病也在初一时不知不觉地好了。回顾起来，他认为：“少年清贫是一种难得的财富，清贫能够养志，而且在以后遇到生活挫折乃至身处逆境时，都能处之泰然，没有过多的心理负担，而集中精力于事业。”

少年刘应明特别喜欢阅读，而且阅读面很广，这是他自小养成的习惯，也培养了他对文学的兴趣。格致中学紧邻福建省图书馆，他是馆内的常客。

第三节　福州一中，文理兼修的少年英才

1954 年，刘应明以全班第一的成绩从福州格致中学初中毕业。顾及家庭经济条件，他升学的第一志愿填的是福建省立福州高级工业职业学校(福州高工)这所知名中专，这显然是希望早日工作，担负起养家糊口的任务，但正如刘应明曾回忆说：“不知为何，没被(福州高工)录取，而进了福州一中这所名校。”进入福州一中是他从小的心愿和目标，也算是圆了儿时的梦想。

福州一中前身可追溯至清嘉庆二十二年(1817 年)创建的凤池书院和同治九年(1870 年)创建的正谊书院，曾先后易名为全闽大学堂、福建高等学堂、福建高等学校、福建省立第一中学、省立第一初级中学、省立福州初级中学、省立福州中学、省立福州高级中学、省立福州中学，1951 年 8 月 1 日正式定名为“福建省福

州第一中学”至今，简称“福州一中”。

图 2-1 1954 年刘应明高中(福州一中)入学照片

福州一中历史悠久、办学先进，传承与发展并重，曾由一批又一批进步人士担任校长或总监一职，例如(清)翰林陈宝琛、林炳章、陈培锟，以及日本东京高等师范学校(本校第一期毕业)的王修曾执掌福建高等学堂(后更名为“福建高等学校”)(1905～1914.12)；又如，英国格林大学的曹廉箴、日本明治大学(本校第一期毕业)的张湛等人曾执掌福建省立第一中学(1915.1～1927)；再如，北京师范大学的戴锡樟、陈震飞、张哲农、庄观澜，中央政治大学的陈粤人、柏鸿铭，北京燕京大学的郑庭椿，日本东京高等师范学校的孙承烈等曾在不同时期分别执掌福州一中。福州一中的历史发展中既体现着中国传统文化的传承，又体现着对国外先进教育理念的吸收。正是这数百年间福州一中的前辈们前赴后继的传承，兼容并包的发展，才培养了一批又一批利国利民之栋梁。其中，既有投身于保家卫国、不畏牺牲的英烈(例如，在抗日战争期间，福州一中许多校友投笔从戎，报效祖国，其中不少校友在抗敌的战役中相继壮烈牺牲)，又有文学大家、科学巨擘(例如，福州一中校友中不仅有清太子太傅陈宝琛，近代著名古文学家、翻译家林纾，近代著名文学家陈衍，现代著名哲学家、哲学史学家朱谦之，近代著名散文家和翻译家梁遇春，当代著名哲学家洪谦等文化名人，还有数学家刘应明、林群，天体物理学家陈彪，固体物理学家冯端，电子学家李幼平，中医心脑血管学家陈可冀等两院院士 10 余位)。

厚重的历史、先进的教师、杰出的校友，使得福州一中成为当地莘莘学子最向往的求学之地。这也是刘应明从孩提时便渴望求学的地方，从其回忆中不难发现，他本想初中毕业后进入技校寻求一技之长，早日毕业肩负起家庭经济担子，但正是福州一中惜才如金的胸襟录取了他。如果说小学毕业刘应明初出茅庐，应考一中失利无缘，那么初中毕业他是千里之行，终遇伯乐，圆梦成功。从他高中入学照片中可以看到，稚气的脸蛋、敞亮的额头显露出的几分成熟、稳健与机灵。

少年刘应明是文理皆优的学生，既喜爱广泛阅读，又热衷数学解题。在百年名校福州一中学习时，他是学校图书馆的常客，广泛的阅读丰富了他的知识，也培养起了他的文学爱好；一直到高三毕业，他都是班上的语文科代表，作文写得非常漂亮。他的文章时常在校内展示或登在墙报上，他也有过作家梦。但是，他最喜爱的还是解数学题，尤其是具有挑战性的数学题，这使他很早就迷恋上了数学。他还与几位同学组织了数学兴趣小组，参加当时《数学通讯》等刊物的问题

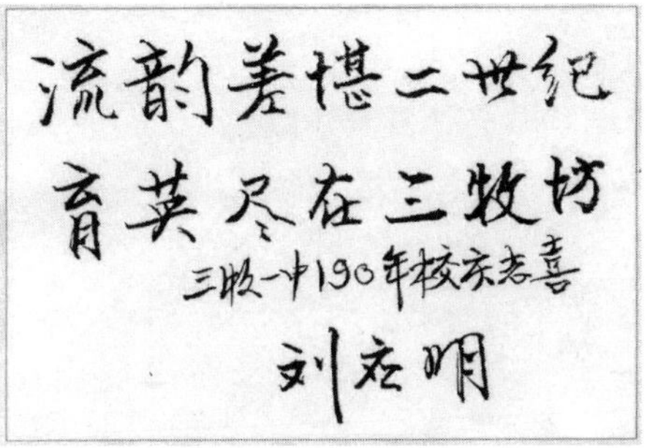

图 2-2　刘应明为母校福州一中 190 年校庆题字

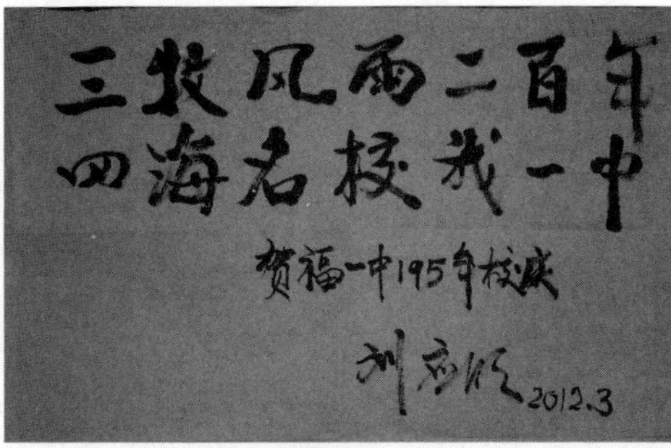

图 2-3　刘应明为母校福州一中 195 年校庆题字

征解活动，在学校颇有名气。

刘应明曾回忆其少年时迷恋数学时的感悟：

“知识是重要的,但更重要的是对所学知识的深入理解及分析与解决问题的能力。这犹如赛跑，起跑在前当然是有优势的，但较高的速度、合理的节奏却会使你后来居上。”

一般人可能会认为，文理学科间泾渭分明，那他何以能兼通文理之道？刘应明曾这样解释：“文字的功夫主要是靠天赋，在高中的时候文字功夫基本就打下了，知识结构也成型了。这个道理跟写字差不多，你高中时期形成的书法笔迹，进大学之后也还是这样。可能是我自己对文学比较敏感吧，我读的书非常多，慢慢地写作也就得心应手了。”可能正是由于文学更贴近生活，因而其成为刘应明当年艰难岁月中的良好调节剂。

刘应明迷恋上数学，是从少年时代开始的。从那时开始，他就显示出了在数学方面的才华。在福州一中，汇聚着包括林碧英(历任福州第一中学数学教师，中国数学会理事，福建省数学会常务理事，第三届全国人大代表，第五、六届全国政协委员)等在全国享有声誉的数学教育专家，他们在这棵才华出众的数学幼苗身上花费很多匠心。学校根据刘应明在学习上“填不饱”的实际情况，特别安排了老师辅导他自学大学的一些数学课程。

刘应明在福州一中的学习生活，为其北上求学奠定了良好的基础，这不仅是数学基础知识与基本技能的获取，更是激发了他对数学的痴迷与追求，以及勇于挑战高峰的勇气与志向。他将兴趣相合的同学聚在一起，交流数学，攻克难题，已初步显示出领导才能。他们将组成的“数学兴趣小组”以世界著名的数学家欧拉、黎曼、费马的名字命名，并以他为榜样鞭策自已。或许，就是从这里开始，一代数学大师的数学寻梦之路便开始萌芽了。

第三章　追梦在北大，遨游在数海

第一节　“北大，很让人向往”

图 3-1　1957 年刘应明北大入学照片

“大学”无论在什么时候都是中学生无比向往的殿堂，尤其是在旧社会，能读大学者更是寥寥无几，更何况是“北京大学”。刘应明从升入福州一中起便在心底种下了这颗种子，他向往着这片求真的殿堂。功夫不负有心人，1957 年，刘应明以优异成绩从福州一中毕业升入了北京大学数学力学系。

北京大学创办于 1898 年，初名京师大学堂，是中国近现代第一所国立综合性大学，也是当时中国最高教育行政机关，辛亥革命后，于 1912 年改为国立北京大学。作为新文化运动的中心和“五四”运动的策源地，作为中国马克思主义和民主科学思想的发祥地，作为中国共产党最早的活动基地之一，北京大学为民族的振兴和解放、国家的建设和发展、社会的文明和进步作出了不可替代的贡献，在中国走向现代化的进程中起到了重要的先锋作用。爱国、进步、民主、科学的传统精神和勤奋、严谨、求实、创新的学风在这里生生不息、代代相传。

图 3-2　“京师大学堂”牌匾

1917 年，著名教育家蔡元培出任北京大学校长，他“循思想自由原则，取兼容并包主义”，对北京大学进行了卓有成效的改革，促进了思想解放和学术繁荣。陈独秀、李大钊、毛泽东以及鲁迅、胡适等一批杰出人才都曾在北京大学任职或任教。1937 年“卢沟桥事变”后，北京大学与清华大学、南开大学南迁长沙，共同组成长沙临时大学。不久，临时大学又迁到昆明，改称国立西南联合大学。抗日战争胜利后，北京大学于 1946 年 10 月在北平复学。中华人民共和国成立后，全国高校于 1952 年进行院系调整，北京大学成为一所以文理基础教学和研究为主的综合性大学，为国家培养了大批人才。

图 3-3　国立北京大学旧图

1957 年，刘应明带着百般期待和激动的心情踏进北大校门，与博雅塔、未名湖为伴，开启了北大求真的大学生活。此时，北大校长正是著名的经济学家、教育家、人口学家马寅初。新生入学时，也正是马校长因同年发表著名《新人口论》而遭受攻击的时候。这自然成为北大师生们热议的话题，也不禁启发着刘应明等新生的思考。

刘应明就读的北京大学数学力学系，源自于 1913 年秋北京大学数学门，是中国现代高等数学教育的先河。由于 1952 年秋全国高等学校进行了院系调整，北京大学数学系与清华大学数学系、燕京大学数学系经调整合并后，组建了新的北京大学数学力学系。(此后，1978 年分设为数学系和力学系；1985 年，概率统计教研室独立成立了概率统计系；1995 年，在数学系与概率统计系的基础上成立了北京大学数学科学学院。)

第二节　初窥数学的殿堂

天赋隽异，再加上后天勤奋，成绩优异的刘应明最终和北大结缘。1957 年，未满 17 岁的刘应明考入了北京大学数学力学系。在学校与专业的选择上，刘应明的态度很坚定。他说，当时的北大被认为很伟大，让人很向往。虽然心系北大，但来自中小城市的他认为北京、上海的学生很厉害，高考能不能考过他们还是个未知数。为此他还写信给已考入北大数学力学系的高一届的福州一中校友咨询，校友的鼓励坚定了他报考北大的信心。顺便一提，自刘应明高中毕业的 1957 届起，福州一中连续三年获得全国高考红旗，即平均分全国第一，每年被北大、清华录取的毕业生达五六十名之多，可见这所百年名校在基础课程教学水平上是很高的。

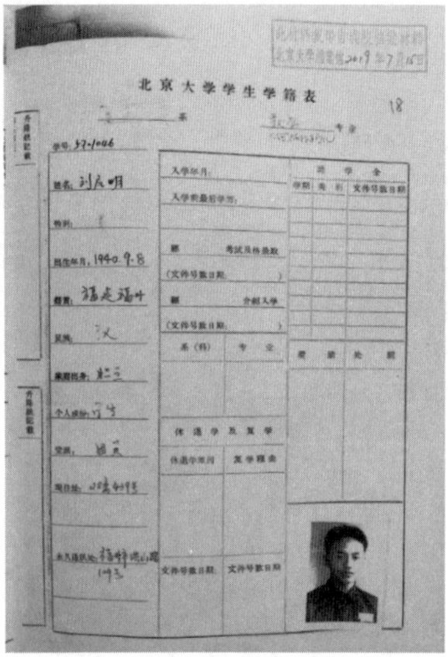

图 3-4　刘应明北京大学学籍表

刘应明没有按照自己的兴趣去选择老牌强系——中文系。当时普遍的现象是学文科的学生数学成绩较差，并且会写文章的人也不见得是中文系的，反而常是学数学、物理的。但是，刘应明认为：“对于社会的影响，其实文科的人比理科的要更强。一部好的小说对一个民族影响多大？一个好的理念推动人类进步多大？这比一个爱因斯坦影响大多了，更不用说数学了。只是文学的东西不好评价，有争议，不像数学的东西更严谨、可靠。”

刘应明回忆北大岁月时说：“在国家经济与民生最艰难的年头，同学们还是在拼命读书。大家饿着肚子，一清早还赶去阅览室抢座位。”刘应明自己也乐此不疲，即使头发长了也顾不得理。他对这段苦寒岁月中读书奋斗的经历颇为得意：“其实大学生就应该静下心来，真真正正地好好读几年书，学学本领。机会真是来之不易。”

刘应明对自己在北大的六年时光非常珍惜，也倍加努力。从初中到大学，清贫的刘应明之所以能够坚持读书不辍学，完全是助学金的帮助。中学时每月六元助学金仅够他用作伙食费，几乎省不出钱做其他事情。寒暑假他几乎都是在学校度过的，除了能够多读书，也因为继续住校便能继续享受助学金，可以减轻家里的负担。假期的校园寂静冷清，但是刘应明丝毫不感到寂寞，有书为伴，他倍感快乐。无论在床上、书桌前还是在路上，他脑中常常盘绕着数学题解。在北大期间他夜以继日地读了不少书，并培养起了扎实的外语素养：他可以没有障碍地阅读英文、法文、俄文等多种外文书。

刘应明回忆道：“我们进校时，很多家庭条件好的学生都能看俄文书了。京、沪数学竞赛中很多名列前茅的学生都在我们班上，有的学生连大学四年级的课本都已经读过了，不像我这种小城市来的学生。北大真是强手如林啊！最初的数学考试通常有一半以上的人不及格，而这些人都是各地的数学尖子，之前恐怕大考小考从没有低于 80 分的。”看上去，在强手如林的北大，刘应明依旧找到了自己的一片天空。

在北大学习的六年，他奠定了坚实的数学基础。北大江泽涵、廖山涛、姜伯驹等老师的立身行事，不仅在学问上也在做人上给了他很大的影响。这六年，国内政治运动迭起，经济生活上又历经了三年困难时期。在北大这个风口浪尖中，刘应明认识到了人生的方方面面，也历练了他作为北大人的风骨。

第三节　名师与高徒

20 世纪 50 年代，大学的高年级采用专门化制度，有点类似于现在的选修学习方向，学生选择某一个数学分支领域进行深入学习，并接受初步的科研训练。刘应明进入拓扑学专门化班学习。

北大数学系拓扑学方向的师资力量很强。刘应明有机会近距离接触江泽涵、廖山涛、姜伯驹等名师，深受教益。

江泽涵(1902～1994)院士是中国近代数学的先驱，是把拓扑学引入中国的第一人，是我国拓扑学研究的开拓者之一。20 世纪 50 年代以后，他主持开办了北大前后共六届拓扑学专门化班，为国家培养出近 50 名专业人才，他们成为我国拓扑学界的一支核心力量，刘应明就是其中很受江泽涵赏识的佼佼者。

图 3-5　江泽涵院士

江泽涵在学术界德高望重，他的高尚品德为人称崇。他为人正直，处事光明磊落，以事业、工作为重，不存私心，不谋私利。他对自己的工作非常认真，不论教学还是写作、研究，都容不得半点差错，对别人则谦虚谨慎，宽容大度，从不计较个人恩怨。这对刘应明的影响很大。

图 3-6　廖山涛院士

廖山涛(1920～1997)院士早年从事代数拓扑学的研究，20 世纪 60 年代后开始微分动力系统方面的开创性工作，是这一新研究领域的开拓者之一。1988 年获国家自然科学奖一等奖。

廖山涛年轻时喜欢读书，年长时爱思索，尤求创新。他很欣赏我国唐宋八大家之首韩愈的两句名言“业精于勤，荒于嬉”和“自古为文必己出”。在数学研究中他强调原始思想，后来在数学研究中进行了独具一格的创造，终于作出了世界性的贡献。如果只用尽可能少的几个字，也许可将他的治学态度简单概括为“从难从严”。实际上，他对自己要求之严厉已经超过了“从难从严”，达到近乎苛刻的程度。

廖山涛主张启发式教学和独立思考，以高标准要求自己，也以高标准要求学生。他开设的专门化课程，内容丰富，陈述严谨，基础训练扎实，同时也反映了学科的最新动态。曾有人说过，对廖先生的讲课笔记只需稍作整理就是一本可以出版的佳作。

江泽涵老师负责指导刘应明撰写学年论文，廖山涛老师负责指导刘应明撰写毕业论文。他们严肃认真的治学风格对刘应明的影响很大，两位老师当年指导他写论文的过程深深印在刘应明的脑海里，难以忘怀。专程采访他的川大原新闻系主任邱沛篁教授对此有如下描述：

在一个盛夏的夜晚，刘应明拿着刚抄写完的学年论文，轻手轻脚地走进享有盛名的老数学家江泽涵教授的办公室。这已经是教授叫他写的第三稿了。第一次交上，只字未批，退了回来；第二次交上，除了在论文的某些地方用铅笔画了些记号外，还批了“重新写清楚”几个大字。这次去，教授正坐在书案前撰写自己的论著。书桌紧靠着一大扇窗子，窗子敞开着，他的肩背上沁出滴滴汗珠。看见刘应明站在面前，他连忙放下手中的笔，热情地招呼刘应明坐下，顺手递过一把大蒲扇。

江教授看过刘应明的论文，满意地点了点头。望着学生带有几分稚气的纯朴的脸和贪婪求知的眼神，不无歉意地说：“该不会怨我太苛刻了吧！你前两次交来的论文，有些地方没有表述清楚，书写也不够工整，使人看不懂。科学是一点马虎不得的，做学问就要踏踏实实，一丝不苟，书写、表述也不例外。”

刘应明聆听着老师的教诲，眼光落到教授正在完成的稿纸上。看，字迹多么工整清楚，刚劲有力，看上去真不敢相信出自一位老先生之手，这是多年磨炼出来的功夫啊!

江教授说：“我这个人，一贯很腼腆，不喜欢出风头，只想做些老老实实的工作，带出更多的好学生。”

当时负责指导刘应明写毕业论文的廖山涛教授对他也说过：“埋头耕耘，不问收获，我相信一二十年后，我们在许多方面会比外国人强!不管别人怎么说，我们要建立具有中国特色的数学流派!”刘应明到四川大学工作后，江教授、廖教授等北大老师仍十分关心他，不时来信鼓励和帮助他。他们献身科学、忠于教育事业的身教事迹对刘应明更有巨大影响。

姜伯驹(1937～)院士长期从事拓扑学研究。20 世纪 60 年代，在不动点理论中 Nielsen 数的计算方面取得突破性进展，所创的方法在国外被称为“姜子群”“姜空间”。80 年代全面解答了已有 50 年之久的 Nielsen 不动点猜想。之后他又开拓了 Nielsen 式的周期点理论，并进一步探索其与低维动力系统的联系。2000～2005 年他曾任科技部“973 计划”“核心数学中的前沿问题”项目的首席科学家。

姜伯驹热心数学教育改革，1995～2000 年，姜伯驹担任教育部高等学校数学专业教学指导委员会主任及面向 21 世纪数学类课程教学改革委员会主任的职务。在他的带领下，在全国范围内，对数学专业的课程设置和教学规范进行了大幅度的调整。

图 3-7　姜伯驹院士

姜伯驹教课喜欢跟学生“较劲”。相较于将答案直接告诉学生，姜伯驹更喜欢“折磨”学生，让他们自己慢慢想，慢慢琢磨，哪怕自己为此要花费更多的时间。姜伯驹讲课又是出了名的严谨认真，对于讲课，他是一个完美主义者，每个概念的来龙去脉都交代得清清楚楚，易于理解，并且经常提出有趣的问题来激发学生思考。

姜伯驹是 1957 年北京大学数学力学系毕业后留系任教的。1961 年起，他做江泽涵先生的助手，讲授拓扑学专门化课程。所以，他是直接给刘应明教过课的老师。

姜伯驹院士说，刘应明在学生时代就表现出对数学研究“简单明了、一针见血”的风格。“所有认识他的人都知道他个性独立，无论在数学海洋中还是在生活中都极其‘敏锐’。”“而且他还很执着，只要看准什么事，都会坚韧不拔地完成。”姜伯驹说，这些品质是一个人能够在学术上有所成就、对社会作出贡献的必然条件，而刘应明同时都拥有了，连他这个老师都很“钦佩”。

姜伯驹只比刘应明大三岁。他们二人在数学研究和数学教育方面志趣相投，相交甚笃，有亦师亦友的情怀。后来刘应明进入学术领导层后，他们在建设国家级数学人才培养基地、大学数学教育改革等方面都共过事，为推动我国的数学事业的发展并肩奋斗。

第四节　北大人的特质，“要敢于先天下之先，言他人之不能言”

1963 年，刘应明从北大数学力学系拓扑学专门化以优异成绩毕业。本来他已被录取为廖山涛院士的研究生，可是意外的事情发生了。在当时极左思想的支配下，他被圈进了一个所谓的“学生集团事件”之中，受到了处分。北大自然是留不成了，研究生也不能上了。分配方案宣布，他被分到四川。有的同学说：刘应明是被“发配”了。

刘应明没有读成研究生，去了四川大学。从此以后，刘应明在四川、在西部扎下了根，展开了他长达五十多年的绚丽人生。

2010 年，为展示在西部工作的北大校友风采，北大新闻网与校团委共同推出专题——“西部放歌”，选取在西部工作的部分校友代表，记录他们在北大学习成长的心路历程、在西部辛勤工作的感人事迹，彰显北大人造福人民、服务社会的优秀传统和不畏艰苦、扎根西部的奋斗精神。刘应明在接受采访时，曾谈到了北大人的特质，摘录如下：

图 3-8　刘应明接受采访

整个谈话过程中，刘应明不断地说到北大人应有的特质：善于思考，勇于担当。当我请他给燕园学子提一些建议时，刘应明更是打开了话匣子。当代大学生扎堆蜗居大城市奋斗而甚少选择去西部就业，是他十分关注的问题。这个问题其实很复杂：刘应明他们毕业分配时不以个人意志为转移，而且在强大的宣传面前，学生们带有很强的英雄主义色彩，大多以“报效祖国”为己任，不像如今这样进行双向选择。对此，刘应明说道，不同的地方差别很大，西部不同地方之间的环境差别也很大。他举了歌手唱歌的例子，认为自己歌唱得好的人，肯定愿意留在大城市，期望有朝一日登上那里的歌坛，这是人之常情。并且，一些成功在大城市扎根的例子让大家眼红脸热起来。但是，几个人的成功说明不了问题。“认为自己唱得好，说不定在高手听来还是唱走音呢。”刘应明如是说。同理，在学校里唱得好，可能在市里就不行，在省里就更不行。即便群星璀璨如北大，学生之间也存在不小的差距，因此应该正确、客观地给自己定位。刘应明正色道：“我从来不认为到西部来就是不好的料，留在东部的就一定是好料。也并不是北京这个舞台才是大舞台，才能做出很大的成就，其他地方就英雄无用武之地。到西部来，给相对贫穷落后地区的生活做出一些改变，把身边的事做好，使这个世界因我而改变一点，我就感到充实，人生就很完满了。”

刘应明拍拍膝盖，语重心长，回忆起在燕园苦读的不凡经历，他实在有太多话想说。刘应明望着我们，亲切地叮嘱：“如果把我想要说的归结到一句话，那就是，北大人历来是引领一代潮流的，所以做人不能太世俗化，不能过于追求眼前的物质利益，要有一点精神，要独立思考，为国家和民族适当地说一点话，言他人之不能言！”

第五节　刘应明作为校友代表在北大数学学科百年庆典大会上的发言

2013 年 10 月 11 日上午，“北京大学数学学科创建一百周年庆典”在北京大学百周年纪念讲堂举行，本次活动由北京大学数学科学学院、北京国际数学研究中心联合举办。全国人大常委会原副委员长、民盟中央名誉主席、北京大学原校长丁石孙，全国政协副主席、民革中央常务副主席齐续春，国家最高科学技术奖获得者、中国科学院资深院士吴文俊，科技部副部长张来武，中国人民解放军总装备部原副部长朱发忠，沃尔夫奖得主、美国国家科学院院士、国际数学联盟(IMU)原秘书长 Phillip A. Griffiths，英国皇家学会会员、国际数学联盟原主席 John Ball，菲尔兹奖得主 Andrei Okounkov，国际数学联盟秘书长、德国科学院院士 Martin Grötschel，印度尼西亚金光集团董事长、总裁黄志源等校友和嘉宾应邀出席庆典。北京大学党委书记朱善璐、校长王恩哥、副校长王杰以及来自国内外的北大数学各届校友、28 位中国科学院院士、75 位海内外大学校长与数学学院院长、32 位来自全国各地的中学校长与 8 位国际顶尖数学家等 2000 余人，共聚一堂，为北大数学献上最诚挚的祝福。

图 3-9　刘应明在北京大学数学学科创建一百周年庆典上讲话

刘应明作为校友代表在大会上发表讲话，当时北大新闻曾这样描述：“校友代表、57 级学长，四川大学数学学院刘应明院士毕业五十余载，在北大数学百岁之际，感慨万千。他用幽默风趣的语言表达了北大数学对自己人生的重大影响，引起了在场校友的共鸣。”

以下为刘应明的讲话稿。

各位师长、各位领导、各位学长、各位来宾：

我是北大数学力学系五七级学生，今年恰是我毕业五十年头，我能在今天百年庆典上发言，真是感慨万千。五十年为百年之半，我这个发言正应了这个“半”字：半桶水。

先讲作为校友代表必讲的几句话：

一、天地君亲师，请允许我代表校友感谢培育我们的师长(一鞠躬)；感谢印记着我们青春、热情、烦恼、进取与挫折的母校一草一木，一塔湖图(音同“一塌糊涂”)。北大已有 115 年历史，应该算作一个非物质文化遗产，我们是在这个文化遗产中成长的。百年树人，北大人风骨已经沁入我们灵魂深处。燕园的晨钟暮鼓练就我们数学思维的科班功夫,数学这个思维体操培育了我们的抽象思辨能力。虽然有不少人已离开了数学界，但我们仍能在新的领域中触类旁通，攻坚克难，闯出新的天地。感谢北大。我们是感恩的。

二、请允许我代表校友表达自豪之情。北大数学学科百年路风风雨雨，时有 PM2.5 的漫天黄沙，但我们知道，不经风雨，哪见彩虹；没有春季的黄沙扑面，怎会珍惜金秋的月朗风清。北大数学学科百年是披荆斩棘的百年，是奋勇攀登、登上国际舞台的百年。大家知道，78 级校友张益唐今年在年近花甲之时，在孪生素数这个数论难题上取得了巨大的突破。他在美国几十年最多也只做过讲师。他忍住寂寞，凭着一腔对数学的挚爱，坚守着信念，最后成功了。

我们校友可能没有这样的成就，也可能没有达到这种境界。但是，北大数学百年这座巍峨的大厦凝聚所有校友的汗水乃至血泪，我们都可以毫无愧色地为北大数学百年成就而自豪。

三、请允许我代表校友奉上诚挚的祝愿。祝北大数学学科在国际水准上更上一层楼。我们已建立了颇有影响的北京国际数学中心，这次百年纪念会也请来了多位世界顶尖的数学大家前来讲演。我们坚信，在不久的将来，北大数学学科将是东方数学界最璀璨夺目的明珠。

讲话任务就结束了，但我还想再说两点。

一、我方才老是代表校友如何如何，试问你这个校友代表有什么资格代表校友？校友代表与代表校友的确是两个不同的概念。这使我回想起三十年前一件事。1983 年，有人告诉我报纸上第六届全国人大代表名单中有我的名字。当时我以为是开玩笑，因为事前毫无蛛丝马迹，我当时在四川大学的生态环境极差。有趣的是，我真当上了，而且一当就是六届三十年，其中两届全国人大代表，两届全国人大常委会委员，两届全国政协常委，今年才高龄退下。1983年那阵，有一名教师当面责问我，你这个人大代表，能代表人民？我无言以对，心中也觉得(如此)。我怎能代表周围的老师和学生呢？所以，××代表与代表××问题，我早已碰上，而且是以一种令我一生难忘的方式碰上的。后来知道，全国人大代表是在省人大会议上等额选出，而候选人名单则是中共四川省委最终确定的。我这个人大代表，或者说几乎所有的人大代表的确没有直接征求过所在基层的群众意见。三十年了，我还自觉不自觉地代表人民在“两会”上时有发言。所以，校友代表代表了校友这事不必为怪。这至少是中国特色的事，我想即使在发达国家中，生活现实中也难免有这种逻辑上的混淆。

二、刚才××代表与代表××的关系的思辨是有些北大人的脾气的。拔高看，这就是我前面提到的北大人风骨，就是追求真实、追求真相以至追求真理的思辨精神。北大风骨到底是什么？我无力概括。这里我引用两位真正的国学大师王国维和陈寅恪有关的一段文字。现在清华大学甲所附近有王国维的墓。墓碑于1929年6月30日由清华大学研究院师生所立，碑文是陈寅恪撰写的，其中有一段：“先生(指王国维)之著述，或有时而不章；先生之学说，或有时而可商；惟此独立之精神，自由之思想，历千万祀与天壤而同久，共三光而永光。”是的，“五四”运动倡导的科学与民主精神当是北大风骨中最重要的内涵。这就要求我们具有独立之精神与自由之思想。在这百年庆典的历史性日子，我当与各位校友共勉。

谢谢！

第二篇

厚积薄发，学海弄潮

刘应明由于毕业时的挫折，失去了进入数学研究领域深造的机会。他刚到四川时，前景未卜，这使他感到迷茫。

但他在困境中知难而进，在学术上取得突破，从而在改革开放初期脱颖而出的时候，他的眼界和胸襟也随之大有提升，他的意愿也更加明确。那就是既要在自己的研究领域上有所作为，也要为发展四川乃至西部的数学事业，贡献一己之力。

来到四川不久，他逐步从适应环境转变为热爱这片土地，并扎下根来，成为我国数学界的领军人物之一，为发展四川的科学与教育事业、特别是为四川的数学事业勤奋耕耘，达五十余年。

刘应明晚年回溯既往，也对四川表达了由衷的热爱和感激。他说："我在这里受的苦，总的来说还算是少的。改革开放后我是全国最年轻的一批博士生导师，这是因为在四川能潜心搞研究。四川人也很能干，对我帮助很大。"

中国的西部，广袤而偏遐的六百六十万平方公里地域，久远而独特的历史，历代文人吟唱的天苍苍、野茫茫，昆仑莽莽、天山横亘，巴山夜雨、三峡急浪，烘染了西部的苍茫、雄浑。西部也因为交通不便，导致了闭塞而落后。对于作为承载科学研究、工程技术基础的数学学科，也是如此。

刘应明经历了对西部从了解到热爱，进而决心为之献出毕生精力的心路历程。他为西部的需要呼吁，为西部争取各方面的支持，并倾力作出了自己的奉献。

刘应明有着强烈改变我国西部地区落后状况的愿望。他曾动情地说道："到西部来，给相对贫穷落后地区的生活做出一些改变，把身边的事做好，使这个世界因我而改变一点，我就感到充实，人生就很完满了。"

第四章　扎根川大，从这里崛起

第一节　扎根川大五十年

1963 年 9 月，刘应明告别母校，携带着简易的行囊，来到了四川大学。

四川大学是一所有百年历史的综合大学，它的前身是 1896 年创办的四川中西学堂。1931 年，四川中西学堂几经演变和发展，与公立四川大学合并，组建为国立四川大学。国立四川大学是当时整个西南、西北地区唯一的国立大学。当时全国的国立大学共十三所，有北京大学、清华大学、北京师范大学、北平大学、暨南大学、同济大学、交通大学、武汉大学、中央大学、四川大学、中山大学、浙江大学、山东大学。

抗日战争期间，四川是我国战时高等教育的中心地带之一。国立四川大学因处于内地而得到更好的发展，规模亦不断扩大。四川大学始终保持和发展了中国高等教育的传统，保持了自己的特色，保持了“西南最高学府”的声誉。它的学生人数一直居于全国高校前列，到抗日战争胜利时，已不亚于位居重庆的国立中央大学。

四川大学经 1952 年的院系调整更加完善，成为教育部部属重点大学。

1896 年创办的四川中西学堂由四川省洋务总局管理，下设国文馆、洋文馆和算学馆，“分课华文、西文、算学”，开始实行新型的办学方式。四川中西学堂是四川大学的前身，算学馆是专门培养数学人才的学馆。所以，1896 年算学馆设立之际，也是川大数学系始建之时。

1924 年暑期，川大的前身之一国立成都高等师范学校开始启用“数学系”这个名称，距今(2020 年)已有近百年。

川大数学系的建设历史上有两次大发展，为之作出最重要贡献的是魏时珍和柯召两位学者。

1927～1938 年，留德学者魏时珍应著名教育家张澜之邀来到成都大学(川大前身)，着手创建体现近代大学教育特色的数学系，开始改变川大数学系的落后面貌。他和留德数学家谢苍璃、留法数学家胡少襄等人共同努力，历时十余年，才使川大数学系初具规模，魏时珍等老一辈学者在四川大学跨入近代数学教育领域方面起了奠基作用，四川大学数学系因之成为四川数学事业和人才培养的生长点。

1938 年，柯召留学英国归来担任四川大学数学系主任，他在继承数学系实施高水平数学教育的同时，树立了数学科学研究和培养研究型数学人才的学风，使数论、泛函分析和拓扑学等数学分支最早成为川大数学系的研究特色。1952 年院系调整后，柯召挑起了学术领导人的担子，为川大数学系的崛起贡献良多。

刘应明来川大时决然没有料到，由于他的努力和历史机遇，他来川大二十多年后的 20 世纪 80 年代，竟然从柯召先生手里接过接力棒，成为对川大数学系的建设和发展作出重要贡献的第三位学者，将川大的数学学科推进到国内先进之列。

20 世纪 60 年代，四川大学已经是教育部部属重点大学。川大数学系的条件虽然还远逊于北大，但在我国西部地区无疑是条件最好的。这时的川大数学系共有七位教授：柯召、胡坤陞、张鼎铭、蒲保明、魏时珍、赵淞、周雪鸥。他们组成了一支学术水平和教学水平均属上乘的学术队伍，而且，这支师资队伍保持了较长时期的稳定，没有大的变化。因之，上述七位教授的教学科研特色便逐步整合成为川大数学系的特色。

在研究工作方面走在前列的是柯召、胡坤陞、张鼎铭和蒲保明。

柯召(1910～2002)院士，是著名的数论专家，英国曼彻斯特大学博士。他领导的数论研究最为活跃，不断地发表好的研究成果，青年人才的成长也是最快的。

张鼎铭(1900～1985)，是著名的积分方程专家，英国剑桥大学博士，其博士论文《论线性积分方程奇值与特征值的分布》一文，被视为线性积分方程特征值理论的奠基性成果。回国后，他继续积分方程研究，并培养研究生。

胡坤陞(1901～1959)，是著名的变分学专家，美国芝加哥大学博士。他来川大后，招收过研究生，也有一个颇具雄心的研究计划。可惜他身体不好，1959 年去世。他的研究因后继无人而中断。

张鼎铭和胡坤陞的研究领域均属数学三大系统之一的分析系统，泛函分析是该系统的重要部分。川大数学系的泛函分析研究因他们的作用而成为特色学科之一。

魏时珍(1895～1992)，德国哥廷根大学博士，主要从事偏微分方程的教学与研究，1956 年招收过一届研究生。魏时珍是中国数学界的元老，可惜因历史问题没有机会作更多工作。不过，由于国家对发展应用数学的重视，以及柯召的学生陆文端转行研究偏微分方程，川大数学系的偏微分方程研究因他们的努力而发展成为特色学科之一。

蒲保明(1910～1988)的研究方向原为微分几何，1951 年留学回国。1952 年院系调整后他调任四川大学数学系主任，在川大开辟了点集拓扑学这一研究方向，取得了若干成果，在国内较有影响。蒲保明是推进我国点集拓扑学研究的学者之一。1963 年，四川大学数学系关于点集拓扑学的研究项目被列入国家十年科研规划。当时，我国数学家在拓扑学领域的研究力量主要在代数拓扑学方向，1959 年，江泽涵和张素诚在《十年来的中国科学——数学(1949—1959)》中“拓扑学”一文中指出，我们应该注意到，十年来国内拓扑学学者的工作在点集拓扑学方面远比代数拓扑学方面少，今后在代数拓扑学与点集拓扑学之间应当按适当的比例，使它们同时发展。因之，国家需要有一批从事点集拓扑学研究的学者。实际上，蒲保明做的正是这项工作，而且卓有成效。到了 20 世纪 60 年代，拓扑学逐渐成为川大数学系的特色学科之一。后来，刘应明与蒲保明在模糊拓扑学的研究中合作，取得了重要突破性成果。

到 1963 年，上述四个学科方向都有很好的发展，它们都列入了国家科学发展规划。

当时，川大数学系的学风还是不错的。有一批优秀的中青年教师，他们热情好学，大多是上述四个学科研究方向的骨干力量，假以时日必将成才。刘应明与他们志趣相投，很快就融入了这个圈子，与不少人成为朋友，乃至成为莫逆之交。这无形之中也减少了他很多环境适应上的压力。

刘应明对四川的印象很好，他说："四川人不排外，我想这有两个原因：第一，语言很容易沟通；第二，历史上曾经有过湖广填四川的经历，近代抗战时期四川也来了很多下江(长江下游地区的统称)人，他们的后代也居住在这里，这里本来就是各省人聚居的地方。"

四川是历史上的天府之国，也是现代的农业大省，借用"人杰地灵、物华天宝"来形容，丝毫没有夸张。都江堰的灌溉使这里旱涝保收，临近高原的地区盛产山珍，这些优厚的物质条件让刘应明很是满足，"那时国内还有人吃不饱饭，成都街上却能随便买熟鸡蛋，每月吃一次肉，这条件还是挺好的。"

如前所述，川大数学系的条件虽然还远逊于北大，但在我国西部地区无疑是条件最好的，这为刘应明的成长提供了必要的条件。刘应明生性淡泊，但对于数学科学的热爱却是执着乃至痴迷的，他决心在川大扎下根来，开辟自己数学研究的征途。从此，四川成了刘应明的第二故乡，他在这片土地上崛起，在这片土地上展开了他不平凡的人生，长达五十多年。

第二节　初露锋芒，阁楼里的修炼

刘应明来川大报到后，他先是被安排在学校科研处，协助做一些文书收发之类的工作。几个月后，川大数学系有个教师被安排去进修深造，他便调入川大数学系几何代数教研室，担任基础课解析几何习题课之类的辅导工作，这样直到"文化大革命"结束，他在数学系基础课与数学公共课(主要是辅导)的岗位上待了近 15 年。当时教学任务颇重，但教学相长，与充满朝气的学生讨论数学问题，他颇感乐趣。为此，他还惹了一个麻烦。

那时刘应明不过是一个辅导习题课的小助教，做好本职的工作是不难的。但他非常敬业，尽职尽责。他认真批改作业，富有启发性地回答学生提出的问题。

学生也喜欢在课外时间去请教他。

有一次，刘应明在教学实践中发现，当时授课指定使用的教育部统编的数学教材有一个基本定理的论证有重大的错误。有的学生对那似是而非的论证也感到疑惑，就拿来问他，他干干脆脆地说书中写的是错的。这事闹开了。可能因统编教材的编者并非数学界的泛泛之辈，加上其中涉及一些老教师可能不熟悉的拓扑学概念，主讲老师颇感不快，坚持认为书是对的，几经争论后他只有选择沉默。

刘应明在北大时，学业上已经有不俗的表现，大学毕业时，已进入拓扑学的研究领域。在教学工作之余的所有时间里，刘应明都专注于他在北大就已经开始的拓扑学研究课题。

1965 年，刘应明在菲尔兹奖得主米尔诺(Milnor)工作基础上，解决了拓扑学中有名的怀特黑德(Whitehead)问题。这是他的第一项重要的研究成果。他的老师江泽涵院士和廖山涛院士认为，这是“具有很高数学水准的研究”。当时发表数学论文也需要政审证明，这对他是个难题，加上随后“文化大革命”的耽搁，这个结果在十多年后才在《数学学报》上面世，但仍然在国际上引出众多的后继工作。那时，已经是 1978 年了。

“文化大革命”中，刘应明因为北大毕业时留下的“问题”，自然成了“火烧百分之百”的重点，被勒令参加了“劳改队”，和“牛鬼蛇神”一起劳动。好在他是个颇有适应能力的人，在劳动或被批判之余，仍然乱中求静，潜心于自己手边的数学专著。即使很疲倦了，他仍然要在晚上拿起书本，攻读到深夜。

图 4-1　第二教学楼的屋顶阁楼

他初到川大时，成都市市区的范围还不大，四川大学位于市区外东九眼桥一带，交通不大方便。学校周边还间杂着片片农田，校园绿树成荫，阵阵蛙鸣，安静祥和，是一个适宜做学问的环境。但青年教师的居住条件却比较差，一间宿舍住三个人，大家互相干扰，无法集中精力看书。

刘应明发现当时川大数学系所在地的第二教学楼的屋顶阁楼早已闲置，只用来堆放一些杂物，平时无人问津，非常安静，在这里既可以避开旁人的干扰，又可以领略校园的清幽，就常常躲到那儿去看书。刘应明说，阁楼很窄，靠窗的地方直不起腰，但放得下小桌。能寻得这片安静之地，神游于书的海洋，不管那红尘纷乱，也是一种享受。刘应明就常常躲到这间斗室里，独自遨游于浩瀚的数学海洋之中。对于未来，他也不甚了了，但数学这无声的音乐、无色的图画却使他忘却了眼前的烦恼。在抽象思维的天空中遨游，这是只有学者才能领略的乐趣。

当“文化大革命”结束后，首次进入四川大学数学系的大学生、研究生们在图书资料室中查阅文献时，发现拓扑学方面的文献和数学名著的借阅卡上几乎都有刘应明的名字。

说起来，刘应明的成长道路虽然坎坷，却也是幸运的。在北大的六年，在名师的指导下，他的学识已经有了坚实的功底，研究方向也已明确，所以入门的事已经铺垫好了。后面的事就是修炼，这包括积累知识和能力、历练和探索，直到形成自己的风格。这主要就靠自己的刻苦钻研，厚积薄发了。从阁楼上的修炼到后来长期的刻苦钻研，刘应明做到了这一点，并且因为经历磨难而珍惜这一点，所以只要机遇一到，成功也就是水到渠成的事了。

第三节　石压笋斜出——曲折的成长过程

一、“文化大革命”中后期的川大数学系

1972 年以后，“文化大革命”运动进入了中期，随着“林彪事件”的爆发，政治形势有所变化。集中吃住专搞运动的学习班结束了，大学恢复了招生，等等。这些变化表明，“文化大革命”初期那种极度紊乱的局面已有所缓和，人们似乎又见到了希望。

就川大数学系的教师而言，谁愿意在无休无止的政治运动的漩涡里折腾呢？谁又不愿意回到教学科研岗位做自己的工作呢？他们的难处在于无法突破“文化大革命”中各种“极左”观念造成的束缚。

在当时的气氛之下，数学系的教师恢复研究工作自然需要在应用的名义下开展。他们从事的应用方面的研究有“数论与国防应用数学”“控制论中的数学问题”“石油勘探中的数学问题”“电子元器件的可靠性问题”等，用到的是数论、泛函分析、微分方程和概率论方面的数学知识。不管怎样，这些学科领域的研究工作总算恢复起来了。教师们的确是在认真地做应用课题，理论研究课题也是在此基础上逐步开展起来的。

刘应明除了认真完成教学任务外，还积极参加以点集拓扑学为主的讨论班活动。在讨论班上，蒲保明教授激动地对大家说：“中国是伟大的国家，决不能让数学领域的这一个重要分支在我国处于空白状态。”川大的拓扑学研究工作也因一次机遇而开拓了新的方向。1972 年年底，关肇直院士出差西昌卫星基地路过成都，顺道到四川大学数学系看望他就读燕京大学时的老同学姚志坚，并与校领导座谈。座谈中，关肇直谈到国际上关于模糊数学研究的新动向。系主任蒲保明趁机向校领导提出要组织人力开展这方面的研究。鉴于关肇直当时是涉足国防科技的知名

图 4-2 关肇直院士

专家，影响甚大，学校当局便默许了这一要求。模糊数学讨论班有蒲保明和刘应明、蒋继光、周浩旋等几位拓扑学研究的青年教师。

在“文化大革命”中后期，尽管政治运动仍然占主导地位，但人们却热情不再，多数人只是应付而已。教学和科研工作总算有了一席之地，只要没人指责，大家就心照不宣地埋头做自己的业务工作。在既没人同意又没人反对的状态下，学术讨论班也在政治运动的空隙中时断时续地进行着。

四川毕竟距离政治中心远一些，川大数学系一批青年教师虽然屡受冲击，但仍艰难地开展着研究工作，在困难的环境里逐步成长着，并取得了研究成果。这时的川大数学系恰似一幅“石压笋斜出，崖垂倒着花”的画卷。这批青年教师的工作为“文化大革命”后川大数学系的发展做了准备，起了开路的作用。到 1976 年，川大数学系因之取得主动，及时进入一个快速发展的时期。

1978 年全国科学大会召开时，川大数学系共有 8 个项目获得全国科学大会奖。获奖项目展示了川大数学系在数论、组合论、拓扑学、泛函分析、微分方程、概率统计等领域的理论与应用研究成果，这些成果都是在“文化大革命”中后期艰难的环境里完成的，因而尤其可贵。

二、模糊数学一项经典成果的诞生和曲折问世

川大的模糊数学讨论班成了刘应明颖脱而出的平台，虽然讨论班断断续续地维持到 1975 年，但讨论班中研究的问题与疑难却成了刘应明脑中挥之不去、不闯不休的难关。

一个自然的设想是：以 J.L. 凯莱的《一般拓扑学》和 L.A. 查德(L.A. Zadeh)的《模糊集合论》为基础，把经典拓扑学的内容模糊化，使之成为模糊拓扑学的基础。但这绝非简单的平移。迈开第一步就遇到困难，连什么叫“模糊点”这样基本与初始的概念都界定不清楚，它的邻近构造问题，更没有得到严谨的描述。国内外学者众说纷纭，莫衷一是，这成为研究中的一个瓶颈。

1975 年冬，刘应明在锲而不舍的苦思中突破了研究中的瓶颈，他的模糊数学研究随之渐入佳境，这是一个近乎传奇的真实故事。川大原新闻系主任邱沛篁教授在他的采访文稿《数坛新星——刘应明》里有生动的描述，摘录如下：

1975 年年底，又是一个寒假来到了。

刘应明来到雅安草坝镇一个中学，这里有他的小家庭。妻子吴玉群也是福州

人，1969 年川大化学系毕业后就被分配在这所中学教书。1972 年春他们结婚后在一起的时间并不多，每逢寒暑假，这一对“牛郎织女”才能相会。

刘应明跨进乡村中学那间熟悉的小屋，他就告诉妻子，他的科研课题正进入十分关键的阶段，这次回来就是想找个安静的地方专心冲击一下难关。小吴知道他的脾气，干一件事非要干出个结果不可。为了让他躲开一些杂事以及邻居小孩的干扰，特意从后面比较僻静的单身教工宿舍中，借来一间主人探亲出走后空下来的小房间，供他使用。

刘应明把书籍、笔墨搬进这个小房间的一张小课桌上摊开，继续开始攻关。冬天的夜晚，雅安的乡间非常寒冷，有时下起了霏霏雨雪，刘应明仍在小房间里思索、演算。妻子担心他受冻，晚上总要给他生上一盆火。可是，他总忘了添炭。半夜，一盆火熄了。他冻得难受，就搓一搓僵硬的手，跺一跺冷麻了的脚，站起身来，在小房间里就地慢跑。

一个晴冬的早晨，他确实思索得太疲乏了，迈出小屋，顺着山坡走向一片竹林。抬眼望去，他才发现这所乡村中学是个很美的天地。

学校坐落在一个小山丘上，是过去的一座教堂改建的，后来又修建了一些平房。朝霞光辉映着一排灰白色的房屋，把四周的原野映衬得更加宽广。校园里，梅花开了，红如朱砂，白似雪花，吐放出沁人肺腑的清香。竹林旁有一个堰塘，堰塘周围是一般高的垂柳，从堰塘信步下坡，就看见一条清澈的小溪流。

刘应明在溪流旁停住了。清澈的山泉水，流在那堆满乱石的浅溪中，不时发出冲击的声响，并溅出浪花。他望着浪花向四边飞溅又很快消逝的情景，突然想道：自己苦思的一个数学难题，不是也可以像这样一点突破，再普遍铺开吗？他飞一般地跑回小房间，顾不得满身大汗，连忙拿出妻子给他的写过了的废记录本，在背页上不停地推演起来。

假期中，刘应明几乎每天都要工作十多个小时。人们看见他的两个眼窝更深地陷了下去，但仍然闪烁着兴奋的光彩。

又是一个傍晚，他来到中学附近的一块田坝上，一边走，一边思索，春雨沙沙沙地落下来了，刘应明好像没有发觉，只是感到头上、脸上、手上、身上，怎么变得湿漉漉的。他突然顿开茅塞：不是可以构造一种与传统概念不同的邻近构造——重域系，来解决不分明拓扑中邻近构造的难题吗？!他兴奋地回到房间，拿起笔来，结合讨论班中取得的一些成果，迅速写了关键性的第一篇论文《不分明拓扑学 I ——不分明点的邻近构造与 Moore-Smith 式收敛》初稿。

他带着这篇两万多字、共十四张的论文稿，匆匆赶回川大，第一件事就是找蒲保明教授。

蒲教授对文稿非常满意。经过中国科学院数学所审稿，论文得到了很高的评价。一年多后，他与蒲保明教授联名在《四川大学学报(自然科学版)》上发表了这篇论文。

图 4-3　蒲保明教授

其实，这项重要成果的问世还有一些波折鲜为人知。

这项模糊数学的奠基性成果，为了得到国内外学术界的了解与认可，迫切需要尽早发表，但是刘应明的论文却遇到了不能发表的难关。蒲保明先生多次呼吁，却得不到允诺的答复，为了迈过这道坎，这才有论文经蒲保明审阅加工后和刘应明联名投稿《四川大学学报》，以求尽快发表这个成果的变通方式。投稿后，刘应明曾托人打听过进展，才知道尽管论文有蒲保明署名在前，还是有人暗地里阻挠其发表，只不过阻挠不成而已。

1977 年，《四川大学学报》(自然科学版)复刊，发表了他们的论文《Fuzzy 拓扑学 Ⅰ，Ⅱ》，此文发表后反响很大。1980 年，论文的英文版又在美国著名刊物 *J. Math. Anal. Appl.* 上发表，这反而成了《四川大学学报》的荣誉。在此之前，柯召先生研究卡特兰猜想的重要结论也是 1962 年在《四川大学学报》发表，1964 年又重新在《中国科学》上发表英文版的。

第四节　柯召、康乃尔和许琦之，慧眼识英才

柯召院士是四川数学界的领军人物。刘应明到川大数学系之后，一直在几何代数教研室担任教学工作。柯召是这个教研室的老先生，接触的时间长了，柯召对刘应明的学识和能力也就比较了解了。加之 1977 年刘应明的重要成果发表后反响很大，柯召对他更是青睐有加。

图 4-4　柯召与刘应明

柯召对于数学人才有一种特殊情感，他对发展四川数学事业有着浓浓的心愿。他重返学术领导岗位，担任分管教学科研的副校长时，很自然地对刘应明等青年才俊寄予厚望。

当时的四川大学百废待兴，老一代的学者已经逐渐凋零，特别缺乏堪当重任的中青年学术骨干。川大的领导康乃尔(1978～1980 年任川大校长)和许琦之(1978～1984 年任川大副校长、党委副书记)都是非常务实且重视人才的老干部，对于像刘应明那样在川大环境里成长起来的人才尤为珍惜，他们很自然地为刘应明等青年才俊的成长与发展铺路。当时还有一段插曲：继 1977 年全国恢复高考后，国家又恢复了招收研究生。1977 年 11 月，中国科学院与教育部联合发布了《关于一九七七年招收研究生具体办法的通知》，我国研究生教育在中断了 12 年之后得以恢复。1978 年 1 月，教育部和中国科学院决定将 1977 年和 1978 年招收研究生的工作合并进行，统称为 1978 级研究生。当时，川大数学系有 10 位学识比较好的青年教师希望改变环境离开川大，便提出要报考研究生的要求，刘应明也是其中之一，他甚至借了几本习题集来备考。此事在川大校内造成了一个小小的风波。校长康乃尔是一位比较看重学术人才的领导干部，他亲自出面与这些青年教师谈心并听取他们的意见，答应他们的合理要求。感受到校方的诚意后，刘应明等 8 人决定放弃考研并留下来，还有两人坚持考研并离开了。后来十一届三中全会召开，大环境变了，这批青年教师的处境也日渐好转。

图 4-5　柯召与刘应明

“文化大革命”结束不久，百废待兴，北大也感到拓扑学方面的人手较紧，江泽涵院士想起了刘应明，便向川大商借他前往北大协助培养研究生。川大的朋友们在为他高兴的同时调侃说：“你这是在一年内完成了从考研到培养研究生的蜕变。”对于还笼罩在政治运动的阴影下、处境窘迫的刘应明，这未尝不是一次转机。

紧接着，1978 年在成都举行中国数学会第三次代表大会，作为东道主之一的四川大学在会上报告的论文欠少，临时又拉来刘应明等人上阵。这是他第一次在中国数坛上露面，初显身手。

1980 年，国家恢复了专业技术职称评定。在许琦之副校长的大力支持下，柯召率先打破了评职称论资排队的格局，力主评定了数学系的刘应明、魏万迪、孙琦、孙顺华四位年轻的副教授。这在当时是突破旧观念的做法，遇到了极大的阻力。柯召说："评职称时，我最早主张不要论资排队，要评年轻人，反对的人很多。"他还说过，"如果不这样做，我宁愿辞去副校长不干"。事实证明柯召的意见是正确的。后来，这四位年轻的副教授都很快成为博士生导师，走上了学科带头人的岗位，他们在川大数学系组成年富力强的学术团队。这种做法沿袭至今，川大数学系给年轻人创造了一个广阔的天地，一大批年轻人在这里做出了出色的成绩。

20 世纪 80 年代初，川大数学系不仅逐渐恢复了昔日的生机，更呈现出蓬勃发展的势头。一批新人已成长起来，研究领域也有了深化和新的拓展。

第五节　转折——进入四川大学数学研究所

1978 年，刘应明调入新成立的四川大学数学研究所(简称川大数学所)，担任拓扑学研究室的专职科研人员。从此，刘应明的发展进入了快车道。

严格来说，1978 年时，四川大学数学研究所还没有正式挂牌，处于经教育部同意后的筹建阶段。但是，负责筹建工作的第一任所长柯召已经等不及了，他迅速地完成了组建工作并在正式挂牌前实质性地运作起来。

这件事的背景如下：1977 年 10 月，柯召赴北京出席全国自然科学学科规划会，并在这次规划会上提出了在高等学校设研究机构的考虑。数学组与会专家认为，四川大学与山东大学已具备条件，议定在这两所大学成立数学研究所。

柯召归来不久，教育部同意成立四川大学数学研究所。四川大学校方和数学系给予了极大支持，该所的筹备、建设也随即相继展开。

1983 年 5 月 17 日，教育部正式发文((83)教技字 013 号文)批准四川大学设立数学研究所、激光物理与激光化学研究室、植物分类研究室。这时，四川大学数学研究所正式挂牌成立。

新成立的四川大学数学研究所下设数论、拓扑、应用数学、计算数学四个研究室，研究方向为数论与组合论、拓扑学、偏微分方程、泛函分析、计算数学。前四个方向正是川大数学系在 1963 年列入国家科学发展十年规划的研究方向，计算数学则是当时需要加快发展的学科。

当时，数论研究室主任是孙琦，拓扑学研究室主任是刘应明，应用数学与计算数学研究室主任是陆文端。

1978 年到 1983 年川大数学研究所正式挂牌期间，川大数学系和川大数学研究所共获得全国科学大会奖 6 项、国家自然科学奖 2 项、省部级科技成果奖 6 项。其中，获奖的研究方向有数论、拓扑学、泛函分析、微分方程以及概率统计的领域。新一代的学术团队已基本形成，在人才培养和形成优势学科方面也出现了新的气象。一支具有特色、具有生命力的数学学科队伍已初具规模。

图 4-6　刘应明

可以说，川大数学研究所承袭和发展了川大数学系的特色。数学研究所建立后，川大数学系的学术团队中还增加了一位新的学术领导人李安民。李安民的研究方向是整体微分几何，有很出色的成果。他的加盟，弥补了数学系的薄弱之处，微分几何也成为川大数学系新的特色学科。另一方面，计算数学学科也逐步成长起来：川大数学所陆文端等人的“有限单元法在热力管道中的应用”等项目 1979 年获得四川省重大科技成果奖，1988 年获得能源部优秀设计软件奖；熊华鑫等人与成都飞机公司合作的研究项目“保形光顺的曲线曲面系统”获得 1990 年航空航天工业部科技进步奖。

筹建川大数学研究所时，柯召亲自挑选研究所的成员，其中有刘应明、魏万迪、孙琦、尹文霖、孙顺华等人，研究方向分别是拓扑学、组合数学、数论、泛函分析。为了让这批青年教师尽快成长，柯召还做出了一个特别的决定：数学研究所的成员三年不担任教学任务，集中力量搞科研。由于他们在“文化大革命”的困境中就已经开始恢复学习与研究，在新的机遇到来时已经有了坚实的基础和一定的研究成果，三年的时间对他们来说就是一次绝佳的冲刺机会。这个决定效果非常显著，一批新秀就是从这里出现的。刘应明则是他们之中的代表人物。

刘应明进入川大数学研究所担任拓扑学研究室主任后，终于有了集中精力开展数学研究的条件。他不仅在数学研究中有了快速的进展，而且进研究所不久便开始指导研究生。

1994 年，刘应明接替退休的陆文端教授，担任川大数学研究所所长。

图 4-7　初建时的四川大学数学研究所

第六节　在科学的春天里驰骋

1978 年 4 月，全国科学大会召开，刘应明与川大拓扑学同行的工作获得了 1978 年全国科学大会奖，1979 年又获得四川省重大科技成果奖。

1978 年 12 月，党的十一届三中全会召开，这次重要的会议重新确立了解放思想、实事求是的思想路线，冲破了长期禁锢人们思想的许多旧观念，摆脱了许多思想上的枷锁和禁锢，这激发出人们空前的积极性、主动性、创造性，科学的春天来临了。

1980 年，刘应明在北大毕业时受到的不应有的处分正式宣布改正；他的妻子吴玉群从雅安调到了川大工作；他和蒲保明合作的论文，荣获四川省 1979 年重大科技成果奖，十几个国家的同行来函索取这篇论文，并要求进一步交换资料；他也从助教越级晋升为副教授。有人祝贺他是“四喜临门”，他笑着回答：“得感谢党组织的关怀啊!”

刘应明继 1980 年越级晋升为副教授之后，1983 年又破格晋升为教授，从那时起，刘应明的学术工作进入了新的境界。

在国际学术界，1980 年年初，刘应明在《数学学报》上发表的几篇论文，引起美国权威评论杂志《数学评论》的注意，该刊来函邀请他担任评论员并加入美国数学学会，这大概是“文化大革命”后该刊在中国聘请的首批评论员，也算是他与国际学术界关系的开始。

1982 年年初，刘应明收到法国驻华使馆来函，函中附有法国政府给我国教育部信件的副本，函称“刘是不分明空间与代数方面国际知名专家”，并邀请他赴法参加学术会议，进行讲学活动。他简直不相信自己的眼睛，对这意外邀请，刘应明真是喜忧参半。喜者，这是国家的光荣、个人的荣誉；忧者之一是他能被批准出国吗？组织上如何看呢？事实证明这是自己多虑了，校、系领导与有关外事人员花了很大力气，至少有四个人赴京催办此事，使他的出国手续在短期办成；忧者之二是他首次出国，只身赴法，对于毫无旅外经验又从未用外语讲过课的刘应明，他能胜任吗？但退缩是无用的，他只好硬着头皮飞到巴黎。幸好一切顺利。在第十二届多值逻辑国际会议上，刘应明的报告被鉴定为具有“一系列重要成果”而收入会议文集。他在巴黎、里昂与图卢兹讲学，也很成功，尤其在里昂一大学讲学的经过，令他感动不已，多年之后谈起当时的情景仍历历在目、难以忘怀。事前里昂这所大学向当地各学术机构发了通知，于是在里昂进修的中国学者，不论其专业是否是数学，差不多都赶来了。他们激动地说：“在里昂不断地有外国学者来讲学，可惜就没有中国学者，心中很不是滋味。今天你来讲学替我们中国人争了气。”在他国异邦，同胞相遇本就亲切，这一席由衷话语怎不动人心弦？看到自己的工作起了一点作用，心里无比欣慰。那里的教授曾建议刘应明留下工作一段时间，刘应明婉言谢绝了对方的邀请。他说：“国外的物质待遇是优厚的，但我是中国人，是中国人民培育了我，我的岗位是在中国，我们国家目前还穷，生活水平也不高，但这恰恰是我们出力献身之时。”

1983 年 7 月，法国马赛举行了一个学术会议，会议主席专函邀请刘应明与会。在教育部与学校支持下，他在这个会议上作了报告，并顺便访问了法国几个大城市。他的报告同样被收进了不久后出版的会议文集。同年 8 月在波兰华沙举行了数学界最重视的国际数学家大会。由于学校领导与国内数学界的举荐，刘应明成为中国数学家九人代表团成员，后虽因故中国代表团未能与会，但他的论文已被大会接收并在会上散发，并引起波兰、联邦德国与比利时等国同行的兴趣，由此建立了一些资料交换关系。

1984 年 7 月，在美国夏威夷召开“模糊信息处理国际会议”，会议组织委员会专函邀请刘应明与会，函称“您是模糊数学方面国际第一流撰文者”，刘应明参加了会议并担任会议分组主席。当他的报告结束时，模糊数学奠基人、美国加利福尼亚大学伯克利分校的教授查德(L.A. Zadeh)特意走向前来祝贺。这个报告经审查鉴定，被认为居于“重要进展”而收进了《模糊信息分析》一书。这次出国，刘应明还在夏威夷大学与日本东京明治大学进行讲学，并为他的学生去比利时留学等事做了安排。

在这期间，由法国、美国、荷兰、西班牙等国出版的六种文集与会议录中收录了刘应明的七篇论文。他还在一些外刊如美国、法国等国家的期刊上发表了五篇论文，同时也在《中国科学》《数学学报》《数学年刊》《科学通报》上发表了多篇论文。继美国《数学评论》之后，联邦德国历史悠久的《数学中央公报》也邀请他任评论员。几年来，刘应明为它们撰写数学评论数十篇。1982 年，刘应明被法国的《模糊集及其应用公报》聘为国外通讯编委，被在荷兰出版的国际杂志《模糊集与系统》聘为编委。

1985 年，国际模糊系统协会(IFSA)成立暨第一届国际模糊系统协会年会在西班牙马约卡岛举行。刘应明被选为国际模糊系统协会十三人理事之一。刘应明担任过历届理事兼中国分会主席，1993 年 7 月他当选国际模糊系统协会副主席(第五届)。

1985 年，在成都市庆祝我国首届教师节的会议上，刘应明感慨地说：

“回顾这几年出访与讲学活动，深感对外开放政策好。夜郎自大固属可笑，闭关锁国也是小生产者观念。我们通过交流，可以了解国际最新动态，结识许多同行，获得各种资料。我们一些研究方向正是受到国外工作启发而形成的。这种交流有利于取长补短。另一方面，通过交流，国外同行也会对我们的工作产生印象，有利于用自己的成果去赢得他们的敬重。一个月前，模糊数学权威查德教授就在一个大学报告会上说：‘在模糊数学理论研究与应用方面，中国优于苏联与日本，居于先进水平。’我们只有通过自己的成果，通过交流与竞争，才能立足于世界民族之林；也才能对人类做出大贡献。”

1986 年，中国首次参加了国际数学家大会。刘应明是国家教委八人代表团成员之一。

1983 年年底，经国务院学位委员会学科评议组(简称国务院学科评议组)审定，他成为当时我国最年轻的博士生导师之一。1985 年 3 月起，他又被聘为第二至六届国务院数学学科评议组成员或召集人。1995 年他当选为中国科学院院士。1999 年 3 月起，他连任三届国务院学位委员会委员、全国博士后管理委员会“数学与系统科学”专家组召集人。

1983 年年初，中国模糊数学与模糊系统协会在武汉成立，他任副理事长兼秘书长(1983～1985 年)，以后又担任该协会的理事长(1986～1998 年)、名誉理事长(1998～)。这一协会隶属于中国系统工程学会，同时又是国际模糊系统协会中国分会。

1984 年起，刘应明相继当选为中国数学会理事(第四届)、常务理事(第五届)、副理事长(第七、八届)，中国工业与应用数学学会副理事长(第四届)；国际模糊系统协会副主席(第五届)、历届理事兼中国分会主席。刘应明还担任国内外多种学术刊物主编、副主编、编委或评论员，如《数学学报》与《数学年刊》的编委，《数学研究与评论》的常务编委，《模糊数学》的副主编、主编，等等。

1983年起，他任第六、七届全国人大代表(1983～1992年)，第八届全国政协常委，第九届全国人大常委会委员，第十届全国人大常委会委员兼全国人大教科文卫委员会副主任委员、第十一届全国政协常委。1997～2007年，任第十、十一届九三学社中央委员会副主席。

1989年起，他任四川大学副校长(1989～2005年)兼首届研究生院院长，教育部“985 工程”平台项目——四川大学长江数学研究中心首席科学家，四川大学研究生院名誉院长。

他还担任过国家自然科学基金委员会杰出青年科学基金评委会成员与数学天元基金学术领导小组副组长、国家基础科学人才培养基金第三届管理委员会委员、教育部高校科学研究与人才培养中心主任(之一)、国家教委高等学校数学与力学教学指导委员会副主任、全国高等学校教学研究会数学学科委员会主任委员、中国学位与研究生教育学会常务理事兼四川省学位与研究生教育学会会长。

他曾任第九届四川省政协副主席(2003 年 1 月～2008 年 1 月)，四川省数学会、四川省系统工程学会及四川省工业与应用数学学会理事长，四川省高校职称评审委员会副主任等职。

他是首批(1984 年)国家有突出贡献中青年专家和首批(1989 年)全国优秀教师。他独自或领衔的团队曾十余次荣获国家、省、部级奖励(包括国家自然科学奖)。2005年2月，刘应明入选“科学中国人(2004)年度人物”。同年，刘应明荣获何梁何利基金科学与技术进步奖，该奖是由香港4位著名实业家捐助成立的一个全国性科技成果的重要奖项，用以奖励在科技领域作出系列杰出贡献的优秀学者。

他从1985年起被聘为国务院学位委员会数学学科评议组成员，1999年起连任三届国务院学位委员会委员，相继担任过多种高层次的社会职务和学术职务，这意味着他有了更多更重的责任。他没有辜负社会对他的信任和期望，立足于更大的舞台，为社会做了很多重要的工作，贡献良多，后面将有相关介绍。

第七节　对四川大学学科建设的贡献

刘应明进入领导层以后，在教育科研与学术管理方面担任了较多的重要职务。在领导岗位上，他不仅在国家教育科技工作的前沿领域奉献心智，并参加了国家若干重大学术项目的管理与评审工作，还特别注重四川大学的学科建设，以及发挥四川大学数学学科的相对优势向西部辐射等。下面内容摘自刘应明 2007 年的一份汇报材料(有个别改动)，其中较多地概述了他对四川大学学科建设的贡献。其他方面，本书另有具体介绍。

近年来，除担任一定的社会职务外，我也一直在四川大学担任教育管理和教学科研工作。在担任四川大学副校长兼研究生院院长、国务院学位委员会委员、四川省学位委员会副主任等教育与学术管理职务期间，在学科建设、师资队伍建设与管理、学位与研究生教育等方面做了大量相关工作，亦取得了显著工作成效。不仅使四川大学近年来在代表学校发展水平和实力的“211 工程”“985 工程”建设项目、国家重点学科、一级学科等考评指标上均顺利通过国家教育部门的相关评审，在国内同类高校中保持了一定程度的领先性和影响力，而且也促使代表高水平人才培养能力的研究生教育和学位管理工作质量得到大幅提升。此外，作为国家自然科学基金委员会数学物理科学部专家咨询委员会委员、基础科学人才培养基金第三届管委会委员(数学学科方面仅有一名)以及国家杰出青年科学基金评委会委员，还参加了国家若干重大项目及交叉评审工作。并受聘以组长身份主持对教育部若干重点实验室及国家理科基地进行了评估。同时，还随时注意结合自己的相关工作职责及相应学术影响力，为四川省各兄弟院校的研究生教育和学位管理工作以及博士后科研流动站设置与建设(我是人事部博士后管理委员会数学专家组的成员与召集人)提供了帮助及支持。

在本书第九章，收入了刘应明的一篇文章《深化研究生教育改革 培养 21 世纪建设人才——纪念恢复研究生招生 20 年》，文中较为详尽地介绍了刘应明为四川大学学科建设所做的工作，读者可直接查看，这里不再赘述。

第五章　奠基之作——从模糊数学到模糊拓扑学

刘应明主要从事数学与系统科学方面的研究，特别是在不确定性的数学处理(主要是模糊性数学)与拓扑学方面有颇为国际同行称道的工作。在模糊拓扑“有点派”形成方面有奠基性工作。论著过百，散见于国内外重要学术出版物。其中，*Fuzzy Topology* (与罗懋康合作，世界科技出版公司，新加坡，1997)一书是世界首部格上拓扑学的专著。

第一节　模糊数学浅谈

一、模糊数学缘起

人的自然语言具有很大模糊性。“今天天气不错”，这是包容量很大但信息也很不精确的句子，既不知气温、气压等情况，更不用说有关数据是否精确到小数点后 5 位、8 位了。但由这个句子，你就可以做出能否外出访友的决定。所以模糊性绝非有些人理解的那样是“糊里糊涂”性，模糊性有时是信息浓缩所致，能提高信息交换的效率，是积极与正面的。较之计算机，人脑的优势之一就是能处理模糊信息，从而进行高层次的信息分析与决策。专家的高明不在于会处理 2+3=5 这种确定性现象，他的能力是在信息不充分、不精确、不完备的情况下处理模糊信息，做出正确判断与决策，得出确定性结论。

《孙子兵法》里有一条叫做“知己知彼，百战不殆”。更准确地说，应当是“知己知彼，才能够正确决策，从而百战不殆”。此言固然不错，然而在现实生活的各种博弈中，博弈双方(甚至多方)对于对方的了解不可能完整，因此，“知彼”具有很大的模糊性，多数情况下得到的只能是不精确、不完全的信息，这时如何正确决策，才是问题的关键之处。也就是在不精确、不完全的信息下正确判断敌方的意图并得出正确的决策，这就是典型的模糊决策问题。

这说明，不仅在复杂的工程控制系统与机器智能化中，而且在经济、军事等高层决策中，用数学手段研究模糊信息处理都很重要。

模糊数学又称不分明数学(注：“模糊”和“不分明”都是英文术语“fuzzy”的中文意译，两种译法都是常用的，在本书中都有出现)，确切地说，是指在自然界和人类社会生活中广泛存在的一类不确定性的数学处理。众所周知，数学是以严谨而著称的，遵循排中律，非此即彼，黑白分明；同时，又遵循因果律，有因才有果，因果分明。这些都属于确定性数学的处理范围。到了 18 世纪，数学家才开始研究随机性现象，例如讨论一枚硬币在扔了许多次后，正面出现的频率的稳定性这类现象。这突破了传统因果律的严格限制，研究因果不分明的现象，产生了概率统计这门数学分支。

但对于突破“非此即彼、黑白分明”逻辑关系的模糊性现象，却迟迟无人去研究。自 1965 年起，以研究复杂系统及其控制为契机，美国加利福尼亚大学伯克利分校计算机系主任查德教授提出了模糊集的理论，这导致以严谨著称的数学在经历了确定性与随机性的两个阶段之后，开始进入过去的人们未曾涉足的新领域——模糊性的研究：力图在信息不充分、不精确、不完备的情况下，处理模糊信息，得出确定性的结论。从此，在国际数学界拉开了模糊数学研究的序幕。

二、模糊集简介

模糊集是模糊数学的基础，所以我们有必要做一个简单介绍，为了准确介绍的需要，我们不可避免地用到一些集合论方面的基础知识。

人脑的优势之一就是能处理模糊信息，进行高层次的信息分析与决策，各种各类专家的高明之处也在于此。

“概念”是反映对象的本质属性的理性思维的基本形式之一。人类在认识过程中，把所感觉到的事物的共同特点，从感性认识上升到理性认识，抽出本质属性加以概括，就成为概念，表达概念的语言形式是词或词组。概念都有内涵和外延，即其含义和适用范围。概念随着社会历史和人类认识的发展而变化。

概念是可以用其外延来描述的，即在所讨论的范围(论域)X，给出一个子集 A，一个对象 x 是否为概念所界定，就看 x 是否属于 A；如用 A 的特征函数 f 来描写，就看 $f(x)$是否为 1(否则为 0)，所以一个概念就是从 X 到二元集$\{0, 1\}$的一个映射。所谓概念的模糊性就是其外延的不清晰性，即 x 关于 A 的属于关系不是非 0 即 1，而是有一个程度，例如 70%。如果再用特征函数来描述，这时 $f(x)=0.7$。所以一个模糊概念对应于一个广义特征函数：$X\to[0, 1]$。这样，特征函数的值域从$\{0, 1\}$扩充为$[0, 1]$，我们就描述了概念的模糊性。论域 X 上一个模糊(子)集就是 X 至$[0, 1]$的一个映射 f；$f(x)$，称作 x 的隶属度。这是查德引进的定义，我们把隶属度都大于等于 $a(a\in[0, 1])$的对象全体，即$\{x\in X: f(x)\geqslant a\}$称作概念 f 的 a 层次，常记作 f_a，从数学上看，模糊集较之通常的集合多了个非平凡的层次结构，这是模糊数学在结构上最大的特点，概念的模糊性正是由概念结构中的层次性来表现的。

应该指出，查德定义的核心是给出隶属度大小顺序这种序关系的一种实数化方法，涉及实际问题时这种量值化方法常常并不唯一。对数值的这种处理有时更能反映专家的经验，这或许正是模糊技术产业成功的一个原因。还应该指出，两个隶属程度在实际问题中不一定可以比较顺序优劣，对于“好房子”概念来说，某两所房子可能各有千秋；也就是说，隶属度之集合值域选作[0，1]还有局限性，严格说它应是一个偏序结构，例如格 L。因此，Goguen 把 X 至一个格 L 的映射称作 L 模糊集，简称之为模糊集。

从数学上看，我们把值域{0，1}扩充为[0，1]甚至格 L，丰富了子集合的概念。人们知道，集合论是现代数学的根基，而这种根基上的变化，势必影响到数学许多分支的发展，X 上全体 L 模糊集记作 L^X，那么与在子集合 2^X 上展开的经典数学相比较，模糊数学是在 L^X 这一更广的集合框架上展开的。另外，由于 L^X 本身还可从 L 上引出格的结构，所以可以进一步说，在 L^X 上展开的模糊数学的特点是强调序结构的。还应指出，框架从 2^X 变为 L^X，其逻辑背景则相应地从二值的形式逻辑变为格值逻辑，后者常常不再保持排中律。

第二节　一个奠基性成果的诞生

众所周知，一门新的研究领域的创立，首先要在基本理论研究中奠定坚实的基础。模糊集合论提出之后，人们首先面临的，便是需要弄清楚它的拓扑结构，由此引发了对于模糊拓扑学的基础性研究工作。由于模糊集合的特殊性质，沿着传统的数学理论(确切地说，是指古典的邻域概念)展开研究可以说是步履艰难。针对这一症结所在，1975 年到 1977 年，刘应明完成了一篇两万余字的论文，以古典的邻域概念为特例，在模糊集的框架上提出了一种崭新的邻近构造——重域系。文章经蒲保明审阅后，在 1977 年复刊的《四川大学学报》上联名发表；继后，英文版又在美国发表， 这一突破，引起了国际学术界的极大反响，有关论文已被引用 1300 多次，认为这个工作奠定了不分明拓扑学(即模糊拓扑学)“有点派”的基础。

苏联《数学进展》发表的长达 60 多页的综述——《不分明拓扑二十年》(Vol.44:6，1989 年)中说，古典的邻域概念这个问题是学科发展的“严重障碍”。刘应明等建立的重域系理论“克服了这个困难”。

英国《伦敦数学会系列丛书》(蓝皮书)93 卷 *Aspects of Topology*(1985 年)也高度评价了这个工作，认为“克服了传统的邻域系的严重障碍，是目前为止最成功的成果，这个方面的研究将沿着这个路线发展”。

英国伦敦城市大学 Warner 教授认为刘应明的工作奠定了这个方向的“坚实根基”，还来函说，在刘应明的一个定理的基础上，她的学生完成了博士论文。

对于刘应明这项工作中的一部分，《中国百科年鉴》(1981 年)在“中国数学研究新进展”栏中曾作为为数不多的几项重要成果之一加以介绍。

日本东京工业大学菅野道夫教授在北京讲学时，也曾把这个工作归属于这方面“世界最高水平”工作之列。

美国《数学评论》曾有长篇评论，认为这项工作“非常吸引人且十分有用”。

的确，在突破传统的邻域系的严重障碍之后，模糊数学的研究前景豁然开朗，引起了国内外不少优秀数学家的关注和加盟。刘应明则沿着这条道路乘胜前进，在模糊拓扑学及其应用领域进行了系统深入的研究工作，取得了不少开创性成果。

刘应明在不确定性的数学处理(即模糊数学)与拓扑学方面有为国际同行称道的工作，在不分明拓扑“有点派”形成方面做了奠基性工作。他的工作深入且覆盖面大，也引起人工智能、多值逻辑专家的高度兴趣。

这些工作首先在于其成果本身的基本重要性。此外，或许还可以看出这方面的工作与经典数学著名问题的深刻关系。它不仅提供新的思想，还有新的方法，并且能具体地丰富经典性成果。

第三节　模糊数学方面的系统研究

如前所述，1975 年到 1977 年，刘应明完成了一项模糊数学的奠基性成果：在模糊集的框架上提出了一种崭新的邻近构造理论。从此，刘应明在模糊数学及其应用领域进行了系统深入的研究工作，取得了不少开创性成果，其中最突出的是以下成果。

一、多元函数的“简单逼近”问题

处理模糊性问题首先要把多因素的复杂问题表示为若干单因素的较简单问题的复合。这在数学上就是把多元函数用一元函数的复合来表示的降维问题，即著名的 Hilbert 第十三问题。在 20 世纪 50 年代，经过数学家 Kolmogorov、Arnold 等人的工作，这个表示问题已经解决了，并成为当今神经网络理论的基础。不过，这种表示式相当复杂且仅是存在性的，具体地把一个多元函数用一元函数的复合来表示却难以得到。而在图像数据处理、神经网络以及物理学中的多体问题等方面，寻求简单表示问题也是十分需要却难以得到的(见《数学译林》1992 年第 1 期)。加之 Arnold 进一步证明了：可简单表示成 $f(g(x)+h(y))$(这里 f，g，h 为连续函数)的二元连续函数是“很少的”，这就导致了一个困难的局面。北大数学系名誉教授、国际模糊系统协会首任理事长、模式识别权威、美国普渡大学教授傅京荪(K.S. Fu)生前对这类问题就很关注。

刘应明与合作者李中夫另辟蹊径，用“简单逼近”的思想来代替“简单表示”，结果相当简洁实用。他们证明了一大类可结合(相当于半群中运算)连续函数可用单个的单调函数 f 近似表示成 $f^{-1}(f(x)+f(y))$，这里的逼近可达任意事先指定的精度。这种十分简单的表示式在专家系统的“组合证据”处理以及模糊隶属函数的确定等重要问题中都有重要的应用。在人工智能与专家系统中，相较于过去拼凑建立公式的方法，现在可以从专家经验导出组合公式，这在方法上是更有效的，在理论上是很有创新的。而从纯数学上看，结合 Arnold 的工作，刘应明和李中夫的结果就是说 Archimedean 三角模(一类二元函数)在全体连续三角模空间中是稠密的。

多元函数的“简单逼近”研究成果在国家自然科学基金重大项目“模糊信息处理与机器智能”的结题评审会上被评为最好的成果，在有关国际会议上报告后评价很高。部分结果已收入“机器智能与模式识别”丛书(Machine Intelligence & Pattern Recognition，1992 年，Elsevier)等处，数学部分刊于《中国科学》(1994 年)。同时，在根据具体问题确定模糊集的合适基本算子方面，也找到了途径，算是对这一理论与实践上的基本问题的一个满意回答。

同时，刘应明又完成了与模糊信息处理有关的“863”课题及国家基金重大课题的研究，他的相关研究成果在国家自然科学基金重大项目“模糊信息处理与机器智能”的结题评审会上，被评为最好的成果，在有关国际会议上，此报告也得到很高的评价。

二、序结构与 Dieudonné 插入问题

概念中所谓模糊性就是指概念中含有非平凡的层次结构(平凡的层次结构是指非此即彼、非好即坏的二元结构)，从数学上看就是一个序结构问题。事实上，一个模糊集就是从一个通常集合至格(一种序结构)的一个映射。模糊数学的一个特点就是注重数学三个基本结构(拓扑结构、代数结构与序结构)之一的序结构的研究。这一趋势在计算机科学中也是明显的。

不分明拓扑恰是拓扑结构、序结构与代数结构三种结构有机结合成的一个载体，其中关于一致性结构以至度量化、嵌入理论等讨论中涉及保并映射类、极小族、连续格以及范畴论等多方面的代数或序结构问题，在这些方面，刘应明都做了很好的工作。

刘应明关于保并映射类的代数运算研究曾引起国外很大兴趣。1982 年，刘应明应法国政府之邀请，以专家身份赴巴黎、里昂、图卢兹等地讲学，并参加多值逻辑国际会议，得到很高的评价。1982 年，法国驻华大使馆致我教育部的邀请函称刘应明“因在不分明空间及其代数性质方面工作而成为国际知名专家”；美国俄克拉何马大学教授 S. Lee(第十一届国际多值逻辑会议主席)来函称赞刘应明关于

保并映射类的交运算研究，以及关于准范畴的工作有“基本重要性”。 专家们认为不分明拓扑中有一种“代数化流派”，刘应明是这方面代表人物，认为刘应明为这方面工作“开阔了崭新的研究方向”，“赋予不分明拓扑以新的生命”。刘应明有关序结构成果还引起人工智能、多值逻辑专家的高度兴趣。后面还要介绍的是，他还解决了 Domain 拓扑结构的 Lawson-Mislove 问题。

Dieudonné 插入问题：刘应明还利用连续格理论给出了由模糊集的各个层次可以得出模糊集本身的结论，而且模糊集各层次拓扑结构之间还有深刻的关系。刘应明正因把握了这种关系，从而成功地解决了格值 Dieudonné 插入问题。众所周知，经典的 Hahn-Dieudonné 的关于半连续函数中连续函数插入的问题，本质上是反映了空间的拓扑性质。当函数值是格值时，古典分析方法自然失效。取代逐点确立函数值，刘应明逐层地定出函数 f 的层次 $\{x:f(x)\geqslant\alpha\}$，然后得出函数本身。由于对各层次之间拓扑结构关系有深入的结果，他终于成功地把 Dieudonné 插入定理这一经典结果格值化了。同时，这个工作提供了一种确定映射（函数）的路线。由于这项工作，他在 1990 年国际数学家大会的卫星会议——日本筑波国际拓扑会议上作了 50 分钟报告，全文刊于美国期刊《拓扑学及其应用》(*Topology Appl.*)。1991 年 9 月俄罗斯科学院举行纪念维诺格拉多夫百年诞辰国际会议时，刘应明应邀出席，也介绍过这方面工作。

由上述成果可以看出，刘应明这方面的工作不仅有新的思想，而且有新的方法，并且与经典数学有着深刻的关系，因而具体地丰富了经典性成果。

第四节　拓扑学方面的系统研究

一、经典拓扑学

(1) 代数拓扑方面。刘应明继菲尔兹奖得主米尔诺的工作之后， 在连续统假设之下，给出 CW 复形可乘的充要条件，解决了关于 CW 复形可乘的有名的怀特黑德问题，获得著名拓扑学家江泽涵和廖山涛的高度评价，认为这是“具有很高数学水准的研究”。

(2) 一般拓扑方面。在仿紧空间研究中，对无限复形的仿紧性与同调群的同伦不变性，刘应明给出了十分简洁的证明，提出了拟仿紧空间与 σ-集体正规等概念，统一了次仿紧空间与弱仿紧空间中基本成果，引起了广泛注意。后继工作有 10 余篇论文，分别发表于《数学学报》、《太平洋数学杂志》(美刊)、《数学年刊》等处。

(3) Domain 理论的拓扑结构方面，刘应明与他人合作解决了两个长期未决的 Lawson-Mislove 问题。Domain 一词，在《数学百科全书》(第一卷)中译作“范围”，是计算机科学大奖图灵奖得主 Scott 提出的序结构。它为高级程序语言提供语义模型，以解决函数运算导致出现不可计算函数的问题，在计算机科学中是基本的。其拓扑结构也引人关注，所以这两个问题在名著 *Open Problems in Topology* (1990, Elsevier)中“拓扑与代数构造”一章作为公开问题列出。

二、Ehresmann 格上拓扑学的新方向——模糊拓扑学方面

在完成了“重域系”这一模糊数学的奠基性工作后，刘应明沿着这一方向又开展了系统的研究，取得了几个重大的突破，进而形成了格上拓扑学研究中的一个流派，称为“有点派”。

(1) 奠定“有点派”基础的工作(建立崭新的邻近构造，完成收敛性理论等)

所有的模糊集全体自然地形成一个格，在这种格上研究拓扑也是很自然的。事实上，在 20 世纪 50 年代末，法国数学家 Ehresmann 早就倡导，把具有某种分配性的格当作广义拓扑空间来研究。这导致了 Locale 理论(我们更形象地称作格上拓扑学)的形成。这方面的一个阶段总结可见剑桥大学出版社出版的《近代数学丛书》(卷 3)*Stone Spaces* (1982 年)。这些工作以“无点化”(pointless)为特征。

图 5-1 刘应明、罗懋康合著的 *FUZZY TOPOLOGY*

模糊拓扑“有点派”的价值还在于，它以模糊性处理为直观背景，刘应明把由 Ehresmann 提出的以“无点化”为特征的格上拓扑学研究引入了一个新的方向，建立了一种有点式的格上拓扑学—模糊拓扑学(也称为“不分明拓扑学”)。这是有别于无点化格上拓扑学的另一种格上拓扑学，它有类似点的构造，但这种“点”又不是最小组成成分。特别地，十分基本的集合论中“择一原则”(一个点邻属于若干集合之并集则必邻属于其中某个集合，即必须择一而属。)不再保持，以致拓扑学(或者说分析学)中传统的邻域系结构的作用显出了相当大的局限性。在这方面刘应明做了开创性乃至被称作奠基性的工作。邻近结构是拓扑学的基本结构，传统观点认为，点属于其邻近结构是天经地义的。然而，循此思路，沿用传统邻域系结构，不分明拓扑早期发展却步履维艰。刘应明证明了决定邻属关系的更本质的属性是集合论的“择一原则”。由此他推导出一种崭新的邻属结构——重域系，重域以古典的邻域概念为特例，然而，点一般未必属于其重域。

专家普遍认为，此工作深化了人们对数学基本概念(指邻近构造)的认识，奠定了不分明拓扑“有点派”基础，是有国际水平的工作。

(2) 综取格上拓扑学“有点派”与无点化流派两家之长，解决深层次问题

如上所述，一方面，刘应明的工作奠定了格上拓扑学“有点派”基础；另一方面，“无点化流派”源远流长，成果丰硕。刘应明综合汲取两家之长，在高层次问题，如嵌入理论、度量化理论与紧致化理论等方面有一系列突破，引起广泛关注。

他在《中国科学》 发表了嵌入理论工作成果之后，法国著名的 Dubois 教授来函，要求刘应明作为 Leading Contributor 为一部专集撰文。刘应明在其文章中推广了著名的 Urysohn 度量化定理，被审定为 “十分重要”，属“重要进展”，编为《模糊信息分析》一书第 14 章(美国 CRC 出版社，1987)。

在紧化理论研究中，刘应明与他的学生罗懋康解决了一系列难题，其中包括困惑德国 Hohle 教授(美国《数学分析与应用杂志》编委) 的 Stone-Cech 紧化极大性问题，整个工作系统且深刻， 其中关于格值半连续映射形成空间的拓扑性质研究，就是限于古典情形也很有新意的。在这里，刘应明还揭示了代数分配律的分析特征与拓扑特征，引起广泛兴趣。这方面工作曾多次在国际会议(包括国际数学家大会)上报告，在有的会议(如 1986 年，美国，新奥尔良国际会议)上还被审定为“十分优秀”的工作。美国《数学评论》盛赞这些工作，认为 “解答了十分重要问题”“证明了重要结果”，等等。

正如国家科学技术委员会(简称国家科委)《科技研究成果公报》(1988 年 10 期)所说，上述工作“达到国际先进水平，为国内外工作者所公认，为我国不分明拓扑在国际上争得地位”。在 1985 年全国科技工作会议有关基金制工作汇报文件中，也把这些工作(确切说当时还仅是一部分工作)列入“研究水平处于世界前沿”的为数不多的几项成果之一。

不分明凸集是与图形识别密切相关的课题，模糊数学奠基人美国加利福尼亚大学伯克利分校查德教授曾在关于模糊集的奠基性的论文中花近半篇幅加以讨论。刘应明发现了其中一个重要成果的缺陷，他应用不分明拓扑成果加以完善。查德来函表示赞赏，并主动推荐于美刊 *JMAA* 上发表。而杜克大学 P.P. Wang 教授则认为，结果“十分重要”，来函要求将其收入他主编的专集《模糊集理论与应用的进展》(Plenum 出版社，1983)。

综上可知，刘应明的工作奠定了不分明拓扑“有点派”的基础，解决了其中深层次的困难问题，并与邻近领域(如代数、分析)发生了密切关联，这在应用与基础性的几个方向都引起了专家的很大兴趣。

从经典数学角度审视刘应明关于不分明拓扑学的工作，其研究具体地丰富了关于邻近结构这个基本的经典成果，解决了相关的问题。也可以说，刘应明凭借他的出色工作，在经典拓扑学与新兴的模糊性数学这两个领域之间架构起一座桥梁。刘应明把 Ehresmann 倡导的格上拓扑学推向新的阶段。有关论文引用次数逾

百次，为国际同行所瞩目。所以，专家们认为刘应明等人的研究在不分明拓扑中“在国内是最好工作，在国际上也是第一流的”。

1993 年 10 月底，在香港中文大学 30 周年校庆学术报告会上，查德教授作了模糊数学研究的权威报告，听众达千人之多；他在报告中提到国际上对这个学科有特别贡献的科学家仅二三人，刘应明就荣列其中。

国际学术界对中国学者及刘应明本人在模糊数学方面的工作是非常肯定的。1993 年 7 月他当选为国际模糊系统协会副理事长。2005 年 7 月，国际模糊系统协会世界大会在北京召开，刘应明任大会主席。大会还授予刘应明“Fuzzy Fellow”称号，这是协会对该领域内作出重大贡献的学者的一种表彰。刘应明是第一位获得此奖的中国学者，也是发展中国家首位获此殊荣的学者。

在国际上，我国也因以刘应明为代表的一批中国学者的杰出成就，与美国、日本、西欧合称为模糊数学的国际四强。

第五节　与中国模糊数学事业的不解之缘

一、组建中国模糊数学与模糊系统协会

模糊数学问世不久，就引起了国内外大批学者的关注。从 20 世纪 70 年代起，他们对模糊数学开展了卓有成效的研究，从理论到应用的方方面面都取得了很好的成果。

在中国，最早开展模糊数学研究的优秀学者有北京师范大学的汪培庄、哈尔滨工业大学的吴从炘、陕西师范大学的王国俊、西安交通大学的张文修、河北大学的王震源、华中工学院(华中科技大学前身)的邓聚龙等，以及武汉大学、国防科技大学等国内各高校的学者，他们都撰写出版过模糊数学的专著或教材，吸引了更多的学者加入模糊数学这一新兴数学领域中来。

1978 年，在国内志同道合的模糊数学学者的支持下，华中工学院创办了《模糊数学》杂志，蒲保明任主编，刘应明等任副主编。

在这样的热烈局面下，组建一个全国性的模糊数学学术组织的需求便随之提上了日程。1981 年 4 月，《模糊数学》杂志在武汉召开编委会期间，中国系统工程学会学术委员会发来委托书，委托四川大学蒲保明筹组“模糊数学与模糊系统”分会，当天蒲保明先生就主持召开了筹备组会议。年富力强的刘应明实际承担了中国模糊数学与模糊系统协会的筹备工作。

1983 年 1 月，中国模糊数学与模糊系统协会成立大会暨首届年会在武汉华中工学院召开，参加会议代表 170 人。会上选举蒲保明任理事长，刘应明任副理事长兼秘书长，挂靠单位是四川大学(注：1985 年挂靠单位转为国防科技大学)。

刘应明在该协会里的任职是：副理事长兼秘书长(1983～1985 年)、理事长(1986～1998 年)、名誉理事长(1998～)。

这一协会隶属于中国系统工程学会，所以也称为中国系统工程学会模糊数学与模糊系统专业委员会，理事长也称为主任委员。

1985 年 7 月，刘应明当选中国系统工程学会第二届理事会常务理事。

1988 年 6 月，中国模糊数学与模糊系统协会主办的会刊《模糊系统与数学》试刊。该刊承办单位是国防科技大学七系。

1990 年 6 月，《模糊系统与数学》杂志获准国内外公开出版。与之衔接，华中工学院创办的《模糊数学》杂志于 1988 年停刊。

《模糊系统与数学》杂志的首任主编是国防科技大学原政治委员汪浩，2001 年 9 月由刘应明接任主编。

从 1993 年起，《模糊系统与数学》刊物成为美国《数学评论》)逐篇论文进行评价的期刊(*journal reviewed cover to cover*)，即所谓的核心期刊。《数学评论》是国际上权威性的三大数学文摘型专业杂志之一，也是国际上有影响的八大检索工具之一。《模糊系统与数学》同时被《中国数学文摘》列为核心期刊。同时，中国模糊数学与模糊系统协会还多次出版了《模糊数学理论与应用》学术会议的论文集。

二、与国际模糊系统协会的互动

中国模糊数学与模糊系统协会的成立，为中国模糊数学学者提供了一个很好的学术平台，他们在国内外学术界都非常活跃。

1983 年 7 月，国际模糊系统协会筹备会在法国马赛举行，中国是筹备国之一，参加会议的中国学者有刘应明、汪培庄、王震源、邓聚龙和张文修共五人。

1984 年 7 月，中国模糊数学与模糊系统协会刘应明、汪培庄、王国俊、传凯、吴望名、王震源、陈图云、邓聚龙等人赴美国夏威夷州 Kauai 岛参加第一届模糊信息处理国际会议(FIP-84)。刘应明、汪培庄担任大会分组主席，我国学者的工作受到普遍好评并产生了较大影响。经大会审定，刘应明、王震源等人的文章被列入属于“重要进展者”的少数论文，汇编入《模糊信息处理》(*The Analysis of Fuzzy Information*)一书并于 1985 年美国 CRC 出版。

1985 年，国际模糊系统协会成立暨第一届国际模糊系统协会年会在西班牙马约卡岛举行。国际模糊系统协会有个人会员 2000 余名，来自 31 个国家和地区。刘应明被选为国际模糊系统协会十三人理事之一，并担任了 1987 年在东京举行的学术会议的程序委员会副主席，参与有关学术业务的安排与评审工作。刘应明担任过国际模糊系统协会历届理事兼中国分会主席，1993 年 7 月他当选国际模糊系统协会副主席(第五届)。

1986 年 5 月，中国模糊数学与模糊系统协会经国家科委批准同意成立国际模糊系统协会中国分会((86)国科外审字 282 号文件)，并以国际模糊系统协会中国分会名义正式加入国际模糊系统协会，作为团体会员。国际模糊系统协会中国分会主席刘应明、秘书长汪培庄、司库王国俊。

1987 年 7 月，由中国模糊数学与模糊系统协会发起，广州大学、贵州省科学技术协会联合承办的“模糊系统与知识工程国际学术会议”，分别在广州与贵阳两地召开。14 个国家 40 多名国外代表，国内 28 个省市 150 余名代表参加了会议，这是我国首次召开的国际性模糊系统方面的学术会议，这次会议就模糊数学理论与应用、知识表示近似推理、模糊信息处理、模糊决策与建模、模糊专家系统理论与应用等内容进行了广泛交流。模糊集理论创始人查德教授作了题为“常识推理中的模糊逻辑”的学术报告。

查德教授在评价这次会议时特别指出：“中国学者在理论上有很高学术水平，由于语言障碍，不被世界所了解，这次会为外国学者提供了一个了解中国的机会，会议开得成功，满意。”

1987 年 7 月 21 日至 25 日，刘应明、汪培庄、吴从炘、王国俊、张文修等学者出席在日本东京召开的国际模糊系统协会第二次大会。25 个国家和地区的 350 余位代表出席了这次大会。刘应明作为程序委员会副主席参加了会议组织工作，汪培庄在大会上作题为“模糊数学在中国”的综述报告，大会交流论文 200 多篇。国际模糊系统协会理事会对中国分会的活动表示满意。由 15 人组成的国际模糊系统协会理事会中刘应明再次当选为理事，在国际模糊系统协会中，中国占有一席之地。

2005 年 7 月 28 日，在清华大学举办了第十一届国际模糊系统协会世界大会。这是此系列国际会议第一次在中国举办，会议主题为“模糊理论、软计算与计算智能”，参加该世界大会的代表有 326 人。在此届大会上国际模糊系统协会还授予了刘应明及 6 位外国著名学者“IFSA Fellow”称号。这是该协会对在国际模糊系统领域内作出重大贡献的学者的一种最高表彰。

2007 年 3 月，《模糊集与系统》(*FSS*)杂志主编、法国 Dubois 教授致函四川大学长江数学研究中心，邀请该中心首席科学家刘应明院士加入《模糊集与系统》杂志的顾问委员会。

《模糊集与系统》杂志是国际模糊系统协会主办的模糊数学界最高学术刊物，其顾问委员会由在模糊系统前沿领域作出奠基性贡献的学者组成。该届担任顾问委员的还有美、英、日等国的国际模糊系统界的学者。刘应明院士作为《模糊集与系统》杂志的编委已有多年。在来函中，Dubois 教授代表《模糊集与系统》杂志感谢刘应明教授对刊物所做的工作，赞赏他对模糊数学以及为该领域在中国的发展作出的重要贡献。这次中国应聘担任该杂志编委的还有四川大学长江数学研究中心张德学教授与清华大学经济管理学院常务副院长陈国青教授。2010 年，清华大学陈国青教授被授予“IFSA Fellow”称号。

三、关注模糊数学的应用与产业化

模糊数学作为研究处理模糊现象的数学工具，有广泛的应用前景。由于人们可以运用模糊性的方法对判断、评价、推理、决策和控制的过程进行数学描述，过去那些与数学毫不相关或关系不大的学科，如环境科学、生物学、医学、气象学、农学、心理学、语言学、人文社会科学等由于自身概念的模糊性难以应用传统数学进行精确数学描述的学科领域，都有可能用定量化和数学化的方式加以描述和处理，从而使数学的应用范围大大扩展。例如，模糊聚类分析、模糊综合评判、模糊决策、模糊控制等方法在上述领域都取得具体的研究成果。目前，模糊数学最重要的应用领域应是自动控制技术、计算机智能，以及专家系统和知识工程等方面。

模糊数学问世不久，人们便发现其产业化的前景相当可观。模糊信息处理，确切地说是模糊工程技术，在日本已有很大发展，1989 年即由日本通产省组织了三菱、日立等 48 家公司，资助成立了国际模糊工程技术研究所(LIFE)，做了很多工作。日本科技厅也支持各种相关基金会的工作与研究，已有数百种日本产品应用这种技术。从地铁运行至家电生产等领域，都成功地使用了模糊工程技术，形成了很大的产业。美国(如国家航空航天局(NASA))、欧洲(如西门子公司)等也已很注意模糊芯片与软件的市场占有以及模糊控制在军事与工业方面的应用。美国国家航空航天局还多次资助有关模糊数学的应用会议。

中国国内在模糊数学工程技术领域的应用方面已有一定的成果，如关于模糊控制器的研究、模糊逻辑推理机、模糊信息处理与机器智能、模糊逻辑控制计算机系统等方面都有较好的研究，并应用于工程技术领域。

1985 年，刘应明就他和他的团队关注模糊数学应用作过如下汇报：(首先)我作为模糊数学与模糊系统协会负责人，注意了引导会员将模糊数学应用于经济建设。1983 年年底，几经筹备，在广州我主持了有 160 名各行业的科学工作者参加的“模糊数学应用成果交流会”，总结了成绩，交流了经验。会议表明：在天气预报、石油开采、医疗诊断和城市建设等方面，模糊数学的应用都有实际价值，受到有关部门赞扬。其次，注意向实用方向布置力量。我们研究室一名教师即将赴国外深造，他研究的课题就是很有实用价值的“系统专家”。我们还将开设模糊数学通俗讲座，使广大科技工作者都学会使用这个工具。第三，在基础研究中特别注意有应用前景的课题。由于具有实际背景的课题常常是最有活力的，这种工作，理论上也常常是很有意义的，例如不分明凸集因与“模式识别”等有关而很受注意。我用不分明拓扑成果完善了这方面的理论，为此，模糊数学奠基者查德教授亲笔具函表示赞赏。美国杜克大学王保硕教授也认为“十分重要”，收入了由他主编的《不分明集，可能性理论及其应用的最新进展》一书。又如，多值逻辑在计算机设计、开关线路等方面的应用。近来我与研究生联合深入这一课题，其成果受到东京明治大学向殿政男教授的好评。这次赴美、日访问，明显地觉察到国外同行正从制造第五代具有视听功能的电子计算机战略高度，开展模糊数学在数据库检索等方面的应用，这无疑在理论与实践上都很有意义。

西南交通大学智能控制与仿真工程研究中心自 1986 年开始研究模糊控制的理论与技术以来，先后多次主持和参加了国家自然科学基金项目、省部级项目、“863”高科技项目、国家教委项目等，在模糊逻辑、模糊推理、模糊控制等方面做了许多卓有成效的工作，形成了自己的一套理论与应用方法。刘应明曾参加过他们的项目验收评审工作。

北京师范大学是国内最早从事模糊数学及其应用研究的单位之一，可以说是国内模糊数学研究的重要基地。北京师范大学模糊系统与模糊信息研究中心暨复杂系统实时智能控制实验室创建于 2000 年，是当时国内仅有的一所从事模糊数学及其应用研究的教育部重点实验室。该实验室有独具特色的模糊数学研究成果，并在模糊数学对人工智能和新一代计算机的应用方面进行了卓有成效的研究。

2005 年 4 月，刘应明在四川大学组建了一个跨学科的研究机构“不确定性信息处理研究中心”。该研究中心依托数学学院，融合了制造学院、经济学院、工商管理学院等学院，其主要任务是开拓新兴交叉学科科学研究，用模糊数学及相关数学基础理论解决金融风险、复杂机电系统制造、管理决策等领域的不确定信息处理技术、理论问题。

* * * * *

刘应明在推动我国模糊技术产业化方面也做了不少工作。

1994 年年初，刘应明与国防科技大学郭桂蓉院士等五位全国人大代表、政协委员就我国模糊技术产业化问题提出了积极的建议。

在国家科技促进经济发展基金会主持下，于 1994 年 5 月底在北京举行了“模糊技术产业化”专家咨询会，刘应明任专家组组长，会上对家电生产与工业控制两方面的模糊技术的应用做了深入探讨并把产业化任务落实到几家大企业。

1995 年 3 月，刘应明还在钓鱼台国宾馆主持了“迎接 21 世纪挑战，推进中国模糊技术产业化”研讨会。中国科学院前院长卢嘉锡，国家计委、国家经贸委、国家科委等部门的有关负责同志与多位专家出席，《科技日报》1996 年 3 月 9 日在“高技术产业”专栏对此作了详细报告。

1996 年 6 月，刘应明主持了有关模糊技术的“九五”攻关项目成果鉴定会，该会是由国家科委组织召开的。1997 年，他作为鉴定组组长，参加了冶金工业部与国家科委联合举行的模糊技术应用现场会。

在我国，虽然模糊技术的产业化起步较晚，但其发展势头却不可小视。例如，国家经贸委的一份文件中指出:“模糊控制技术的开发应用”已列入 1994～1996 年国家技术开发重点项目，总投资上亿元。

总的来说，模糊技术产业化迄今还处于初期阶段。鉴于它的适用范围和发展前景都十分广阔，例如从人们的生活、工作到技术领域，特别是人工智能领域，都普遍面临着不确定、不完整信息的决策问题，这都是模糊决策的用武之地。

在我国，涉及模糊数学应用的研究已经很多，但进入产业化的步伐却不大，这也许与我国工程技术人员参与程度不高有关。

近年来，在国际模糊数学协会国际大会等与模糊数学相关的国际会议上，已有不少的工程技术人员参会，并提供模糊技术应用方面的研究成果，这种倾向更应当引起中国模糊数学界和工程技术界两方面相关人员对模糊技术产业化的关注和紧迫感。在我国高技术发展领域，利用我们的理论优势抢占模糊技术产业化这块高地，是有条件的，更是有深远战略意义的。

第六章　引领川大数学学科建设的历程

第一节　接班，登上学术带头人的舞台

20 世纪 80 年代中期，刘应明自己的学术研究取得不俗成果的同时，又从柯召先生手里接过接力棒，登上了四川大学数学学科学术带头人的舞台。

图 6-1　柯召九十大寿时与刘应明合影

那时，面对改革开放的大好局面，柯召相信，把四川的数学科学搞上去，赶上先进水平的目标指日可待了。但是他毕竟七十开外了，要让四川数学事业蓬勃发展的势头继续保持下去，更上一层楼，需要考虑接班的事了，必须有若干年轻一代的领军人物，率领大家前进。他选择刘应明接班就是重要的一步。

随着与刘应明的接触逐渐增多,柯召对刘应明各方面的能力都有更多的了解。柯召素来就有爱惜人才的美德，不论是否自己的学生，都关心与扶持他们成长，他总是尽量支持刘应明的研究工作。

刘应明在学术上的成长果然很快，到“文化大革命”结束时，他在拓扑学与模糊性数学处理方面已经做出了在国际上有影响的成果。他与川大的拓扑学同行的工作获得了 1978 年全国科学大会奖与 1979 年四川省重大科技成果奖。这之后的数年，刘应明学术进展迅速，很快就成为在国内外有相当知名度的数学新秀。

柯召不仅在学术发展上有力地支持刘应明，还极力向有关部门推荐他担任领

导职务。从那时起，柯召逐步把自己的担子交给了他。

当时的中共四川省委统战部部长王于说："我原来不认识刘应明，柯老向我推荐他，说这个同志不错，人很直率，学术上有造诣，是可以培养的。""我们几次选拔党外领导干部的时候，柯老都推荐他。"

1987 年，四川省数学会换届，柯召退下来任名誉理事长，刘应明接任理事长。1989 年，刘应明任四川大学副校长，1995 年当选中国科学院院士，1996 年当选中国数学会副理事长。

刘应明说："柯召先生曾经很恳切地劝我参加九三学社。后来我参加九三学社，是柯先生和徐尚志先生(著名建筑家，曾任四川省人大常委会副主任，九三学社中央常委、九三学社四川省委主委)做的介绍人。"1997 年，刘应明当选为九三学社中央委员会副主席，2001 年起兼任九三学社四川省委主委，继任了柯召先生原先在九三学社担负的工作。

刘应明接班后，担负的领导职务不少，但他的工作重心还是放在四川大学的数学学科建设之上。

作为一个在川大校内外颇有影响的学术带头人，刘应明与数学学院的同事亲密合作，出主意、想办法，推荐优秀人才，重要事项必亲自参与。

这样经三十余年的努力，使四川大学数学学院这个历经百年的老系(学院)的整体水平有了一个质的飞跃：从 20 世纪 80 年代仅拥有基础数学博士点和应用数学博士点，到 90 年代建立数学博士后流动站、获得数学一级学科博士点，以及进入"211 工程"重点建设学科，再到 21 世纪初获得教育部"985 工程"的平台项目、被评为国家首批数学一级重点学科单位，从而进入国内先进水平行列。

刘应明致力于川大数学学科建设达三十多年，终于使川大数学学院成为我国为数不多的专业齐全、层次完整的数学教育与研究基地，2017 年年底川大数学学科被国家列入世界一流学科建设名单。

第二节　学术队伍的建设和延揽人才

学科建设成败的关键在于是否有足够强、足够多的人才投入，这就涉及学术队伍的建设。川大数学学科的建设需要在数学各个分支学科配置高水平数学人才，而川大数学学科仅在数论、组合论、拓扑学、泛函分析及微分方程等分支的力量较强，相对薄弱的数学分支不少，亟待加强。所以人才的缺口较大。

在 20 世纪 80 年代，川大在西部算是条件不错的，但较东部地区的生活条件和学术条件差距不小，连留住人才都不容易，更何况引进人才了。所以，当时川大数学学科建设的难度很大。

当然，川大数学系也有着自身的优势，川大是四川地区数学高等教育与研究条件最好的大学，对于散居各地却又眷念家乡的四川籍数学学者特别有吸引力。另外，川大数学系自身就聚集了一批优秀的数学家，形成了一种切磋学问、交流心得的学术氛围，这也是能够吸引人才来加入这个团队的人文环境。

刘应明以及川大数学系和数学研究所的负责人在延揽数学人才上的态度是真诚的，他们以诚待人，营造了一种宽松的学术氛围，并尽可能地改善教师们的工作、生活条件，从而成功地引进了一批优秀的数学人才。

川大数学研究所成功引进的第一个人才是李安民。李安民毕业于北大数学力学系，被分配到成都附近的汶川造纸厂工作，后又回到北大读研究生。在那人才奇缺的时期，1981 年李安民选择了到条件不算好的川大工作，这也与柯召和刘应明以诚待人，对他的关心与器重颇有关系。

李安民的研究方向是整体微分几何，有很出色的成果。他的加盟，弥补了川大数学系的薄弱之处。微分几何研究也成为川大数学系新的特色。

李安民来到四川大学工作不久，从 1982 年起，就陆续地在《数学学报》、*Math. Z*(德国数学杂志)等国内外重要刊物上发表研究论文，这引起学术界的注意。一些条件较好的大学希望李安民到他们的学校，参与学科建设工作，李安民却信守在川大工作的承诺不为所动。1986 年，李安民获得德国洪堡基金资助赴德国柏林技术大学数学系访问并进行合作研究。在 1986～1991 年德国洪堡基金项目执行期间，他多次赴德，并于 1991 年 10 月获得德国柏林技术大学博士学位。李安民主要从事整体微分几何、辛几何与辛拓扑领域的研究，曾获国家教委科技进步奖一等奖、国家自然科学奖三等奖、首届香港求是科技基金会杰出青年学者奖、教育部提名国家自然科学奖一等奖等省部级以上奖励多项。李安民后来担任四川大学国家“985 工程”科技创新平台——长江数学研究中心学术带头人，长江学者“奖励计划”特聘教授，第九、十届中国数学会副理事长，2009 年当选中国科学院院士。

还有一个关于李安民的故事。这里面唱主角的是柯召先生，刘应明起到了重要的配合辅助作用。

1981 年，李安民到川大数学系后，研究成果突出，受到母校北大的关注。1987 年 10 月，《数学年刊》在川大召开编委会，国内不少知名专家与会，其中有一位对川大帮助很大的北大老院士向川大校方和数学系的领导提出北大希望调回李安民的要求。刘应明是北大毕业又在川大工作的，他自然地成了双方沟通的桥梁。从内心上讲，他是希望李安民来川大的，但是在自己的老师面前，刘应明不好启齿，川大的领导们也很为难。这时，柯召毫不犹豫地把矛盾揽过来。他告诉鄢国森(时任川大校长)、刘应明以及数学系的领导们，让他们把矛盾推给自己。碍于柯召的情面，老院士也只好作罢。

20 世纪 80 年代，川大数学学科的学术带头人和学术骨干有柯召、蒲保明、陆文端、蒋继光、黎世烈、张石生、温启愚、尹文霖、孙琦、孙顺华、熊华鑫、魏万迪、李德琅、刘应明、李中夫、白东华、唐贤江、黄发伦、李安民、梁基华等。

刘应明对川大有着浓厚的感情，他特别希望将川大的数学学科完善并提升到国内先进水平，他是用心地在向这个目标努力：无论何时何地，凡是对川大有利的项目他都会去积极争取，他的视野开阔，接触的场合多，他凭借着这个优势，为川大数学学科延揽了不少数学英才。刘应明的关注是全方位的，他的注意力并不限于自己研究方向的人才，他亲自参与延揽来的多位数学精英的研究方向都不是拓扑学，而是其他研究领域需要的人才。

20 世纪 90 年代，刘应明和川大数学系主任熊华鑫等人配合，相继从中国科学院成都分院和省内外其他高校调来彭联刚、朱允民、张伟年、吕涛、徐道义等优秀学者，他们后来都成为四川省数学学科的学术带头人，其中彭联刚、张伟年相继担任了四川大学数学学院院长。

在识人方面，刘应明很有眼光，也很会抓机会。20 世纪 90 年代中后期，他邀请中国科学院成都分院数理室的朱允民、吕涛、张伟年来川大的过程就颇有戏剧性。

中科院成都分院数理室是 1979 年由关肇直院士来此建立的一个数学研究机构，最早的室主任是关肇直，1985 年起由张景中担任室主任。数理室的规模不大，有高级研究人员十余人，汇集了不少数学精英，取得了丰硕的研究成果。

1990 年，中国科学院按照国务院关于机构改革要“转变职能、下放权力、调整机构、精简人员”的要求，提出“一院两种运行机制”的发展模式。

1998 年，中国科学院启动知识创新工程试点工作。中科院成都分院数理室所属的计算所更名为成都信息技术公司，实行面向地方以应用为主的项目制，数理室如果没有足够的项目，要不要保留就成了问题，前景未卜，这使得从事基础研究的研究人员面临困境。

当时刘应明有一个观点，就是趁机把那里的精英尽快调过来。他认为中科院成都分院像杨路、张景中两位名人他们肯定是调不到的，但能不能把其他几个人调过来呢?

时任川大数学系主任的熊华鑫教授回忆说：

当时能够把他们调过来，是因为川大数学系的工作环境很宽松，这对于搞数学基础理论研究的人有吸引力，他们可以安心地来到这里继续搞理论研究。

刘应明直接打电话给朱允民，邀请他来川大，并很快地发出了商调函。朱允民清楚地记得，他是 1995 年 6 月在中科院成都分院评上教授后调过来的。

张伟年主要是通过我，我和他在四川省数学会里面建立了一些联系，最后通过我努力，1997年把张伟年调过来了。张伟年当时是成都分院科研处处长，还是副院长培养对象。

吕涛是研究计算数学的，原来在成都分院体制改革以前，数学系就联系过吕涛。在商调朱允民、张伟年的时候，也做过吕涛的工作，吕涛是负责人，所以当时他没有过来。后来吕涛快退休了，提出了他愿意过来，所以马上办手续，是校党委王祯学书记签的字。吕涛转过来后就评为博士生导师，在计算数学学科建设和培养博士生方面都做了不少工作。

像引进朱允民、张伟年和吕涛几个人来说，很显然是必须要刘应明同意才能调进来，那时候就是这个格局。

朱允民以第一完成人的名义分别获四川省1991年度科技进步奖二等奖和教育部2002年度自然科学奖一等奖。他的团队主持了8项国家自然科学基金面上项目，参加过1项攀登计划项目和1项国家自然科学基金重点项目，与国际信息融合学会主席X. Rong Li教授合作获1项国家杰出青年基金(海外青年学者合作研究基金)资助，有3项国家自然科学基金项目完成后被评为“特优”。这些使川大概率统计学科从相对薄弱的状态提升到国内先进水平。

张伟年是1992年获得北大博士学位的，从事微分方程与动力系统的研究。张伟年那时还是年轻有为的学者，所以格外引人关注，现在已经是博士生导师、国家杰出青年科学基金获得者，2017年起任四川大学数学学院院长。

熊华鑫教授还说：

除了成都分院的几位以外，还有一个就是徐道义。刘应明主张把四川师大的徐道义调过来。当时，四川师大校方准备提他当副校长。刘应明和我们都做过他的工作。所以，后来徐道义就调过来了。

当然，除了徐道义以外，当时还准备把成都气象学院的张志让调过来，他本人也动了心，但最后没有搞成。所以，在延揽人才方面，刘应明还是比较在意的，像把这几个人调过来基本还是按照他的意见。数学学院后面调进来了徐道义、张伟年、朱允民等好几位，还是大大增强了川大的实力。

除了这几个以外，当时彭联刚要从北师大调到数学学院来，刘应明还是积极支持安排的。而且，彭联刚后来提副院长到担任院长，主要还是刘应明的意见。

川大数学系毕业的优秀学者如阮勇斌(刘应明的学生)、吕克宁、张旭等，也相继回到母校效力。2005年，刘应明与阮勇斌共同担任教育部“985工程”科技创新平台项目——四川大学长江数学研究中心首席科学家。2013年，吕克宁担任川大数学学院学术院长。

他们的到来使川大数学学科相对薄弱的研究方向如概率统计、计算数学等非常需要人才的分支大为加强，而川大数学系已有一定基础的分支学科如代数、微分方程等则得到了很好的充实和提升。刘应明的另一位学生罗懋康是博士毕业留校的优秀学者，也是他的助手和接班人。

成功组建了学术队伍后，川大的数学学科有大幅度的改善，进入了快速和稳定发展时期。

到了 21 世纪初，川大自己培养的人才成长起来，加上从外部新引进的年轻数学英才，逐步组成了一支专业和年龄结构比较合理，学历层次和学术水平高的学术带头人和学术骨干队伍：

中国科学院院士　2 人：　柯　召　刘应明

“长江学者”　3 人：　李安民　罗懋康　阮勇斌

国家级专家　4 人：　刘应明　李安民　徐道义　罗懋康

四川省学术带头人　5 人：　刘应明　李安民　李中夫　吕　涛　梁基华

教育部“跨世纪优秀人才”2 人：　罗懋康　彭联刚

国家杰出青年科学基金获得者　3 人：　阮勇斌　罗懋康　万大庆

人事部等七部委首批国家“新世纪百千万人才工程”　1 人　：罗懋康

全国优秀教师　2 人：　刘应明　李安民

国务院学位委员会委员　1 人：刘应明

国家理科数学与力学人才培养基地专家组副组长：刘应明

教育部数学与力学教学指导委员会副主任：刘应明

教育部数学与力学教学指导委员会基础数学教学指导委员：李安民

教育部数学与力学教学指导委员会应用数学与计算数学教学指导委员：王荫清

教育部数学与力学教学指导委员会理科高等数学教学指导委员：彭联刚

教育部数学与力学教学指导委员会工科高等数学教学指导委员：马继刚

博士生导师 19 人，教授 33 人，获博士学位者 34 人(其中博士后 14 人)。50 岁以下获博士学位者 30 人。

第三节　从一级学科博士点到全国重点学科

一、四川大学数学学科在 20 世纪末的基础

1981 年，我国首批博士点与硕士点公布，四川大学基础数学专业列为博士点，柯召、蒲保明为博士生导师。

1982 年，本科设立应用数学专业。

1983 年，刘应明被批准为博士生导师。

1984 年，本科设立概率论与数理统计专业。加上已有的数学专业与计算数学

专业，至此，川大数学系本科的全部 4 个专业已设立齐全。

1985 年以前，拥有基础数学博士点和应用数学硕士点，博士生导师 3 人(柯召、蒲保明、刘应明)。

1986 年，新增应用数学博士点与计算数学硕士点，博士生导师增至 4 人(增加魏万迪)，另新增兼职博士生导师 2 人。

1987 年，李安民、孙琦、孙顺华被批准为博士生导师。

1991 年，四川大学被批准设立数学博士后流动站，四川大学数学系被列为首批国家理科基础科学人才培养基地。

1992 年，四川大学基础数学与应用数学被列为四川省级重点学科。

1995 年，四川大学数学系被批准设立概率论与数理统计专业硕士点、运筹学与控制专业硕士点，这样一来，川大数学系拥有数学一级学科的全部本科专业(共 4 个)、 全部硕士点(共 5 个)，以及 2 个博士点。

1998 年，获得数学一级学科博士点；获得 2 个“长江学者奖励计划”特聘教授岗位；同年，四川大学数学系与四川大学数学研究所合并成立四川大学数学学院。

2000 年，川大数学学院继北京大学、复旦大学、南开大学之后，成为担任教育部高校数学研究与人才培养中心主任的单位之一。

以上进展说明，从改革开放以来到 20 世纪末的 20 多年，川大数学系的学科建设有长足的进步，距国内一流的水平虽然尚有差距，却已经为川大数学学科的崛起奠定了坚实的基础。

上述的每一个重要进展，刘应明都是组织者和参与者。例如，建设国家数学人才培养基地、设立数学博士后流动站，以及成功申报数学一级学科博士点等工作，他都是亲力亲为，直到取得成功。

当然，川大数学学科的建设并不是一帆风顺的，也遇到过一些干扰。例如，1998 年，四川大学为了适应并校后改革和发展的需要，决定组建四川大学数学学院。在组建的过程中就遇到一个干扰：有人以经济学中的短板原理(指一个由若干块木板围成的水桶，水桶的容量取决于短板的长度，如果把长的木板截取一段接在短板上，水桶的容量就会增加)为依据，向校方提议将数学系的力量划出一部分给其他单位，认为这就可以截长补短，以提高川大其他单位数学水平的方式达到提高川大整体水平的效果。这显然是一个貌似有理，实则有损于数学学科发展的馊主意。这个馊主意在校内产生了一定影响，这就对数学学院的组建思路形成了干扰。

刘应明在得知这个馊主意后非常生气，因为学科建设的正确思路是从长远考虑的扬长补短，发展自身优势并带动提升薄弱环节，建成优势部分更优、整体力量更强的学科，而不是着眼于眼前利益平衡的截长补短。而且，当时川大数学系已经获得数学一级学科博士点，如果抽走一部分力量，就会破坏这个一级学科博士点的完整性，所以这个主意也是荒唐的。

刘应明还有进一步的考虑，那就是以现已奠定的坚实基础为平台，把川大的数学学科提升到国内先进行列。因而，新组建的川大数学学院只能更强，决不能削弱。

刘应明的优点是既能坚持原则，又能顾全大局。学校党委书记卢铁城来到数学系召开座谈会听取意见时，刘应明和数学系的同事在批驳上述馊主意，表达对组建川大数学学院的意见和建议的同时，还表示愿意为学校分忧，将当时由几个单位分担的全校高等数学教学任务包下来，由数学学院全部承担。这既便于学校的统一管理，又能够提高教学质量，因而解决了全校数学公共课管理的后顾之忧。卢铁城书记很满意地接受了意见，同意由四川大学数学系、四川大学数学研究所合并组建四川大学数学学院。

后来的事实证明，当年保住川大数学系的全部力量组建数学学院的举措是非常成功的。川大数学学院成立后，迸发出强劲的活力，学科建设快速进步，研究成果丰硕。几年之后，在全国性的评估中表现突出，进入了国内先进行列。

二、全国重点学科建设的进展

2001 年，川大数学学院获得两项全国重点学科。

评定全国重点学科是国家评估全国高等学校科学研究水平的一项重要工作，目的是从全国高等学校范围内评出能体现国家水平的学科点，列为全国重点学科予以扶持建设，以带动和促进全国相应学科的发展。

第一次全国重点学科是在 1985 年评定的。当时的川大数学系还没有全国重点学科。20 世纪 80 年代以来，川大数学系在柯召和刘应明的率领下，学科建设取得了极大的进展。在第二次全国重点学科评定中，川大数学学院的基础数学和应用数学被评为全国重点学科。这一次，全国共评出基础数学重点学科 8 个，川大基础数学排名第 4，位于北京大学、南开大学、复旦大学之后；评出应用数学重点学科 6 个，川大应用数学排名第 3，位于北京大学、复旦大学之后。

第二次全国重点学科评定，意味着川大数学学科已进入国内先进水平的行列。

川大的基础数学和应用数学被评为全国重点学科，加上通过验收被评为优秀项目的“211 工程”重点项目“数学与模糊系统”，对于进一步提升川大数学学科在全国的地位，促进自身的进一步发展，都是很有利的。

三、四川大学数学学院被评为数学一级学科国家首批重点学科单位

2007 年，教育部正式发文公布新一轮国家重点学科考核、新增与认定结果。这次五年一轮的重点学科考核、新增与认定工作分三阶段进行。第一阶段是对已有国家重点学科进行考核评估，第二阶段是国家重点学科的增补与淘汰，第三阶

段是一级学科国家重点学科的认定和部署编制“十一五”国家重点学科建设规划的工作。按照教育部规定的认定条件，川大数学学科被认定为一级学科国家重点学科。这是川大数学学院从2003年以来，在学科建设上的又一次重大进展。

数学一级学科国家首批重点学科单位的确定，标志着川大数学学院已经成为我国为数不多的专业齐全、层次完整的数学高等教育基地与数学研究基地，成为我国西部的数学学科研究中心。

在2013年4月教育部学位与研究生教育发展中心公布的2012年学科评估报告中，四川大学的数学人才培养质量在102个参评高校中名列前5。

到2016年,川大数学学院的学术领导人和学术骨干队伍进一步充实到45人，颇具规模。简介如下：

中国科学院院士2人；
国务院学位委员会委员1人；
国务院学位委员会学科评议组成员2人；
中国数学会副理事长1人；
中国系统工程学会模糊数学与模糊系统协会理事长1人；
国际模糊系统协会副主席1人；
教育部长江学者特聘(讲座)教授6人；
国家青年“千人计划”入选者1人；
国家杰出青年科学基金获得者10人；
国家优秀青年科学基金获得者4人；
国家有突出贡献中青年专家4人；
国家“新世纪百千万人才工程”第一、二层次人才2人；
“万人计划”科技创新领军人才1人；
教育部跨(新)世纪优秀人才14人；
教育部优秀青年教师资助计划5人；
省部级有突出贡献优秀专家4人；
四川省学术带头人17人；
四川省“百人计划”入选者4人；
四川省青年“百人计划”入选者4人。

这支学术队伍的研究方向覆盖了数学学科各个分支，成员新老结合，有多半人是21世纪成长起来的中青年精英，是一支年龄结构合理的可担重任的学术队伍。

第四节　从“211 工程”“985 工程”到长江数学研究中心

一、“211 工程”建设成效显著

1. “211 工程”步步为营

1997 年，四川大学通过“211 工程”终审，四川大学数学系获准建立“211 工程”重点项目，项目名称是“数学与模糊系统”。该项目从 1995 年立项申请时开始建设，经 5 年多的努力，取得了显著成就。

2001 年 6 月，由教育部、中国科学院派出的验收专家组对该项目的建设进行了验收。专家组“一致认为该项目为优秀项目”，“具有西部中心的地位”，“使四川大学数学学科更上一个层次，成为向全国辐射、有重要影响的数学研究与应用基地，显示出良好的发展势头”。

2002 年，“211 工程”第二期建设项目启动。四川大学数学学院获准列入的建设项目是“数学”，参加的建设项目是“信息技术及相关数学问题”。

2010 年，“211 工程”第三期建设项目启动。四川大学数学学院获准列入的建设项目是“数学”。

2. 四川大学“十五”“211 工程”数学子项目通过专家组验收

2006 年 5 月，四川大学“十五”“211 工程”数学子项目通过专家组验收。验收专家组一致认为：四川大学数学学科经过“十五”“211 工程”子项目的建设，在学科建设、人才队伍建设和科学研究等方面又上了一个新的台阶，取得了突出成绩。

专家组还在验收意见中指出：四川大学数学学院已成为我国西部各方面实力都是最强的数学研究与人才培养基地，对我国西部数学事业的发展具有独特的重要辐射作用。该学科在全国也具有明显的优势，在世界范围内正在显示日益增强的影响。

3. 获得“973”项目基金

“973”项目是由科技部实行的重大科研项目，每个项目的经费约 3000 万元，是我国级别最高、资助力度最大的研究项目。2004 年，四川大学刘应明成功获得自动化领域内唯一的一个项目的子项目“复杂系统中实时控制的数学理论”，经费 250 万元。另外，李安民、彭联刚等教授还参加了“973”项目中数学方面的子项目。

二、教育部"985 工程"平台项目——四川大学长江数学研究中心正式启动

"985 工程"第二期项目是 2004 年由国家资助启动的重大科技攻关项目，全国有 34 所高等学校列入。2004 年，四川大学数学学院获得一项半"985 工程"第二期项目。四川大学数学学院单独获得的项目是"物理和信息科学前沿中的数学理论与应用"，与兄弟学院共同获得的项目是"信息技术及其相关数学理论"。

2005 年，在"985 工程"支持的科技创新平台"物理与信息科学前沿中的数学理论及其应用"项目上组建的四川大学长江数学研究中心成立。该中心实行首席科学家负责制，刘应明、阮勇斌、李安民先后任该中心首席科学家和主任。长江数学研究中心自成立以来短短十余年间取得了一系列骄人的成果，包括主持承担国家自然科学基金委员会创新研究群体项目、国家自然科学基金委员会数学天元基金交叉融合研究平台培育项目、科技部"973"项目、国家自然科学基金委员会重点项目、教育部创新团队项目等重点项目 20 余项和其他国家级、省部级项目百余项。该中心立足西部、面向海内外，与加拿大太平洋数学研究所签订了合作协议，与北京国际数学研究中心和南开大学陈省身数学研究所建立了紧密的合作交流关系。

三、在四川大学建立了两个交叉学科组成的研究中心

刘应明还注意充分发挥四川大学学科齐全的综合优势，以数学学科为依托，整合校内的资源，为进一步推动跨学科和多学科之间的深度交叉、融合，大力促进新兴交叉学科的形成与发展而组建的跨学科和多学科结合，在四川大学建立了两个交叉学科组成的研究中心。这是数学工作者进入数学以外领域，开拓新兴交叉学科科学研究的一个重要举措，研究前景非常广阔。

1. 成立四川大学不确定性信息处理研究中心

2005 年 4 月，"四川大学不确定性信息处理研究中心"成立。该研究中心依托数学学院，融合了制造学院、经济学院、工商管理学院等学院，其主要任务是开拓新兴交叉学科科学研究，用模糊数学及相关数学基础理论解决金融风险、复杂机电系统制造、管理决策等领域的不确定信息处理技术、理论问题。中心下设模糊信息处理与智能计算研究室、随机数据处理与信息安全研究室、控制与优化以及高性能计算研究室、信息与决策研究室、金融工程与风险控制研究室、制造工程研究室等六个研究室。刘应明任中心首席专家兼中心主任，其学生、"长江学者奖励计划"特聘教授、国家杰出青年科学基金获得者罗懋康任中心副主任。2011 年，在此基础上，非线性不确定工程系统控制四川省重点实验室成立并揭牌，实现了该领域研究机构的一次飞跃。

图 6-2　非线性不确定工程系统控制四川省重点实验室揭牌仪式(刘应明与四川大学科学技术发展研究院邹勇副院长)

图 6-3　参会部分人员合影

(左起依次：黄廷祝教授(电子科技大学)、罗懋康教授、刘应明院士、何桂添博士、张伟年教授、张树果教授、张德学教授、寇辉教授)

2. 成立四川大学统计学研究中心

2011 年，国务院学位委员会进行学科调整时，新设统计学为一级学科。同年，四川大学整合数学学院的概率论与数理统计、经济学院的统计学、华西公共卫生学院的流行病与卫生统计学三个二级学科资源，申报并获批具有统计学一级学科博士学位授予权。四川大学设立统计学一级学科博士点 5 年来，三个二级学科共培养了 30 余名博士和 100 余名硕士，其中 1 名获得 2012 年全国百篇优秀博士学位论文奖。2012 年以来，除原二级学科继续招生外，又以统计学一级学科的名义招收博士研究生和硕士研究生。

在此基础上，“四川大学统计学研究中心”于 2013 年 3 月成立。

2015年5月9日，四川大学统计学研究中心成立(揭牌仪式)暨学术研讨会在望江校区经管楼西202报告厅召开。中国科学院数学与系统科学研究院马志明院士，中国现场统计研究会理事长、北京大学统计科学中心主任耿直教授，中国工程概率统计学会理事长、首都师范大学何书元教授，四川大学校长谢和平院士，四川大学统计学研究中心主任刘应明院士，四川大学统计学研究中心海外主任、英国曼彻斯特大学潘建新教授出席开幕式并致辞，四川大学数学学院李安民院士，北京航天飞行控制中心航天飞行动力学技术国家级重点实验室主任唐歌实研究员，以及来自中国科学院和全国21所高校的30余位统计学专家参加会议。会议由时任四川大学数学学院院长彭联刚教授主持。

图6-4　四川大学统计学研究中心成立大会
(从左至右：潘建新教授、耿直教授、谢和平院士(时任四川大学校长)、刘应明院士、马志明院士、李安民院士、何书元教授、彭联刚教授)

四川大学统计学研究中心海外主任潘建新教授宣读了《关于成立四川大学统计学研究中心的通知》。

开幕式上，校长谢和平院士做了热情洋溢的致辞，其中他特别强调，“此次在学界专家们长期的关心重视和帮助支持下，四川大学正式成立统计学研究中心，标志着学校统计学发展进入新的里程碑”。

统计学研究中心主任刘应明院士回顾了国务院学位委员会和教育部将与统计学相关的二级学科统一归类为理学门类下的一级学科“统计学”，并新设国务院统计学学科评议组的历史过程，并感谢来自统计学界专家的大力支持和帮助。马志明院士代表中国科学院数学与系统科学研究院向四川大学统计学研究中心的成立表示祝贺，并强调指出统计学科要与数学、经济、公共卫生等相关学科相互欣赏、配合，共同推动统计学科的交叉融合与快速发展。耿直教授、何书元教授、潘建新教授分别在致辞中代表所在单位向四川大学统计学研究中心的成立表示衷心祝贺，畅谈了统计学科的重要意义和未来发展，并期待四川大学统计学研究中心能够发展壮大，形成高水平应用和理论成果，培养出一批高水平专家，为统计学科发展做出积极贡献。

四川大学校长谢和平院士和刘应明院士共同为四川大学统计学研究中心揭牌。

*　*　*　*　*

四川大学统计学研究中心的目标是建设一流的统计科学研究中心，培养统计学优秀人才，为国家统计科学事业的发展贡献力量。

中心的任务包括：加强与国内外高校、研究所的合作与交流，进一步提高统计学理论及应用研究水平，促进大数据科学时代统计学科的发展；整合学校统计学科研力量，促进统计学与其他学科的交叉融合；培养交叉学科复合性、创新性人才。为统计学一级学科的快速发展提供一个强有力的研究与管理平台。

刘应明担任中心主任，四川大学/曼彻斯特大学教授潘建新担任海外主任，数学学院周杰担任常务副主任，经济学院邓翔和华西公共卫生学院李晓松担任副主任。

第五节　跨进建设世界一流学科之路

2015 年 8 月 18 日，中央全面深化改革领导小组第十五次会议审议通过《统筹推进世界一流大学和一流学科建设总体方案》，决定统筹推进建设世界一流大学和一流学科。

2015 年 10 月，国务院印发《统筹推进世界一流大学和一流学科建设总体方案》。

刘应明引领的四川大学数学学科建设经过三十多年的快速发展，已经进入国内一流的水平，迎来了建设世界一流数学学科的机遇，可谓具备了“天时地利人和”之机遇。刘应明和数学学院的同事抓住机遇积极行动起来，投入到了申报的工作之中。

考虑到四川大学数学学科的特色、四川大学的综合优势，以及国家的需要和世界科学发展的前景，刘应明与同事和兄弟学科协商，决定以数学为主干一级学科，统计学、计算机科学与技术为相关一级学科，申报建设世界一流的“数学与信息科学技术学科”。

建设方案指出：

数学是基础科学的重要组成部分。随着理学、工学、医学、商业以及国防等越来越多的领域依赖于复杂计算机模拟和海量数据的分析，数学科学为这种模拟与数据分析提供了基本语言和理论基础，因此在这些领域发挥着越来越重要的作用。

21 世纪的大部分科学与工程将建立在数学科学的基础上。特别地，数学在信息科学技术方面发挥着十分重要的作用，因此在此次国家“双一流”学科建设中开展“数学与信息科学技术”建设是非常必要的。

预期总目标：建成国家布局西部的国际一流水平的数学研究与交流中心、具有创新意识和国际视野的数学人才培养基地、适应国家战略和地方建设需求的高水平数学应用平台，最终建成世界一流的数学学科。

(1) 近期(2020 年)建设目标：进一步完善四川大学长江数学研究中心的建设，使之成为国内高校一流的数学研究中心;新建国家级的天元数学西南中心，逐步成为具有国际水准的数学交流与合作中心以及优秀青年数学骨干的培养基地；新建数学信息技术研究与应用平台和数学与数据科学研究与应用平台，以适应国家战略和地方建设需求。

(2) 中期(2030 年)建设目标：把四川大学数学学科建设成为在核心数学理论研究处于国际一流、在应用数学特别是在与国家战略和地方建设直接相关的信息与数据等方面的数学问题研究极具特色的学科。

(3) 远期(本世纪中叶)建设目标：把四川大学建设成为国际一流的数学研究中心与国际合作交流中心、建设成为国家重要的数学人才培养基地和高水平数学应用平台，使四川大学数学学科成为世界一流的数学学科。

按照“一流学科建设高校重在优势学科建设，促进特色发展”的原则，四川大学一流数学学科建设的基本思路是：集中力量做大事，突出重点造优势，以优势方向的发展来争取发展主动，以优势方向的成果来标志学科特色，以优势方向的实力来带动其他方向发展。将在下列 6 个有优势的重点学科方向展开自身有特色的深层次研究。

方向 1：几何与拓扑；方向 2：代数与数论；方向 3：微分方程与动力系统；方向 4：信息与控制；方向 5：数理逻辑与不确定性的数学理论及应用；方向 6：统计与数据科学及其计算理论和方法。

这是一个令人振奋的计划，是值得为之奋斗乃至献身的事业。

2017 年 9 月，国家正式确认公布世界一流大学和一流学科建设高校及建设学科名单。四川大学列入建设世界一流大学名单，四川大学数学学科列入建设世界一流学科名单。

令人惋惜，更令人感伤的是，在申报期间，刘应明不幸病故。申报成功后，同事和朋友们回想刘应明为川大数学学科建设尽心尽力的三十多年，回想起刘应明对这次申报寄予的厚望，为他没有亲自听到这个喜庆结果而遗憾。

不禁感叹道：楼观才成人已去，长使英雄泪满襟。

数学学院的师生正在努力地投入建设世界一流学科的征途之中。把四川大学建成世界一流数学学科，既是他们向往的目标，也是对刘应明多年夙愿的最好告慰。

第七章　着眼大局，立足四川，辐射西部

刘应明一贯认为，万紫千红才是春。他在致力于数学研究、致力于四川大学数学学科建设的同时，十分重视带动四川数学事业的发展，带动西部数学事业的发展，乃至为中国数学事业的发展贡献一己之力。他为此付出了毕生的精力。

第一节　着眼发展中国数学事业的大局

自20世纪80年代以来，刘应明逐步进入领导层，他相继担任了多项重要的全国性的社会职务和学术职务。进入领导岗位之后，刘应明认真履职尽责，通过提案、建议等形式为科教兴国和我国高等教育事业发展建言献策。可贵之处在于，他的建议既有高度、有说服力，又具有可操作性，因而能够得到认可和实施，深受社会各界的赞誉。

下面介绍刘应明为发展我国数学事业而做的几项实事，那是包含了刘应明着眼全国大局提出的建议而付诸行动的。

一、刘应明是建立国家基础科学研究与人才培养基地的发起者之一

20 世纪 80 年代后期，数学等基础学科对中学生的吸引力有明显的下降趋势，因为基础学科不但学起来难度大，而且就业前景不如热门专业，所以优秀学生生源匮乏，数学学科面临严峻考验。而从国家长远发展的战略角度来考虑，很有必要在本科基础学科各专业招收优秀学生加以培养，因为高水平的基础科学是支撑高科技发展的根基。解决这样的全局性问题需要从国家的层面对本科基础学科加以扶持，这就是建立国家基础科学研究与教学人才培养基地的背景。

1990年前后，国家教委决定从全国重点大学的数学、物理、化学、生物、地理等本科专业中，选择一批代表我国水平的、在国内有重要影响、能起到骨干作用的专业点，作为国家基础科学研究与教学人才培养基地，从多方面予以支持，以期建成以培养少而精和高层次的理科基础科学人才为主的基地。这是国家教委采纳国内一批知名学者的建议而推出的一个很重要的举措，刘应明是建立国家基础科学研究与人才培养基地的发起者之一。

时任川大数学系主任的熊华鑫回忆说：

国家教委要开一个会，在这个会上各个学校去申报建立理科学科建设基地，说明理由，再由国家教委组织的评审组去评审哪些学校能通过。

川大校方把这争取基地建设的任务交给了数学系。当时我是系主任，学校决定让刘应明和我去参加基地评审会。但是说实话，我心里面是比较紧张的。因为第一批建立理科学科建设基地，只选了15所重点大学申报，每个大学只能报送一个学科点，然后评估。当时，最初只打算从申报的15个学科点中评出六七个学科点(六七个学校各一个)，所以竞争非常激烈，看起来任务非常艰难。

刘应明积极地向会议负责人建议。他说："基地申报现在只是第一批，以后陆陆续续还要申报，第一批申报的基地，国家教委只挑选了15所直属重点大学申报，每个学校又只能报一个专业，实际上每个学校申报参加评审的专业在该校都是实力很强的，建议第一批15所学校申报的基地就不要淘汰了。"这就是说，钱不要只集中在几所学校，大家都分一点，起示范带头作用。由于国家教委采纳了刘应明提的这个意见。所以15所学校申报的理科基础学科都成为首批基地建设学科点。

刘应明的这个见解高瞻远瞩，既满足了国家教委的要求，也满足了当时这些大学(都是国家教委直属大学，而且都是很突出的)都建立理科基地的愿望。刘应明不仅对我们学校学科建设，而且对全国学科基地建设都起到了积极作用。

而且，我要说的是：我们一般处事，国家教委怎么规定，我们就怎么执行。问题在于国家教委挑选申报第一批基地的学校，都是国家教委直属重点大学，选报的学科在这些学校中实力都是很强的，淘汰谁都是可惜的。刘应明站的角度比较高，从国家需要的大局层面提出建议，使得这个困局得到了圆满的解决。

在1995年全国政协会议期间，他以全国政协常委的身份大力呼吁建立"国家基础科学人才培养基金"。朱光亚等几名院士在建议书上签了名。此建议受到党中央领导高度重视，该基金额度高达3亿元。这是一项对培养基础科学优秀人才非常有意义的工作。

1996年9月，"国家基础科学人才培养基金"正式建立，目的是推动高校理科科学人才培养基地的设立与持续地建设。刘应明担任"国家基础科学人才培养基金"管委会委员兼数学评审组副组长，支持协助了我国有关高校的基础科学人才培养基地的建设，对全国基础学科的本科教育作出了较大贡献。2009年9月，教育部任命他为新建立的"基础学科拔尖学生培养试验计划"(简称"珠峰计划")专家组成员。

2000年起，刘应明担任教育部高等学校数学研究与高等人才培养中心主任，中心主任单位原为北京大学、复旦大学、南开大学，增加了四川大学后，共四个主任单位。

教育部高等学校数学研究与高等人才培养中心指出：刘应明院士多年来一直

担任教育部高等学校数学研究与高等人才培养中心主任。他与北京大学、复旦大学、南开大学三位主任紧密团结，精诚合作，依靠高校数学界的全体同仁，在现代数学的前沿领域开展科学研究与高端人才培养。作为中心领导，刘应明院士处理事务既能坚持原则，又善于提出可行方案。他对高校数学中心的发展作了重大贡献。

国家自然科学基金委员会数学物理科学部指出：他是建立国家基础科学研究与人才培养基地的发起者之一，为全国基础学科的本科教育作出了重要贡献。他的功绩将永远载入史册。

二、刘应明是数学天元基金计划的重要参与人

为发挥我国数学研究的潜力并使之率先赶上世界先进水平，国家领导人采纳了吴文俊、王元、程民德等著名数学家组成的“二十一世纪中国数学展望”学术讨论会(1988 年 8 月)组委会提出的关于建立“数学特别基金”的建议。决定从 1989 年开始，国家财政拨出专款，设立“数学特别基金”，后来采纳张奠宙教授的建议取名为“数学天元基金”，用以资助国内特优数学人才，吸引国外特优留学的数学人才回国工作等。

数学天元基金和国家自然科学基金委员会资助数学研究的科学基金相辅相成，统一用于对数学学科的支持。与科学基金支持项目的不同之处是数学天元基金主要用于人才培养、学科建设、优化研究环境和传播数学文化等方面。

数学天元基金学术领导小组凝聚了一批优秀的数学家，统筹规划中国数学的发展，起到了对数学学科发展的顶层设计作用。数学天元基金由数学家自己筹划使用，集体讨论，解决一些在数学发展中必须解决的问题，同时又保证了国家自然科学基金委员会对经费使用的有效管理和监督。

刘应明担任过数学天元基金学术领导小组成员(第二届)、副组长(第三、四届)。任职期间，刘应明关心并积极参与对中国数学发展的统筹规划及实施等工作。

例如，在我国经济发展的不平衡对数学学科发展的影响表现出来后，领导小组及时地提出向西部倾斜的措施，刘应明对这一决策起了一定的作用。又如，2004 年 8 月，第三届数学天元基金学术领导小组的工作汇报中特别指出：我们的刘应明副组长还充分运用自己的地位和影响，为基金的增长积极奔走，成效卓著。

数学天元基金特别注重对西部和边远地区的学科建设和学术交流的支持，2004～2019 年，委托四川大学承办数学天元基金支持的“西部高校数学教师培训班” 15 届共 1500 余人次，为我国西部地区高校数学教师的教学能力提升和科研能力提高做出了贡献。

数学天元基金学术领导小组还决定从 2018 年起集中在西南、西北、东北、东南建立四个国家天元数学中心。这对于促进中国数学事业高水平的平衡发展

有重要作用。

在这些方面，刘应明倾注了大量的心血。

三、推动我国建立统计学一级学科

统计学是通过搜索、整理、分析数据等手段，以达到推断所测对象的本质，甚至预测对象未来的一门综合性科学。统计学既研究如何从数据中把信息和规律提取出来并找出最优化的方案，也研究如何把数据随时间、空间变化而导致的不确定性进行量化。其中用到了大量的数学及其他学科的专业知识，它的使用范围几乎覆盖了社会科学和自然科学的各个领域。在许多领域都有用统计方法研究本领域问题的二级学科，它们实质上都是数学与相关领域交叉的学科。

刘应明一直关心、支持和帮助中国统计学学科的建设和发展。在他和一批学者建议的推动下，2011 年国务院学位委员会进行学科调整时，新设统计学为一级学科。

统计学成为一级学科后，更便于整合各方面的力量开展工作，从而大大地推动了中国的统计学科、统计研究及应用事业的发展。

中国科学院数学与系统科学研究院统计科学研究中心、中国人民大学统计学院以及统计与大数据研究院、中国现场统计研究会以及统计学界的许多单位，都对刘应明的这一贡献表达了高度的评价：刘院士一直关心、支持和帮助中国统计学学科的建设和发展，在他的关心、支持和帮助下，统计学成为一级学科，并取得了长足发展。

四、带领四川大学加盟全国数学人才培养工作

1. 参与开办全国数学本科拔尖学生联合暑期学校

2009 年，四川大学数学学院获准开展教育部第一批本科拔尖学生培养计划。

本科拔尖学生培养计划实施中的一项创新性举措，是入选的各高校联合起来开办数学拔尖学生联合暑期学校。到 2019 年已经办了九届。四川大学是联合开办数学拔尖学生联合暑期学校的十所高校之一。本书第十章对此有较详细的介绍。

四川大学还成功地举办了面向中学生的全国第三届“数学之星”夏令营，在本书第十一章对此有较详细的介绍。

2. 数次承办全国数学研究生暑期学校

全国数学研究生暑期学校的背景如下：1984 年，由数学大师陈省身先生倡导，在北京大学举办了第一期“数学研究生暑期教学中心”暑期学校，面向全国各高校在读的数学硕士生和博士生，聘请国内外的知名数学家为中国研究生开设基础课程和前沿讲座。“数学研究生暑期教学中心”得到了教育部的重视和支持，并于

1984～1994 年，在不同的高校连续举办，成为全国数学研究生暑期学校的前身。

刘应明时任全国“数学研究生暑期教学中心”领导小组副组长，他于 1992 年在四川大学举办了第三期“数学研究生暑期教学中心”暑期学校。

1994 年，教育部与国家自然科学基金委员会合作，将“数学研究生暑期教学中心”更名为“数学研究生暑期学校”，决定在之后一个较长的时间内，仍然由各参与高校共同主办。1995 年，教育部、国家自然科学基金委员会在武汉大学共同举办了第一届全国数学研究生暑期学校，自此，“暑期学校”这一名称延续至今。

2000 年，四川大学成功地举办了第六届全国数学研究生暑期学校，国内外 30 多位知名专家、学者来四川大学讲学，全国 60 余所高校近 200 名研究生参加了学习，得到教育部和国家自然科学基金委员会领导的高度评价，认为办得十分成功。

第二节　推动和协助我国多所高校的学科建设

刘应明曾兼任国务院多届(1985 年起)学科评议组成员、国家自然科学基金委员会数学天元基金学术领导小组副组长、国家自然科学基金委员会数学物理科学部咨询委员兼数学评审组组长等，积极参与我国学科建设与发展。刘应明的可贵之处还在于,他特别注重支持条件不算好却迫切需要得到帮助以加快发展的高校。他不仅在支持西部高校学科建设方面做了大量的工作，还积极支持国内多所高校的学科建设，这里摘录了刘应明院士参与国内多所高校学科建设与发展的部分报道。

一、多次到访西南大学等重庆高校

由于川渝两地特殊的关系，两地数学学科发展联系密切。重庆市在 1997 年直辖以前，西南师范大学曾长期是四川省数学会副理事长单位之一(重庆市直辖以后，西南师范大学与西南农业大学于 2005 年合并而成西南大学)；西南师范大学是重庆数学学会理事长单位，与四川省数学会也保持着良好的关系往来。在直辖后的数年，重庆的一些数学同仁还继续参加四川省数学会的活动。同时，柯召曾在重庆大学工作，与重庆有着浓厚的感情，这也使得四川数学界与重庆数学界保持着长期良好关系。

正因如此，重庆也成为刘应明到访省外最多的城市之一，重庆大学、西南大学等也曾多次邀请他前往讲学。以下摘取了部分相关新闻或记录：

“2012 年 4 月 21 日，第五届部属师范大学数学统计学学科建设研讨会在西南大学召开，中国科学院院士、国务院学位委员会委员、四川大学刘应明院士，重庆市政协副主席陈贵云，西南大学副校长崔延强、原常务副校长宋乃庆以及北京师范大学、华东师范大学、东北师范大学、华中师范大学、陕西师范大学和西南大学等 6 所高校的数学统计学的专家教授 40 余人参加会议。会议由数学与统计学院院长唐春雷教授主持。

图 7-1　1983 年四川大学数学系应邀访问西南师范学院之合影

(前排左起：陈重穆(时任西师数学系主任、教授，后任西师校长)、李孝传(时任西师数学系教授)、张永青(时任西师院长(校))、柯召(时任中国科学院学部委员(院士)、四川大学校长、川大数学研究所所长)、蒲保明(时任川大数学系主任、教授)、方敬(时任西师副院长(校))、严栋开(时任西师数学系教授)

后排左起：谢云荪(时任西师数学系副主任，现任电子科大教授、本科教学督导组组长)、刘应明(时任川大数学系教授，后任中国科学院院士、川大副校长)、陆文端(时任川大数学系教授，后任川大数学研究所所长)、李安民(时任川大数学系教师，现任中国科学院院士、川大数学学院教授、国家天元数学西南中心主任、成都国际数学中心主任)、宋茂镒(时任西师数学系总支书记)、肖勇(时任西师数学系副主任))

“重庆市政协副主席陈贵云、西南大学学校副校长崔延强分别致辞，向与会代表表示热烈的欢迎。与会的 6 所高校数学统计学院的负责人分别发言，他们介绍了各自学院数学及统计学学科建设情况、工作思路与发展规划，并就学科建设工作在教师人才培养模式改革、师范生养成模式及特色资源建设等方面的经验作了交流。

“中国科学院院士、国务院学位委员会委员、四川大学刘应明院士在闭幕式上作了讲话。他对 6 所高校学科建设的成绩、经验和不足作了精彩点评，并畅谈了学科建设的前景和要求。学校原常务副校长宋乃庆教授也出席会议并讲话。他介绍了该校数学、统计学学科的发展历程，并邀请与会专家为该校数学统计学学科的发展出谋划策，希望此次会议能够尽快落实研讨成果及合作细节，进一步推进学科建设发展。”

“(2012 年)4 月 22 日，我国著名数学家、中国科学院院士刘应明教授受我校原常务副校长、西南大学基础教育研究中心主任宋乃庆教授的邀请来我校讲学。陪同迎接、参加座谈的有数学与统计学院李忠如副院长、廖晓恒副书记、刘静教授、杨欣荣副教授等，教育学部博士生导师李玲教授、硕士生导师张辉蓉教授。

“刘应明院士首先参观了我校西南大学基础教育研究中心，并听取了宋乃庆教授对中心创建与发展历程的介绍。其间刘应明院士认真细致地观看了中心发展历程的展板介绍，并回忆到中心奠基人之一的陈重穆先生(西南大学原校长)在四川大学担任兼职博士生导师、教授的岁月。

图 7-2　刘应明访问西南大学基础教育研究中心

“随后，刘应明院士又特别来到师生之间，与数学与统计学院、教育学部的部分师生进行了长达两个半小时的座谈交流。座谈会上，宋乃庆教授首先向刘应明院士的到访表示由衷的欢迎，对刘院士多年来对我校发展，特别是对数学与统计学院、数学教育学发展的大力支持表示诚挚的感谢。

“座谈会上，刘院士谈到数学教育作为二级学科发展的艰辛与不易，并认为数学教育学发展意义重大，应积极推动数学教育博士点的建设与发展，然而当前数学教育在国内仍然‘名不正，言不顺’，应积极鼓励从事或关心数学教育发展的师生同仁为之努力。其后，谈到诺贝尔奖获得者杨振宁先生及其教育观，并指出我国教育发展过程中应试教育带来的一些不良现象，不利于人才特别是创新人才的培养，他谈到‘美国学生最大的缺点是“考试不行”，最大的优点也是“考试不行”’，‘当下世界最具创新力的国家仍然是美国’，‘对于中国教育通过“灌输”“题海”等方式培养学生值得深思’等。随后，刘院士语重心长地回忆起自己考北京大学时的经历，通过自己的亲身经历给师生提供了学习、工作、研究的宝贵建议，例如‘学不在多，而在精’，‘找工作要找适合自己的工作’等。

“刘院士非常热情地同在场师生展开交流，在场师生踊跃提问。教育学部李玲教授联系其团队正在进行的教育部重大攻关项目咨询了刘院士，并听取了刘院士的宝贵建议。数学教育方向博士张勤琼提出关于‘新课标中“双基”到“四基”变化’的问题，刘院士意味深长地提到我国教育应该‘注重实质，淡化形式’；硕一陈朝东询问关于‘我国教育市场化现象’‘教材多样化现象’以及‘备受争议的小学估算’的问题，刘院士分别予以明确的回答，他认为我国教育的市场化是一个不可改变的事实，此外我国教材越来越多、越来越乱，同时对于小学‘估算’持批判的态度。博三朱黎生提出关于‘课标中加强对“创新”要求’的问题，刘院士认为我国应试教育非常不利于创新。硕一李欣莲、博三邝孔秀提出关于‘资优生培养方式’‘钱学森之问’等，古稀之年的刘院士都思维灵敏、谈笑自如予以应答，例如，刘院士说：‘管资优生最好的方式就是“不要管！”’

“座谈会在轻松愉快、诙谐幽默的氛围中度过，刘院士富有批判精神的个人魅力及其简单而发人深思的话语给在场师生留下深刻的印象。最后，宋乃庆教授再次向刘应明院士的来访讲学表示感谢，非常期望刘院士的再次来访。”

“2015 年 9 月 9 日，中国科学院院士刘应明教授应邀来西南大学，指导西南大学数学与统计学科的建设工作。上午 10 时，校长张卫国、副校长周常勇与刘应明院士亲切座谈，向刘院士介绍了西南大学近年来的发展状况，并对刘应明院士一直以来对学校我数学学科建设的支持和帮助表示了感谢。西南基础教育课程研究中心主任宋乃庆教授、数学与统计学院党委书记易遵尧、院长唐春雷等陪同座谈。随后，刘院士来到数学与统计学院，与数学与统计学院的教师代表一起座谈交流。会上，该院院长唐春雷为刘院士介绍近年来西南大学数学学科建设等方面的情况。随后，宋乃庆教授向刘院士汇报了西南大学统计学学科的建设情况。刘院士结合自己教学、科研的经历，对如何开展科研项目选题、研究平台建设及本科教学工作等提出了建议和指导。同时，刘院士也表示，今后会一如既往地关注和支持学院的学科建设与发展。”

图 7-3　西南大学校长张卫国、副校长周常勇等校领导会见刘院士合影
（左起：罗利江、刘贤宁、易遵尧、周常勇、张卫国、刘应明、宋乃庆、唐春雷、李忠如）

图 7-4　刘应明院士在数学与统计学院党政领导等陪同下参观学院

刘应明对西南师大数学与统计学学科建设的全过程都有着具体的协助，西南师大原常务副校长宋乃庆教授回忆说：

印象深刻的事情还有我们多次请他来我校指导学科建设，尤其是给数学与统计学院申报一级学科博士学位授权点助力，我们申报基础数学二级学科博士学位授权点（2005 年获批）、数学一级学科博士学位授权点（2009 年申报 2011 年获批）、统计学一级学科博士学位授权点（2011 年获批），他都给了我们很大的支持。我们申报数学一级学科博士学位授权点获全票通过，一举成功，全仰仗他的指导。

当时，我向刘院士汇报说："我们学校和重庆市教委有些部门领导认为数学教育不归属于数学学科范畴，这样我们申报数学一级学科博士学位授权点受阻，因为必须要有国家级奖励。然而，我们纯数学研究方面没有国家奖，但数学教育有国家级教学成果奖一等奖、中国高校人文社会科学研究优秀成果奖一等奖。"刘院士笑着说："他们还不懂！数学教育就应该是数学的一部分"。刘院士特别强调指出："你们西南大学把数学教育置于数学学科之外，这是不合适的。数学教育是交叉学科，既属于教育学，更应该属于数学。"正是由于刘应明院士等有识之士的大声疾呼，向学校指出"学科教育既属于教育学，更属于学科"，学校部门领导和重庆市教委等接受了院士们提出的意见，转变了观念。靠院士们的支持，我们成功申报了数学一级学科博士学位授权点。

我们成功申报统计学一级学科博士学位授权点，更是依靠刘院士的悉心指导。2011 年，我和陈贵云（西南大学原数学与统计学院院长、时任重庆市政协副主席）、杨劲（时任西南大学数学与统计学院党委书记）、唐春雷（时任西南大学数学与统计学院院长）专门去拜访刘院士。当时，我们对博士学位申报二级学科自主设立等缺少认识，但刘院士积极鼓励我们并协助整体策划，得到了统计学界权威专家的认同。后来我们历经千辛万苦，成功申请到了统计学一级学科博士学位授权点。

我们的统计学的二级学科也都是向刘院士请教而努力争取得来的。他提醒我们，根据国务院学位办 2010 年新意见，可以自主设立二级学科，我们设置了教育统计、极值统计分析、经济统计分析、海量数据分析、心理测量与评价、自然资源统计等 6 个二级学科。其中，刘院士为我们命名的有“大数据分析”或“海量数据分析”，我们选用了“海量数据分析”。在刘院士、北大张恭庆院士的关心和鼓励下，我们向一批国内著名的统计学的专家汇报有关成果和我们自主设立的二级学科，得到了他们的认可，最后顺利通过评审，且第二次评审中在西部地区仅次于川大排名第二。

网站链接：

http://news.univs.cn/2012/0428/920646.shtml.

http://www.gx211.com/news/2015914/n0912295271.html.

二、多次访问福建师范大学等福建高校

福州是刘应明的家乡，虽然在外求学、工作少有回乡，但时常会有乡愁。随着时间流逝，这份“乡愁”也逐渐升华成对家乡的一种感恩，从已有的资料可以看出，他曾多次到访厦门大学、福州大学、福建师范大学等福建高校。以下摘取部分新闻。

1. 参加福建省首届数学大会

“2010 年 10 月 16 和 17 日，榕城，秋高气爽。由福建省数学学会主办，我校(福州大学)和福州一中共同承办的福建省首届数学大会在福州隆重召开。这是福建省数学界的一次学术盛会，来自全省各地 1100 多名高校和中学的数学工作者齐聚一堂，共论发展。本次数学大会为期一天半。10 月 16 日上午，数学大会在福建会堂举行开幕式。(福建)省人大常委会副主任王美香、教育厅厅长鞠维强、中国科学院数学与系统科学研究院林群院士、四川大学刘应明院士、北京应用物理与计算数学研究所郭柏灵院士、北京师范大学陈木法院士、我校校长付贤智院士、福州一中李迅校长等出席开幕式。陈桦副省长专门发来贺电祝贺本次数学大会的顺利召开。教育厅厅长鞠维强、我校校长付贤智等分别在开幕式上致辞。开幕式由福建省数学学会第九届理事会理事长、我校副校长范更华主持。开幕式后举行了闽籍院士报告会。刘应明、林群、郭柏灵和陈木法等四位院士分别作了报告。刘应明院士发表了热情洋溢的讲话，鼓励我省数学工作者继承传统，开拓创新，再接再厉，勇攀高峰，为把我国建成数学强国作贡献。”

图 7-5　刘应明院士(左四)、林群院士(右四)等入座主席台

2. 应邀到访福建师范大学

“(2011 年)6 月 19 日，国务院学位委员会委员、全国政协常委、九三学社中央委员会副主席、中国科学院院士、著名数学家、四川大学刘应明教授应邀来访福建师范大学，与数学与计算机科学学院党政领导班子成员、全体教授就学科建设有关事宜进行座谈。座谈会上，刘院士对我校数学一级学科博士点下自设数学教育二级学科博士点工作给予了具体指导，并介绍了国家实施基础学科拔尖学生培养试验计划以及设立统计学为一级学科的有关情况。通过座谈交流，学院进一步明确了学科建设方向，理顺了工作思路，与会教师均感到受益匪浅。刘应明院士长期以来一直十分关心我校数学学科建设，给予了极大的支持和帮助。会后，校党委书记罗萤亲切会见了刘院士，对刘院士长期以来关心支持我校学科建设表示衷心的感谢，希望刘院士一如既往地关心、支持和帮助我校相关学科的发展。”

图 7-6　刘应明参加福建师范大学数学与计算机科学学院座谈会

3. 应邀出席福建数学基础教育研究中心成立仪式并揭牌

“2015 年 2 月 27 日，福建数学基础教育研究中心成立仪式在福建师范大学旗山校区第九会议室举行。中科院院士、四川大学刘应明教授，教育部普通高中数学课标修订组组长、国家督学、东北师范大学原校长史宁中教授等 11 位数学课标修订组专家，南开大学原校长侯自新教授，福建省教育厅李金莲巡视员，中国教育学会副秘书长游森，省数学学会理事长、厦门大学林亚南教授，校领导黄汉升、王长平，闽江师范高等专科学校、省教育厅普教室、福州一中、福建师大附中、福州三中、福州外国语学校等单位领导和相关老师，以及我校数计学院党政领导、师生代表约 200 人出席了仪式……刘应明院士和黄汉升共同为福建师范大学福建数学基础教育研究中心揭牌。”

网站链接：

https://news.fzu.edu.cn/html/fdyw/2010/10/18/5a20b803-0b12-4eec-96db-6dddab148659.html.

http://www.fjnu.edu.cn/3a/05/c13a14853/page.htm.

http://www.fjnu.edu.cn/73/7b/c13a29563/page.psp.

三、担任新疆大学“211 工程”建设项目国家验收专家组组长

中华人民共和国中央人民政府网站曾对国家验收专家组验收新疆大学“211 工程”建设项目做了具体报道，摘取如下：

“(2006 年)6 月 15 日上午，国家验收专家组的专家开始对新疆大学‘十五’期间‘211 工程’建设项目进行为期两天的考察验收。专家组由中央财经大学、中山大学等高校和科研院所的主要负责人和专家组成，中科院院士刘应明任组长。新疆维吾尔自治区党委副书记、自治区主席、自治区‘211 工程’领导小组组长司马义·铁力瓦尔地出席会议并讲活。自治区党委副书记努尔·白克力、自治区人大常委会副主任阿山拜克·吐尔地等出席会议。司马义·铁力瓦尔地首先对验收专家组各位专家的到来表示热烈欢迎！他说，自治区党委、政府高度重视新疆大学的发展，特别是新大被列入‘211 工程’后，自治区为推进其建设，投入了大量的人力、物力和财力。这次国家组织专家对新疆大学‘211 工程’‘十五’期间建设项目进行验收，是新疆大学提升办学水平和办学层次的一次重大机遇，希望新疆大学以此为契机，进一步加强学科建设，创新办学思路，努力把学校建设成国内先进、中亚一流、国际知名的研究型大学，为自治区经济社会发展发挥更大的作用……”

教育部网站在 2006 年年鉴中也写道：“2006 年 6 月，新疆大学顺利通过了以四川大学副校长刘应明院士为首的验收专家组的整体验收。”

网站链接：

http://www.gov.cn/gzdt/2006-06/16/content_312704.htm.

http://www.moe.gov.cn/jyb_sjzl/moe_364/moe_2489/moe_2526/tnull_40705.html.

四、访问韶关学院

2009 年 2 月刘应明访问了韶关学院，当时有报道如下：

图 7-7　刘应明等一行访问韶关学院

“(2009 年)2 月 12 日下午，应我校的邀请，我国著名数学家、中国科学院院士刘应明教授，在华南理工大学理学院院长吴敏教授、副院长刘正荣教授，华南师范大学数学科学学院院长丁时进教授，院党委书记刘剑文等院校领导的陪同下，莅临我校就‘数学学科建设’进行指导。来访客人受到我校校长刘荣万、校长办公室、科研处、图书馆、数学与信息科学学院领导和老师的热烈欢迎。

“刘应明院士一行在校办主任赖光灿及数学与信息科学学院领导的陪同下参观了校园和教学场所，在学校图书馆校史展览厅里，官建生馆长等领导向客人介绍了我校的发展历程及目前的办学概况。通过参观及听汇报介绍，刘应明院士对我校的办学历程及办学规模有了一定了解，客人们对我校优美的校园环境和良好的校园规划及布局给予高度称赞，客人们认为我校地处广东粤北经济欠发达地区，学校能够有今天这样的发展规模和办学成就实属不容易，这说明韶关学院历代教职员工有一种敢于奋发图强、勇于创业的精神。

“随后，刘应明院士一行来到我校数学与信息科学学院会议室，与学院领导、老师进行了交流座谈。在座谈会上，学院简国明院长首先向来访客人介绍了该学院的基本情况。之后，刘应明院士向与会老师介绍了他自己的学术成长经历；我国硕士研究生学位分布情况；如何开展学科研究；如何有效成功申报科研课题；怎样进行具有自己特色的数学研究；对我校今后的数学教育提出不少建议。通过座谈交流，使在座的老师们拓宽自己的学术研究思路，增长了见识，使大家受益匪浅。”

网站链接：

http://www.sgu.edu.cn/d2913.html.

五、到访贵州师范大学、浙江师范大学

2011 年刘应明到贵州师范大学，当时有报道如下：

“(2011 年)5 月 23 日，中科院院士、国务院学位委员会委员刘应明莅临我校指导工作。伍鹏程校长主持座谈会并致欢迎辞。校长助理卢琳璋，研究生处处长梁虹，以及数学与计算机科学学院书记、院长、老教师等参加座谈会。会上，伍鹏程向刘应明院士介绍了我校博士学位的申报情况，他说，目前我们学校已有马克思主义理论、计算数学、自然地理学三个博士学位建设点，每一个都代表着学校在教育发展上的突破。数学与计算机科学学院院长游泰杰汇报了计算数学学科博士学位授权建设点情况，并向刘院士介绍了该学科的学术团队、研究方向和支撑条件等方面的详细情况。听取汇报后，刘院士充分肯定了计算数学等各方面取得的成果。他结合我校的学科特点与贵州实际情况提出了建议和意见。他说，学校要立足现实，积极利用西部大开发战略资源，为学术学科发展做建设。真抓实干，发挥我校学科特色，避免在高校竞争中边缘化。”

2011 年刘应明到浙江师范大学参加博士学位授予单位立项建设中期检查，当时有报道如下：

图 7-8　刘应明到浙江师范大学参加博士学位授予单位立项建设中期检查(2011 年)

图 7-9　刘应明在会上听取汇报

“2011 年 7 月 1 日，浙江省博士学位授予单位立项建设中期检查专家组来我校检查。专家组通过全面深入的检查，最终认为我校已经具备博士学位授予单位的条件，教育学、中国语言文学、数学 3 个授权学科达到博士学位授权一级学科点的要求……专家组成员周远清，浙江大学副教务长、研究生院常务副院长严建华，中国社会科学院学部委员、原副院长江蓝生，四川大学原副校长、中科院院士刘应明，北京师范大学原副校长王英杰，华东师范大学教授陈大康，清华大学教授文志英分别就立项建设情况、学科发展特色凝聚、博士生培养方案设计、经费保障等进行了提问。专家组通过分组听取汇报、查阅资料、实地走访、举行座谈等方式考察学科建设情况。”

网站链接：

https://news.gznu.edu.cn/info/1002/16457.htm.

http://zjnu.cuepa.cn/show_more.php?doc_id=472496.

六、受聘为河南师范大学河南省重点学科开放实验室学术委员会主任

刘应明曾经多次到访河南师范大学指导学科建设，当时报道如下：

“2012 年 3 月 30 日下午，河南省重点学科开放实验室学术委员会主任聘任仪式在数学与信息科学学院南楼 103 会议室举行。校长焦留成出席聘任仪式并为刘应明院士颁发聘书，校长办公室、数学学院负责人与部分教授、青年博士参加了聘任仪式。聘任仪式上，焦校长为刘应明院士颁发聘书，聘任他为我校数学与科学计算河南省重点学科开放实验室学术委员会主任。焦校长还向刘应明院士赠送了由我校美术学院院长张健伟绘制的书画作品。聘任仪式结束后，焦校长与刘应明院士进行了深入交流。数学与科学计算河南省重点学科开放实验室是

河南省教育厅批准的第五批河南省高校重点学科开放实验室，于2010年立项，建设期为三年。”

图7-10　河南省重点学科开放实验室学术委员会主任聘任仪式合影
(右1为河南师范大学校长焦留成，右2为刘应明)

“2013年4月11日至4月17日，中国科学院院士刘应明应邀到我校访问。校长焦留成亲切会见了刘应明院士并就学科建设和数学教育等问题进行了深入的交流。4月12日上午，刘应明院士在相关领导的陪同下参观了数学学院重点实验室。参观结束后，刘应明院士在会议室与数学学院领导及部分教授、博士代表进行了座谈。他特别就学科建设及数学学位点的申报工作和与会老师展开了认真的讨论。通过座谈交流，学院进一步明确了学科建设方向，理顺了工作思路，与会教师均感到受益匪浅。”

“2014年4月12日下午中国科学院院士、我校数学与科学计算(河南省)重点学科开放实验室学术委员会主任刘应明莅临我校，并与王键吉校长进行了亲切交流；4月13日上午到数学与信息科学学院指导工作。学院领导、各学科带头人及部分青年教师在数学南楼208参加了座谈会。座谈中，院长李兴校教授介绍了学院的师资队伍建设、特色学科建设以及数学学院的发展等情况，刘应明院士对学院的建设发展状况给予了充分肯定，并对数学学院的学科建设给出指导建议。同时，刘院士还就数学学院的发展，以及如何才能更好地进行科研与学术研究的问题同与会的教师进行沟通交流。通过座谈交流，使在座的教师拓宽了学术研究思路，增长了见识。座谈结束后，刘应明院士到数学北楼504听取了数学与科学计算(河南省)重点学科开放实验室工作汇报，与实验室科研人员在图论、密码学及高性能计算等领域进行了交流。刘院士肯定了实验室一年来在人才引进、实验建设与科研等方面的工作，并对实验室下一步的工作给出了指导建议。”

图 7-11　刘应明与其题写的“数学与信息科学学院”合影

网站链接：

http://www.henannu.edu.cn/math/2012/0409/c1400a22074/page.htm.
http://www.htu.cn/math/_t99/2013/0415/c1400a22160/page.htm.
http://www.henannu.edu.cn/news/2013/0419/c7239a28160/page.htm.
http://www.henannu.edu.cn/math/2014/0415/c1400a22189/page.htm.

七、访问兰州大学、西北民族大学、太原理工大学与湖南师范大学

2013 年，刘应明分别访问了兰州大学、西北民族大学、太原理工大学与湖南师范大学，当时有报道如下：

“7 月 9 日，应数学与统计学院院长李万同教授邀请，中国科学院院士、全国人大常委会委员兼教科文卫委员会副主任委员、九三学社中央委员会副主席刘应明教授来我校访问。下午，数学与统计学院各学科带头人在齐云楼 915 与刘应明院士座谈。座谈中，李万同介绍了学院近几年的基本情况和科研现状，刘应明对我校数学学科的教学、科研、学科建设及人才培养等工作给出了指导意见。双方希望在今后加强交流，为我校数学学科的将来提供更好的发展空间。”

图 7-12　刘应明应邀到访兰州大学

“7 月 11 日中午，赵德安校长在学校会见了中国科学院院士、四川大学教授刘应明先生，学校李正元副校长陪同会见。赵校长简要向刘应明院士介绍了民族高等教育的基本情况和学校学科、专业发展的基本情况，并请刘院士支持和指导学校的学科建设、专业建设等工作，刘院士欣然接受。同时就帮助学校学科建设、学位点建设等相关问题进行了交流和沟通。刘应明院士于 2012 年应聘为兰州大学学术委员会名誉主任委员。2013 年 7 月 7 日，刘院士接受赵德安校长的邀请到兰州访问我校。今年，我校数学与计算机学院同四川大学数学学院共同承办 2013 国家自然科学基金委员会数学天元基金、基础科学人才培养基金第十届西部高校数学教师暑期学校培训班，刘院士参加了培训班 7 月 8 日上午开班典礼。下午刘院士参加了我校学术委员会会议，对学校学科建设工作、学位点申报工作进行了指导，并与学术委员会委员进行了座谈交流。在校期间刘应明院士还与我校数学与计算机学院班子成员、教师代表进行了座谈交流。”

图 7-13　刘应明(右 2)、袁亚湘(左 1)访问太原理工大学

“2013 年 10 月 13 日下午，中国科学院刘应明院士和袁亚湘院士应邀来太原理工大学进行交流访问。校长吕明在学术交流中心会见了两位院士，副校长侯晋川参加了会见。会见中，吕明对两位院士莅校交流指导表示欢迎和感谢，他简要介绍了我校的发展历史和基本情况，特别是我校数学学科的发展状况，并真诚希望两位院士对学校的建设和发展多提宝贵意见,希望在两位院士的指导和帮助下，促进我校数学学科建设迈上新台阶。刘应明院士、袁亚湘院士于近日参加 2013 年中国数学年会时应我校邀请来校进行访问讲学、交流指导。此次访问期间，两位院士表示非常高兴来到我校进行交流访学，并分别为我校数学学院题词。”

“2013 年 10 月 26 日下午，中科院院士、四川大学刘应明教授应邀来湖南师范大学指导数学学科建设，并在红楼四楼会议室与数学与计算机科学学院硕士、博士研究生代表座谈。座谈会由湖南师范大学数计院院长谢资清主持。谢资清对刘应明院士的到来表示欢迎，并向他介绍了湖南师范大学数学学科建设等方面的情况。刘应明结合自己教学、科研的经历，对如何开展科研项目选题、研究平台

图 7-14　刘应明应邀访问湖南师范大学

建设及本科教学工作提出了建议，并就基础数学的教学和学科建设作了指导。刘应明对同学们寄予厚望。他说，阅读很重要，看书是一件很有意义的事，要多看书；要练好基本功，重视基础知识的掌握与运用。他希望同学们把数学做下去，深入地做，做到一定境界，必定有所成就。座谈会上，刘应明与同学们就不分明拓扑中代数问题、嵌入理论与不分明凸集等数学研究领域高深学术问题进行深入的探讨与交流。”

网站链接：

http://news.lzu.edu.cn/c/201307/26057.html.

http://cms.xbmu.edu.cn/frontContent.action?siteId=62&articleClassId=1891&articleId=14971.

http://math.tyut.edu.cn/info/1008/1637.htm.

https://news.hunnu.edu.cn/info/1005/2941.htm.

八、访问云南财经大学与郑州大学

2014 年与 2015 年分别访问了云南财经大学与郑州大学，当时有报道如下：

“2014 年 9 月 16 日，著名数学家刘应明院士应邀访问云南财经大学统计与数学学院，并与学院师生进行座谈。学院处级以上领导及数学系、统计系全体老师参加了座谈会，会议由石磊院长主持。刘应明院士与老师们进行了面对面的座谈，并就老师们提出的问题给予了详细的答复。刘院士风趣幽默的语言给大家留下了深刻的印象。”

“应郑州大学数学与统计学院邀请，著名数学家、中国科学院院士、四川大学长江数学研究中心首席科学家刘应明教授于 2015 年 9 月 23 至 25 日前来我校访问。访问期间，数学学院召开了由博士生导师和学术骨干参加的学科建设座谈会，邀请刘应明院士就我校数学学科的科研、教学和人才培养等问题提出意见建议。此次访问期间，刘应明院士还做客郑州大学研究生名师名家讲坛，作题为《数学的若干重大进展漫谈》的报告。”

图 7-15　刘应明院士访问云南财经大学统计与数学学院

网站链接：

http://www.ynufe.edu.cn/pub/tsxy/xxfw/xyxw/78249.htm.

http://www5.zzu.edu.cn/math/info/1075/2392.htm.

第三节　扶持四川数学事业

刘应明长期担任四川省人民政府学位委员会副主任、四川省高校职称评审委员会副主任等职，对四川省的学科建设和学术队伍建设都有许多贡献。赴京开会时，他很自然地成为四川省的代言人，为四川省教育科研的发展争取相应的支持。

刘应明在引领四川大学数学学科发展的同时，很注意对四川及西部条件较差地区的人才培养和学科建设给予力所能及的帮助。

一、解决四川等地区没有博士学位授予权单位的博士生导师招生问题

1981 年起，我国开始实行研究生学位制。按照《中华人民共和国学位条例》规定，已经取得专业博士学位授予权的单位才能招收相应专业的博士生。

四川省数学学科仅有四川大学基础数学专业获得了首批博士学位授予权(1981 年)。继后，应用数学专业于 1986 年获得了博士学位授予权。除四川大学外，四川及其他一些地区的高等学校和研究单位由于办学条件的局限，尚没有设立数学专业博士点，因而没有数学专业博士学位授予权。另一方面，这些学校和研究单位有一些优秀学者个人已经获批准成为数学专业博士生导师，这就造成了博士生导师不能招收博士生的尴尬局面。

刘应明向四川大学校方和数学系提出了一个方案：聘请这些学者为挂靠四川

大学数学系博士点的兼职博士生导师，以四川大学数学系的名义招收博士生，并交给他们培养指导。这个方案既打破了这些博士生导师不能招收博士生的困局，又有利于推动四川大学数学系的学科建设，是一个互利双赢的方案。经过这段时期的过渡之后，随着这些兼职博士生导师所在单位博士点的相继设立，这个尴尬局面也就化解了。

刘应明意识到，这虽然是实行学位制初期出现的过渡性问题，却也暴露出全国学术资源分布不平衡的弱点和加强相对薄弱地区学科建设的迫切性，他愿意对此有所作为。

据 1996 年统计，四川大学数学系本系博士生导师 11 人，兼职博士生导师 13 人。

当时挂靠四川大学数学系博士点的兼职博士生导师的情况简介如下：

陈重穆教授(1926～1998)：西南师范大学教授，国家级专家，获部省级奖 1 项，出版专著 1 部。研究方向：群论。

吴振德教授(1933～)：河北师范大学教授，中国数学会理事，国家级专家，在国内外重要刊物发表论文 20 余篇。研究方向：代数拓扑和微分拓扑。

王国俊教授(1935～2013)：陕西师范大学教授。研究方向：拓扑学、模糊性数学。

张景中教授(1936～)：中国科学院成都分院研究员，中国科学院院士，中国数学会第五届常务理事，在国内外重要刊物发表论文 59 篇，出版专著 7 部，获部省级奖 1 项，攀登计划项目子项目负责人。研究方向：流形上的微积分、动力系统、积分几何、定理机器证明等。

杨路教授(1936～)：中国科学院成都分院研究员，中国数学会理事，在国内外重要刊物发表论文 58 篇，获部省级奖 1 项，攀登计划项目子项目负责人。研究方向：动力系统、距离几何与几何算法、数学机械化。

夏明远教授(1937～)：华中师范大学教授，在国内重要刊物发表论文 15 篇，获省部级奖 2 项。研究方向：组合设计。

顾永兴教授(1939～)：重庆大学教授，在国内重要刊物发表论文 8 篇，出版专著 1 部。研究方向：单复变函数论。

郭顺生教授(1939～)：河北师范大学教授，在国内重要刊物发表论文 13 篇，获省部级奖 2 项。研究方向：函数逼近论、算子理论。

陈怀惠教授(1939～)：南京师范大学教授，在国内外重要刊物发表论文 12 篇，获省部级奖 1 项，出版专著 1 部。研究方向：复变函数论。

张福基教授(1940～)：新疆大学教授。研究方向：图论、组合论。

施武杰教授(1943～)：西南师范大学教授，在国内外重要刊物发表论文 23 篇，获省部级奖 3 项。研究方向：群论、有限群。

郭晓峰教授(1945～)：新疆大学教授，在国内外重要刊物发表论文 28 篇，获省部级奖 1 项，出版专著 1 部。研究方向：组合数学、数学化学、网络图论。

徐道义教授(1948～)：四川师范大学教授，在国内外重要刊物发表论文 24 篇，获省部级奖 2 项。研究方向：复杂系统的动态行为与控制。

这 13 位兼职博士生导师挂靠四川大学期间累计为国家培养了 100 余位优秀数学人才，如今这些学生都成长为数学各相关领域的学术带头人或学术骨干。例如，陕西师范大学王国俊教授挂靠四川大学期间培养了 10 位博士生，他们都成长为模糊数学相关领域的学术带头人。

兼职博士生导师中，施武杰教授与四川大学还有一段渊源：他原来是西南师范大学陈重穆教授的研究生，1981 年于西南师范大学基础数学专业研究生毕业时，因为国家刚实行学位制，西南师范大学基础数学专业还没有硕士点，所以由四川大学接手答辩并授予四川大学理学硕士学位。1987 年施武杰破格晋升为教授，获得博士生导师的资格后，1996 年起又成为挂靠四川大学数学系博士点的兼职博士生导师。

二、推进四川省数学学科建设

刘应明是四川省数学会、四川省系统工程学会及四川省工业与应用数学学会理事长。这些学术团体自然地成为他与四川省数学界人士联络沟通的渠道。他对四川省数学界的人和事都非常了解，因而能够在条件具备、机遇来临时，总是准确而又及时地给予到位的支持。

1984 年，刘应明被国家科委确认为首批国家级有突出贡献中青年专家，以后，四川省相继获得这项荣誉称号的数学家有丁协平、刘旺金、李安民、祝家麟、顾永兴、徐道义等，加上前述博士生导师张景中、杨路、魏万迪、孙琦、孙顺华等，在四川形成了一个水平高、知名度大的新一代学术领导层。他们是“文化大革命”后成长起来的第一批优秀的中青年数学家组成的学术带头人队伍。

到 2004 年，学术带头人的队伍进一步壮大，四川省公布的数学学科学术带头人共 18 位，他们是：刘应明、张景中、杨路、李安民、李中夫、吕涛、罗懋康、彭联刚、徐道义、梁基华、张伟年、孙琦、朱允民、丁协平、张健、黄发伦、马洪、刘裕文。

他们中的代表人物是刘应明和张景中，二人于 1995 年当选为中国科学院院士。

2003 年，四川大学数学学院曹广福教授获首届国家高等学校教学名师奖。这是我国第一次在全国高校开展评定教学名师的活动，全国共评出教学名师 100 人，其中四川省 6 人(四川大学 2 人)。

学术带头人和教学名师队伍的壮大，是四川省数学学科学术队伍建设的重要进展，对四川省高层次数学教育有极大的推动作用。

在本科教育方面，四川大学拥有我国首批基础数学国家级本科人才培养基地，并于 2002 年被评为优秀基地。电子科技大学拥有国家级工科数学课程教学基地。

2008 年 1 月，四川大学与四川师范大学的数学与应用数学专业、成都理工大学的数学地质专业被列为教育部高等学校特色专业建设点。

建设教育部特色专业点，有利于推进高校发挥自身优势，办出专业特色，对于紧密结合国家经济社会发展需要，形成一批急需和紧缺人才的培养基地，以及同类型高校相关专业建设和改革起到示范和带动作用。

在研究生教育方面，1983 年以来，重庆大学、中国科学院成都分院数理室及原成都科技大学等高校和科研单位较早被批准为应用数学的硕士点。

到 2004 年为止，四川省各高校的数学高等教育已达到相当规模。除四川大学具有数学一级学科博士学位授予权外，中国科学院成都分院、电子科技大学、西南交通大学、四川师范大学、成都理工大学、成都信息工程学院、四川师范学院等高校均拥有数学类硕士学位授予权，学科分支包括基础数学、应用数学、计算数学、运筹学与控制论等，四川师范大学还拥有数学教育硕士学位授予权。

2006 年 1 月，四川师范大学被批准成为博士学位授予权单位，并获得基础数学博士学位授予权，电子科技大学获得应用数学博士学位授予权。两校数学学科博士点的设立，增强了四川省数学高等教育的整体实力，使四川省数学高等教育的格局有了大的进步。

2010 年，西南石油大学、西华师范大学、成都理工大学等获批数学一级学科硕士点，成都理工大学数学地质实验室被评为四川省重点实验室。

2011 年，四川大学获批统计学一级学科博士点，电子科技大学获批数学一级学科博士点、统计学一级学科硕士点，西南交通大学获批统计学一级学科硕士点。

2014 年 10 月，西南交通大学成立了四川省首个金融大数据研究院。

2017 年 9 月，四川大学数学学科入选国家世界一流学科建设名单，全国共 14 所高校数学学科入选。四川师范大学数学学科入选四川省一流学科建设名单。

2017 年，四川师范大学和西南交通大学的数学学科都成功获批成为数学一级学科博士点。至此，四川省已有四所高校(四川大学、电子科技大学、四川师范大学、西南交通大学)成为数学一级学科博士点。

2017 年，西南财经大学统计学获批成为一级学科博士点。至此，四川省有四川大学、西南财经大学两所高校成为统计学一级学科博士点。

这表明四川省数学高等教育的分布面已相当广，形成了全省数学工作者群策群力，多渠道、全方位培养高层次数学人才的格局。

上述颇具规模的格局中没有列举重庆市数学界的贡献。事实上，在 1997 年重庆成为直辖市以前，西南师范大学和重庆大学在四川的数学界有重要影响。以成渝两地作为四川数学发展中心的辐射作用非常明显。四川各地的研究方向受其影响甚大，且两地数学界在活跃学术气氛、组织省内外的学术交流方面，起到了主导作用。今后在发展西部数学事业的道路上，川渝两地的数学界将会有更多方面的合作。

* * * * * * *

2006 年 4 月，四川省有 90 多人被列为首批四川省委直接掌握联系的高层次专业技术人才，刘应明和四川师范大学原副校长张健教授是其中两位数学人才。所以，他们二人对四川省数学学科建设的动向和历程都相当了解。张健教授又是四川省数学会副理事长，在一次四川省数学会的会议上，张健教授特别指出：刘应明理事长非常注意四川数学事业的整体发展，他在领导川大数学学院迅速发展的同时，也大力推动了省内各高校数学学科的迅速发展。

刘应明在 2007 年的一份述职述廉报告中也说："自己随时注意结合自己的相关职责和相应学术影响力，为四川省各兄弟院校的研究生教育和学位管理工作以及博士后站设置与建设(我是人事部博士后管理委员会数学专家组的成员与召集人)提供了帮助及支持。"

第四节　心系西部数学事业

一、为推动西部数学事业多方奔走

刘应明有着改变我国西部地区落后状况的强烈愿望。他曾动情地说道："到西部来，给相对贫穷落后地区的生活做出一些改变，把身边的事做好，使这个世界因我而改变一点，我就感到充实，人生就很完满了。"

现在的四川大学数学学科，已成为我国西部各方面实力都是最强的数学研究与人才培养基地，对我国西部数学事业的发展具有独特的重要辐射作用。刘应明还担任了全国除京津沪之外唯一的"高等学校数学研究与高等人才培养中心"主任，不仅持续不断地为西部的科技、经济、军工等领域培养数学人才，而且在全国乃至世界也都建立了相当的影响力。而整个西部的数学发展，其蓬勃的现状，强劲的势头，也早与昔年不可同日而语。

刘应明的可贵之处在于，他不仅为开发西部建言献策，更是身体力行地做了不少实事。

除国务院学位委员会委员等学术职务外，他还从全国人大常委会委员兼教育科学文化卫生委员会副主任委员、教育部高等学校数学与统计学教学指导委员会副主任等职务角度对发展西部数学、推进中国数学事业作出了重要的贡献：

刘应明作为国际学术会议程序委员会主席或会议主席等，在西部地区举办和主持了多次国际学术会议。例如，在成都、西安举办了作为计算机形式语义学基础的 Domain 理论的系列国际会议，很多工作在该领域最前沿的国际著名学者和权威学者都应邀与会；在成都、西藏等地举办了微分几何、辛几何、辛拓扑、微分方程、动力系统、代数表示等一系列国际会议，并积极推动、支持、安排、帮助西部地区数学工作者参加国际学术会议、进行国际合作，大大加强了西部地区对外的学术交流，扩大了西部地区数学工作在全国、在国际的影响。

做全国政协常委或全国人大常委会委员时，刘应明与有关院士、专家一道，分别通过政协常委和人大常委会委员向国家争取到包括西部地区数学基地在内的两次大额经费资助；促使国家自然科学基金委员会数学天元基金对四川等西部地区增加拨款，建立西部教师培训中心，举办“数学之星”夏令营；他还直接担任西安交通大学理学院学术委员会主任、新疆大学“211 工程”建设项目国家验收专家组组长,直接参与陕西师范大学与西北师范大学学科博士点建设方面的工作，等等。

中国数学会第八届、第十届理事长马志明院士说：

“长期以来，他为中国数学的发展作出了重要的贡献；是中国西部地区数学学科建设的杰出学科领导人，为中国西部地区数学人才培养、学科建设、科学研究倾注了大量心血，为全国数学的平衡发展作出了不可替代的重要贡献。

“刘应明院士对中国西部数学的发展是一个坚强的顶梁柱,也是我们许多年轻一代数学工作者学习的楷模和良师益友。”

复旦大学洪家兴院士说：

“他对我国数学教育事业的发展,特别是对西部地区数学人才的培养作出了历史性的贡献。”

二、长期为西部高校数学教师举办培训班

1. 背景

改革开放以来，受地域和环境的影响，西部高校“孔雀东南飞”的人才流失现象很难遏制。作为高等教育和科学研究的重点基础学科的数学学科受到的冲击特别严重。这一现象引起了国家自然科学基金委员会数学天元基金学术领导小组的重视：“必须从根本上培养西部高校的造血功能，努力提高数学教师的科学研究及创新教育水平，固本求源，经过若干年的努力，才能从根本上稳定西部高校的数学师资队伍，培养创新型人才。”为此，数学天元基金学术领导小组从 2004 年起立项对此问题开展研究，依托四川大学国家数学人才基地，开办西部高等学校数学教师暑期培训班实施西部高校数学教师创新能力培养计划。

图 7-16　刘应明出席西部高等学校数学教师暑期培训班开班仪式合影

刘应明既是这项计划的倡导者之一，又是实施这项计划的负责人。四川大学数学学院发挥了西部数学中心的作用。

2. 西部高校数学师资当时状况

21 世纪初，西部高校数学师资面临的普遍问题是：师资科研能力底子薄，学历层次较低，进修提高的机会少。除成都地区稍好外，许多高校数学系具硕士以上学位的师资不足 20%。即使这样，教师进修提高的机会依然很少，主要原因为：

(1) 教学行政经费不足，没钱出去进修；

(2) 教学任务繁重，没时间进修；

(3) 领导担心进修后不回来，不敢安排进修。

以下是 2004 年第一届西部高校数学教师培训班调查数据(参加本次培训班的 83 位教师来自西部 12 个省市区的 70 余所高校)。

图 7-17　刘应明出席第十届西部高校数学教师暑期培训班开班仪式(西北民族大学承办)

表 7-1

学员数	博士学位人数	研究生毕业 (含研修班、在读硕士)人数	本科及以下学历人数
83	2	13	68
所占比例	2.4%	15.7%	81.9%

在培训班期间，主办方还对学员所在数学院(系)的师资状况做了调查，共收回 40 余个单位的调查表，汇总统计了数学类教师 521 人。

表 7-2

统计人数	博士学位人数	研究生毕业 (含研修班、在读硕士)人数	本科及以下学历人数
521	34	126	361
所占比例	6.5%	24.2%	69.3%

基于以上的数据可以看出，西部高校的数学教师状况已经严重地制约了西部高等学校的发展以及数学科学研究与数学人才培养事业，已经不能适应经济发展的需要，更谈不上培养创新型、高素质人才了。

国家自然科学基金委员会数学天元基金学术领导小组的专家们充分认识到这一点，联合国家基础科学人才培养基金，决定实施西部高校数学教师培养计划。

3. 启动

数学天元基金学术领导小组的两任原组长张恭庆院士和马志明院士都是该项目的倡导者，马志明院士先后多次亲临培训班授课。国家自然科学基金委员会数学物理科学部原常务副主任汲培文教授、原副主任周青教授、数学科学处原处长张文岭教授以及许忠勤教授、实验室工作处的谢焕瑛处长，先后多次参加培训班开学典礼、听取汇报、作讲座等。四川大学原校长卢铁城教授、原校长谢和平院士等先后多次参加培训班的开学典礼，关心项目的实施。西部 12 个省市区的教育厅给本项目予以极大的支持。

特别要强调的是，数学天元基金学术领导小组的全体专家们站在数学科学研究的前沿，以科学家的眼光，从培养创新型、研究型的人才出发，指导着项目的实施。从每年培训内容的确定到主讲教师的遴选，都要进行审定，并提出修改意见，同时对每年的培训效果进行评估、验收，确保项目顺利、成功地实施。

4. 措施

针对西部高校数学教师学历层次偏低、科研能力偏弱、学术交流机会缺乏的现状，结合数学天元基金学术领导小组确定的“努力提高数学教师的数学科学研究及创新教育水平”的原则，实施了分阶段培训的方式。

第一、二阶段以数学类本科基础课程为培训重点，辅以数学公众报告为引导。这两阶段主要通过国家级教学名师对基础课程进行示范性讲解、分析，培养学员如何在自己的工作岗位上透彻地把握教材，开展创新性教学，同时激发学员们开展数学科学研究的兴趣。

第三阶段以数学类专业课程为培训主题，通过专题讨论等方式让学员从中认识数学各分支学科的内在统一性，　密切联系实际探讨如何发现或提出数学科学问题，探索解决的方法。

第四阶段以数学类本科与研究生教育的衔接课程为培训主题，辅以数学科学研究前沿报告，鼓励学员选择某一方面开展深入的研究，提高学员科学研究的能力。

首次培训共开设 5 门基础课程：数学分析、高等代数、解析几何、常微分方程、拓扑学，课程示范讲授主要安排在每周星期一至星期六的上午，助教的课程安排在下午前两节，并为学员开设学术报告 17 个。主讲教师中有院士 3 人，国家级教学名师 4 人，“长江学者奖励计划”特聘教授、国家杰出青年科学基金获得者 4 人。

通过一个月的培训，学员们普遍认为数学天元基金、国家基础科学人才培养基金能够拨出一定经费来开展西部高校数学教师培训工作，对西部来讲是雪中送炭，是为西部的高等教育事业做了一件大好事。

5. 社会反响与前 5 期培训班的总体评价

2004 年，第一期西部高校数学教师培养计划刚推出就引起西部 12 个省区市教育厅的极大兴趣，纷纷要求增加名额。在确保培训效果的原则下，由原计划 60 名学员增至 80 名，最终接收 83 名。

2005 年，为满足更多西部地区高校数学教师参加培训的要求，第二期培训班为 90 人，实际正式学员共 96 名，分别来自西部的 73 所高校。

这之后，培训班每年参加培训的学员都在 100 人以上。他们来自国家划定的西部 12 个省市区及山西省的高等学校，中部地区的郑州大学也有教师赶来参加。另外有旁听学员若干名。

前 5 期培训班，先后培训了扎根于西部高校数学研究与教学第一线的教师近 500 人。总体评价如下：

(1) 主讲教师学术水平高，讲课和报告非常精彩。前 5 期培训班共邀请了 101 人次的国内外著名数学家、数学教育专家等为学员开设了 31 门课程或专题讲座，为学员作学术报告 107 个。专家中，中国科学院院士 14 人次，“长江学者奖励计划”特聘教授、国家杰出青年科学基金(A、B 类)获得者、中国科学院“百人计划”

入选者等著名数学家 27 人次，国家级教学名师奖获得者 14 人次，国外著名大学教授 15 人次。

(2) 培训内容主题分明，针对性强，形成了系统的西部高校数学教师创新能力培养的课程体系和机制。

(3) 项目实施促进了高水平教材、课程的建设和交流。

西部高校数学教师培养计划不仅给学员提供了进修、学习、提高的机会，同时也为他们提供了交流学习的平台。项目组邀请的成员中许多都是国家精品课程、国家规划教材项目的主持人，如国家教学名师李尚志、顾沛、陈纪修、邱维声、曹广福、林正炎，以及国家精品课程“常微分方程”负责人张伟年，等等。

共有 17 门国家精品课程或教材以及新编的 12 种讲义在西部高校数学教师培训计划实施过程中得到充分的交流和展示，学员感到能够亲聆这些名师的课程，终身有益。

6. 展望

从 2006 年数据可以看出，参加培训的西部高校数学教师中，博士学位获得者占 2%，硕士学位获得者占 40%，58%的学员仅为本科及以下学历。从参加培训的学员所在单位数据看(该数据为参加的学员现场填写，不完全准确，但能反映问题)，40 所高校 1484 位教师中博士学位获得者占 7.15%，硕士学位获得者占 39.8%，53.05%的学员仅为本科及以下学历。由此可见，培训之路任重道远。

十年之后，随着硕士研究生的扩招，西部高校数学教师的学历层次在不断提高，但是，培训班的调查发现，这些在西部高校工作的研究生大部分是西部本土培养的，仍然需要交流提高。相比西部广大的高校数学教师数学创新能力提高的需求，仍然任重道远。同样地处西部的四川大学，将为培训班的继续举办而努力。

* * * * * * * * *

2009 年，刘应明、王宝富、彭联刚、胡兵、张伟年的项目“西部高校数学教师创新能力的培养”获得国家级教学成果奖二等奖。

2012 年起，西部高校数学教师培训班还得到四川大学教师教学发展中心的支持。该中心成立于 2010 年，是国家级示范中心，主要负责新进教师和青年教师的培训工作，从 2012 年开始支持西部高校数学教师培训班。

到 2019 年，四川大学数学学院共承办西部高校数学教师培训班十六届，学员 1600 余人。培训班每年邀请十多位国内外著名数学家、教育家等为学员作专题讲座或报告。这对于拓宽西部教师的视野、引领西部高素质数学人才及早进入学科前沿，进而促进基础科学人才培养，推动我国数学事业的发展有积极的意义，为我国西部地区高校数学教师的教学能力提升和科研能力提高作出了贡献。

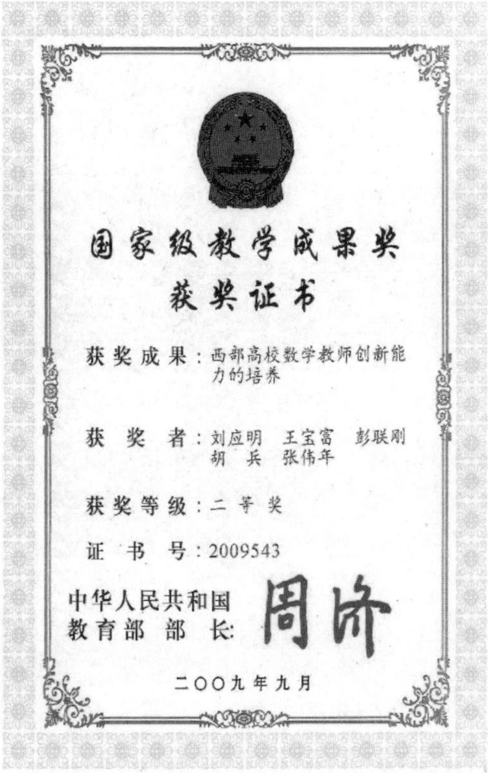

国家级教学成果奖

获奖证书

获奖成果：西部高校数学教师创新能力的培养

获 奖 者：刘应明　王宝富　彭联刚　胡　兵　张伟年

获奖等级：二等奖

证 书 号：2009543

中华人民共和国教育部部长：周济

二〇〇九年九月

图 7-18　刘应明等获国家级教学成果奖二等奖

三、建立国家天元数学西南中心

国家自然科学基金委员会数学天元基金学术领导小组为更好地促进区域数学学科平衡发展，于 2017 年设立天元数学中心项目，该项目以构建交流平台促进合作和研究为主旨，针对若干数学及其交叉领域或专题，通过多个形式的学术交流研讨活动，凝聚相关研究队伍，聚焦科学问题，深化国内外多个领域专家间合作，培养青年学术骨干，引导年轻人进入学科前沿，促进数学与其他学科、数学各分支间的交叉融合，提升我国相关领域或专题的整体研究水平，形成优势研究方向，推动数学学科发展。当年设立了东北、西北、西南三个中心，东南中心一直到 2018 年才获批。至此，四大天元数学中心布局全国。

国家天元数学西南中心的背景是基于国家自然科学基金委员会数学天元基金于 2014 年启动的“交叉融合研究”平台项目。该项目旨在培育具有国际水准的数学交流与研究中心。这项计划实施 3 年以来，四川大学数学学院已连续 3 次获批该类平台项目的建设，在数学交流与合作研究方面取得了显著的成效。刘应明和数学学院的同事们抓住这一历史机遇，努力争取，获准在四川大学建立国家天元数学西南中心。

图 7-19　国家天元数学西南中心揭牌仪式

国家天元数学西南中心成立于 2017 年 12 月 28 日。该中心依托于四川大学，由电子科技大学、西南交通大学、重庆大学、西南大学、重庆师范大学、云南大学、贵州大学、西藏大学共同建设。借鉴国际上知名数学研究所的成功经验与运行模式，按照天元数学中心项目的主旨精神，西南中心将主要围绕基础数学的前沿领域和重要方向及专题，组织或承担由数学天元基金支持开展的各类学术活动，特别是开展以高级专题讲习班和前沿问题合作研究为主的学术活动，培养一批能在基础数学前沿领域开展深入研究的青年学术骨干，促进高水平的合作研究，并期望产生一批具有重要国际影响的研究成果，最终将中心打造成为以基础数学领域为核心，同时辐射多个相关领域的，具有重要国际影响力的，集人才培养、学术交流以及合作研究等功能为一体的科研与交流平台。

国家天元数学西南中心每年将开展 6～10 个月的专题活动，主要是面向国内外的青年数学工作者和研究生举办高级讲习班和研讨会，以构建青年数学骨干培养和交流中心。此外，每年还邀请 20～40 位数学工作者来开展合作研究，主要围绕基础数学前沿的重要课题组成 10～20 个合作研究小组，促成一批具有国际影响的合作研究成果或重要进展，形成合作研究中心。

2017 年 12 月 28 日，国家天元数学西南中心成立暨揭牌仪式在四川大学数学学院举行。有关报道摘录如下：

国家自然科学基金委数学天元基金学术领导小组组长、中国科协副主席、中国数学会理事长、国际工业与应用数学联合会主席袁亚湘院士，国家自然科学基金委数学天元基金领导小组副组长、国家自然科学基金委原副主任、北京大学原副校长王杰教授，国家自然科学基金委数学天元基金领导小组成员、中国科学院数学研究所原所长、中国数学会原副理事长周向宇院士，国家自然科学基金委数学科学处处长雷天刚教授，校党委书记王建国，副校长许唯临、李蓉军，以及国家自然科学基金委相关部门负责人、数学天元基金领导小组成员、各兄弟院校相关负责人出席了仪式。国家天元数学西南中心负责人、四川大学数学学院李安民院士主持仪式。

王建国首先代表四川大学对各位与会领导和专家表示欢迎，感谢国家自然科学基金委、数学天元基金领导小组及各位专家多年来对四川大学的大力支持。他指出，数学学科是非常重要的基础学科，对于培养一个民族的逻辑思维能力，推动国家科技进步、经济发展具有极其重要的作用。国家天元数学西南中心的成立对于凝聚智慧、探索数学发展规律，推动数学学科发展具有极其重要的意义。他表示，四川大学是国家布局在西部的高水平研究型综合大学，建设世界一流的数学学科是学校建设世界一流大学的重要内容。学校将大力支持国家天元数学西南中心的建设，努力将中心建设成为国际领先的数学学科人才培养中心、科研创新中心、学术交流合作中心，为建设数学强国作出川大应有的贡献。

袁亚湘表示国家天元数学西南中心在四川大学成立是中国数学界的一件大事，是国家自然科学基金委数学天元基金领导小组贯彻党的十九大精神、促进西部地区数学学科发展的重大布局，是以川大强大的数学学科实力为基础的重要国家级科研平台。希望西南中心作为国家首批三大中心之一，不断发展壮大，建设成为具有国际影响力的数学中心。

雷天刚表示川大对国家数学天元基金的发展作出了巨大贡献，川大的数学学科在国内数学界有举足轻重的地位，相信在川大和国家数学天元基金的大力支持和共同努力下，中心一定会不负重托，为国家数学科学的发展作出重要贡献。

在成立仪式上，王建国和袁亚湘共同为国家天元数学西南中心揭牌。国家天元数学西南中心是国家自然科学基金委资助的项目，依托四川大学，旨在立足大西南、辐射全国、面向国际、围绕基础数学前沿领域和重要方向构建具有重要国际影响的“双中心”。中心将主要围绕基础数学的前沿领域和重要方向或专题，组织或承担数学天元基金开展的各类学术活动，特别是开展以专题高级讲习班和合作研究为主的学术活动，大规模地培养能在基础数学的前沿领域开展深入研究的青年学术骨干,促进高水平的合作研究并产生一批具有重要国际影响的研究成果，最终建成在基础数学方面具有重要国际影响的青年学术骨干培养和学术交流中心，以及合作研究中心。此次西南中心在川大成立，是对川大数学学院和数学学科的重要肯定。

上述报道中，国家自然科学基金委数学科学处处长雷天刚教授所说“川大对国家数学天元基金的发展作出了巨大贡献，川大的数学学科在国内数学界有举足轻重的地位”实际上也是对刘应明卓越贡献的高度评价。

第三篇

桃李春风，教坛宏图

作为教育家，刘应明在大学人才培养方面卓有建树：早在 1989 年，他就被评为全国优秀教师，曾三次荣获国家级教学成果奖，于 1998 年获宝钢教育基金会优秀教师奖特等奖；他从 1990 年教育部高等学校教学指导委员会开始创立即任委员，1995 年起任国家教委高等学校数学与力学教学指导委员会副主任；还担任了全国高校教学研究会数学学科委员会主任、教育部高等学校数学研究与高等人才培养中心主任、全国博士后管理委员会“数学与系统科学”专家组召集人、中国学位与研究生教育学会副会长兼四川省分会会长等职，在全国数学等学科的教学改革、教材建设、教学评奖和教师队伍培养等方面作了一系列贡献。

刘应明是一位视野开阔的教育家，他的教育活动涉及教育领域的诸多方面，从全局的教育统筹安排到具体的教育项目管理实施，从青少年数学英才的培育到数学高端人才的培养，他都有不俗的建树。

刘应明认为，人才的成长不单是教师严格要求逼出来的，而主要是教师引导学生自己领悟出来的。他经手的不同层次的教育活动的共同特点之一，是引导学生学会如何做学问，如何做人。从教育目的上说，教育不仅是教你做个文学家、数学家，教育首先是教你做人，做个能独立思考、有分析问题能力的人。所以他特别注重调动学生的学习主动性，养成独立思考问题和锲而不舍地研究问题的习惯。共同特点之二，是每一个环节都要精心设计、认真执行。这在本篇中刘应明谈研究生教育部分，刘应明领导的团队关于建设数学本科人才培养基地和实施珠峰计划部分，以及开展数学普及，从青少年中培育与发掘数学英才部分，都有具体的介绍。

基础数学
应用数学

第八章　刘应明的教育思想侧记

数学家不等同于数学教育家，更不等同于教育家。然而，刘应明便可称得上三者兼备。他是数学家，这是公认的；说他是数学教育家，其培养了一批杰出的数学人才便是最强有力的佐证；称其为教育家也无可厚非，其致力于四川大学、四川省乃至西部、全国的人才培养，做出了诸多有益且积极的工作。本章收集、整理了刘应明关于教育的部分论述，从一定程度上体现其教育思想，由于材料所限仅为侧记，但也能充分显示其作为教育家的高瞻远瞩与开阔视野。

第一节　教师——令人羡慕的职业

刘应明一直秉承“尊师重教”的中华传统，不仅自身是这样践行的，也是这样倡导与传承的。1985 年，第六届全国人大常委会第九次会议通过了国务院关于建立教师节的议案，确定了 1985 年 9 月 10 日为中国第一个教师节。同年，四川省暨成都市庆祝召开了本省第一个教师节大会，刘应明被评为先进教师，并以代表身份作了题为“教师——令人羡慕的职业”的发言。以下为部分内容摘录。

图 8-1　刘应明在学院办公室

各位领导和代表同志们：

教师是由来已久的职业，尊师也是我们民族的可贵传统。放眼神州，千行百业，大概至今也只有教师等不多的职业有自己专门的节日。所以，教师节的设立说明了教师工作在当前时期的重要性，反映了党和人民对教师的巨大关怀和殷切期望。今天，我们欢聚一堂，庆贺首届教师节，心中无比温暖，同时也感到责任重大。

我是四川大学数学研究所一名教师。在 1978 年以前长期从事大学基础课教学，近几年在开展科研工作的同时，着重培养硕士生和博士生。从十一届三中全会至今不过六七年的时间里，我从一个普通的助教成了全国人大代表、国家自然科学奖获得者、拥有博士学位授予权的教授。今年初，又受聘为国务院学科评议组成员，参与博士生导师的审批工作。最近四年，我连续四次出访法、美、日、比利时和西班牙等国，参加学术会议，进行讲学活动，得到国际同行的较好评价，在美、法等国外刊和七本国际会议会议录中发表了十几篇论文。担任了美、法、德、荷、比等国五种数学刊物的评论员或编委，在国内数学界及全国性的数学学术刊物中也担任了一系列职务。今年 6 月，美国马奎斯出版社《世界名人录》(*The Marquis Who's Who Publications Board*)第八版(1986 年)编委会主编赫斯特来函称"鉴于您学术上成就已被本编委会提名为 1986 年版的《世界名人录》的候选人，敬请填写自传表格"云云。抚今追昔，感慨万千，我不能不由衷地感谢党的政策的英明、正确和伟大，不能不由衷地感谢哺育我成长的人民、组织和师长。

记得 1963 年我从北京大学毕业之后，也做过一些较有意义的研究工作，但很快就卷进被批被斗的行列，尽管自己于被批斗之余，还抓紧读书，但环境所致，已成为散兵游勇了。到 1975 年，邓小平同志主持中央工作，我们才有条件在校系组织的支持下，在已故的学部委员关肇直教授鼓励下，开展了不分明拓扑学研究，并取得一系列成果。但直到"四人帮"垮台，我们的工作才得到应有的估价。经过中国科学院、北京大学等单位专家的鉴定，认为我们的工作"奠定了不分明拓扑学基础"。研究论文在美刊发表后，美、日等国专家把它归属于"这一方面世界上最高水平的工作"。我们因而获得了 1979 年四川重大科技成果奖和 1982 年全国自然科学奖。紧接着我又投入了"不分明拓扑学中代数问题、嵌入理论、不分明凸集与邻属关系"这一新的课题的研究，其成果已在美、法等外刊和《中国科学》《数学学报》上发表，同行专家认为这些成果在这一领域中"开辟了崭新的研究方向"，"在国内可以说是最高水平的，在国际上也可以说是第一流的"。这一工作已获四川省 1983 年重大科技成果奖。《中国百科年鉴》也把这一工作列为我国数学方面的优秀成果加以介绍。今年 3 月的全国科技工作会议上，在科学院科学基金会提供的报告文件中，把我们的工作列为比较有代表性的八项成果之一。很明显，没有党的正确领导，没有组织、老师和同志们的支持，光靠我个人努力是无法取得成功的。

几年来我在教材建设等方面也做了一些工作。我为人民教育出版社审定了《一般拓扑学导引》等三本教材，为上海光华出版社选辑了《国外拓扑文选》三卷共一千二百页，具体主持了《中国大百科全书》中一般拓扑学条目的编写。我已培养了 8 名硕士并正在培养博士生。最近，我的博士生在加拿大国际会议上报告了我们合作的论文，也得到好评。万紫千红才是春，我要在培养学生、发掘人才方面做更多的工作。胡耀邦同志说过：教师的职业将成为令人羡慕的职业。我想，从教师本身角度看，只有我们出色地培养出社会主义四化建设所需大量人才，只有我们在提高我们民族素质上做出更大贡献，教师的职业才会最终被确认为令人羡慕的职业。关于这一点，尚要我们广大教育工作者共同努力，在党的领导下，在各行各业的支持下，我相信在不太久的将来一定会实现的。

第二节　数学教育，关乎个人与国家

刘应明非常重视数学育人，他自身的成长经历使其深刻领悟了数学的重要性，以及数学教育的重要价值。本节主要收集、整理了刘应明关于数学高等教育的相关论述，其数学育人之思想观，可以从他和熊华鑫、白苏华共同撰写的《我国数学高等教育面临的挑战和对策》一文中直接感受到。该文收录在严士建教授主编的《面向 21 世纪的中国数学教育》(1994 年)一书中，以下为全文：

20 世纪末，新世纪即将来临，人们很自然地会从各自的角度来回顾过去，展望未来。作为大学的数学工作者，我们愿就数学的高等教育问题谈一点看法。

一、我们面临的挑战

人们较为一致的看法是，21 世纪将是一个高技术的时代。高技术的发展需要一个坚实的知识背景，这其中，较高的数学水平当居首位。钱学森教授说："数学的发展关系到整个科学技术的发展，而科学技术是第一生产力，所以数学的发展是一件国家大事。"这不仅道出了数学对于振兴中华的重要性，还道出了发展数学的紧迫感。

面向国际社会，面对 21 世纪的挑战，中国数学教育面临的重任，首先应当是提高中华民族的数学素养，及让中国的数学科学率先赶上世界先进水平。

在现代社会中，数学素养的重要性集中体现在两个方面。一是数学几乎成了一切领域的知识基础。不仅仅是科学技术领域，数学知识还随着计算机、科学管理与决策手段等，广泛地渗透到各行各业。近一二十年有几位数学家荣获经济学方面的诺贝尔奖即是有力之例子。因此，没有足够的数学知识，可以说是举步维艰。

再者，数学素养直接影响到人的能力。社会的高效率和快节奏，对人们的思维能力及归纳与解决问题的能力必然有更高的要求。一个能力甚强的佼佼者，必须具有足够的活力，思维清晰，反应敏捷，能深入地把握现象中的数量关系，随时“心中有数”。这些都以较高的数学素养为前提。

广大的接受高等教育的国民，必然是发展科技、建设国家的中坚力量。在高等教育中注意提高学生的数学素养，确乎是一项重要的任务。

让中国在21世纪成为数学大国，这是陈省身教授极力提倡的，也是颇为现实的。这个先行的责任落实到大学上，就是要培养跨世纪的优秀数学人才，赶上世界先进水平。在国家的发展进程中，基础科学还起着知识储备和先行的作用，以保证发展的持续稳定和足够的后劲。从这一作用来讲，发展数学这个最重要的基础科学，无疑是具有战略意义的。发展数学的前提是高水平的数学教育，否则，对后世的贻误和损失将是无可估量的。

二、数学教改对策数则

教育本身是为社会的发展与进步服务的，它与社会的动向息息相关。因此，与当前改革开放的思路一致，数学教育改革工作中，首先应有意识地逐步形成一个既能进行宏观调控又能充分调动各方面积极性的格局。在这样的格局下，数学教育才能有效地运转，并有一定的自我完善能力。其次是一定要有紧迫感，要从现在抓起。有不少工作现在就应该做，也是可以做的。我们便是按照这样的思路来考虑数学教改对策的。

(一) 以社会需要为经，培育数学素养作纬，来编织数学高等教育的格局。

高等教育应把为经济建设主战场服务放在首位，按社会的需要来塑造人才。数学高等教育的格局，也应当按照这样的思路来设计。

1. 办学形式动态化。近年来，随着改革开放的深化，为适应社会需要，大学的办学形式(如招生、学制等)已渐趋多样化。这是一个可喜的变化。然而，在社会主义市场经济的环境里，社会的需要变化甚快，办学形式也应当及时地跟着变。这样，培养出来的学生才有较强的针对性，学校也才能办得有生气有活力。要做到这点，必须让各地区、各高校能够主动灵活地选择办学形式。自然，这不单是数学教育的问题，整个高等教育也应如此。

为了较长远的利益和高层次的需要，除了灵活地选择研究生、本科、专科乃至培训班等方式来实施更有针对性且更见实效的数学教育外，还应较放手地扩大以数学为第一学位的双学位教育，并加强非数学专业研究生的数学教育。

2. 知识与能力并重的教学原则。对于不同的施教对象，传授的数学知识虽然不同，但无论何种水平的数学教育，都应把培养学生的数学素养作为教学的重心。因此，在传授知识的同时，必须加强数学思维的训练，并培养学生解决问题的能力和创新能力。

大学的数学教育目标，应是为学生构筑一个相对完整的数学知识框架。在这个框架中，我们教给学生的只是最必要的数学知识。而学生有了数学知识框架之后，便有能力随时按自己的需要来充实更多的知识。鉴于数学科学的系统性特别强，所以构筑数学知识框架对增强学生的学习后劲和主动学习的能力尤为重要。基于这一点，教学计划宜采用粗线条。只规定必要的基础知识系统和最实用的数学知识(例如与计算机和科学管理有关的数学知识)就足够了。

通过数学教学来培养学生的能力，最基本而又可行的做法便是加强习题课的作用。这要求做到尽可能少讲多练，让学生自己动手动脑，独立地应用学到的知识去解题。有效的解题训练，不仅可以使学生深入理解所学的知识，还能通过对各类问题的分析、研究及寻求解法来培养学生的思维条理和创造力。此外，课堂讨论和初步的科研训练也是很有效的。

强调能力培养，对教师的业务水平和责任心都有更高的要求，这正是做起来的困难之处。

3. 培养奋进的意志。高等学校不仅是传授知识的殿堂，尤其应当成为这样一种环境，在其熏陶之下，学生的眼界日渐开阔，对科学更加热爱，事业心也逐步增强。这就是说，要培养学生的奋进的意志。

首先应开展多种形式的课外学术活动，为学生提供展示自我才能的机会。例如，可以举办大学生课外科技活动和数学竞赛活动。其中，数学竞赛的好处甚多。把学生推向公平竞争的舞台，有利于客观公正地选拔优生，及早发现人才。再者，我们培养的数学人才，今后必将到国内外的数学舞台上去与同行们一较高低。及早让他们具备竞争意识，感受到不进则退的压力，自觉地作不懈的努力，对于锤炼他们的意志大有好处。

其次，应让学生具有开阔的眼界和明确的目标。这要求他们对数学的历史和现状有基本的了解。在当前，大学的数学系中对这方面的教育却甚薄弱，这是很不利的。因此有必要加强数学史的课程，并以系统的讲座向学生介绍数学学科的现状。否则，学生的眼界不开，知识又囿于一隅，终将难成大器。事实上，了解数学发展的历史，可以使学生胸襟开阔，能以史为鉴，随时校正自己奋进的道路。了解数学现状和学科全貌，可以使学生关注数学发展的主流和趋势，才有眼光选择有价值的研究方向，才能做出开创性的成果。

(二) 集中力量，培养跨世纪的数学英才。

如果说，在大面积的数学教育问题上，必要的分散和灵活多样的办学方式更能适应多方面的需要。那么，在培养跨世纪的优秀数学人才这个涉及面较小的问题上，也许更见实效的作法还是集中国内的人力物力来办事，同时加强国际交流与协作。这种设想的依据是：

1. 符合国情。毫无疑问，培养高层次的数学人才必需高水平的教师队伍和较好的办学条件。就我国的现状来看，高水平的数学教师毕竟不多，大部分地区和多数大学的师资力量都是不够的。但把全国的力量汇总起来看，可以从中组织出若干支实力甚强的高水平教师队伍。这样的队伍完全有能力使学生在数学知识的广度和深度上都受到足够的教育，完全有能力引导学生较早地进入研究前沿，使之尽早成才。

关于办学条件的问题也一样。高层次的数学教育对经费、图书和设备等的需求较高，如果在国内设置若干个点，把经费集中起来重点投入使用，就国家财力来说，是可以满足需求的。事实上，接受高层次数学教育的学生宜少而精，人数不会太多，这样做也足够了。否则，经费投入面过宽，不仅增加国家的财政负担，弄不好大家都吃不饱，反倒于事无补。

2. 已见雏形。近年来，国家在集中力量用于培养高层次数学人才方面，已有一些很有意义的举措。例如，国家教委关于建设国家理科基础科学研究与教学人才培养基地的工作：挑选代表我国先进水平、在国内有重要影响和起骨干作用的专业点，以人才培养基地的方式予以重点扶持，旨在从本科生入手，持续稳定地为国家培养优秀人才。现在已有九所大学的数学专业被列为基地。又如，从 1984 年起连续九年举办了全国数学研究生暑期教学中心，这个中心的主要任务就是每年举办一次面向全国数学研究生的高水平教学活动。这种方式较好地体现了集中力量办学与争取国际力量协作的意图，可以弥补单独一所大学的不足，使研究生能更全面深入地向第一流学者学习在本校学不到的重要课程,及早把握学科主流，进入研究前沿。此外，科学院数学所和南开数学所都已举办了若干个数学分支的学术年活动，均有显著的效果。

这些举措不失为有远见的成功之举。它意味着，立足国内、集中力量培养跨世纪数学英才的做法已见雏形，是可行的。我们应当把这些举措加以发扬，特别是在选拔苗子、研究生的后期教育以及与国际数学教育科研接轨等方面出台新的改革方案，配套完善，逐步形成相对固定的格式，能为不同起点的、有志于发展我国数学事业的青年提供深造的机会，这必将收到显著的效果。

3. 有利于国际合作联合培养人才。我们有能力培养出在国际中学生数学奥林匹克中连续夺冠、一领风骚的数学尖子，证明我们拥有素质一流的人才。但在数学的高层次教育和研究领域，较之国际水平则有明显的差距。从这个角度来看，我们在后一教育环节尤见薄弱。

造成这一薄弱环节的原因，除了起步晚、基础差等因素外在很大程度上是吃了闭塞的亏。科学是无国界的，要达到国际先进水平就必须让我们的数学教育和研究与国际潮流接轨，特别应让青年人有机会接触世界一流的数学家，及早进入学科前沿去工作。这对他们的成长是至关重要的。

要做到这一点，自然必须“走出去”与“请进来”并举。改革开放十多年来，我们“走出去”的留学人员成长甚快，对国内数学水平的提高促进甚大，这是应当充分肯定的。在今天，从弥补薄弱及提高效益的需要而论，在国内营建能培养一流数学人才的基地，已经提到了日程上。因此，似乎更应当注意“请进来”的这一方向。在国外，我们有一批人数不少、实力颇强的留学人员队伍和华裔数学家，这是很可借助的力量。若能集中力量、统筹安排，有计划地邀请他们和各国的优秀数学家来国内讲学，联合培养数学人才，假以时日，必可形成成就数学英才的若干个中心。那时，我们的数学教育才算得上是完善的、先进的。

(三) 数学人才问题。

培养数学研究人才总是要通过研究工作和导师的指引来进行的。研究水平的高低，以及导师的眼光、治学风格等，直接关系到培养工作的质量。另一方面，数学人才的作用是多方面的，如何协调理论研究与应用之间的关系，使他们的作用得以充分发挥。这些都是必须解决的问题。因此，我们有必要结合人才问题来讨论数学研究和数学教育的改革。

1. 增强研究工作的活力。长期以来，在相当一部分数学工作者中，不同程度地存在着研究领域偏窄并且长期不变的状态。这种状态必然影响研究工作的活力，对教育工作也很不利。事实上，在数学发展的进程中，各分支领域的界限并不是一成不变的。倒是它们的互相渗透与交叉，往往产生很好的成果，推动着数学科学的发展。反之，如果研究方向偏窄而又长期不变，即使有好的开端，也很难继续做出好的成果。而且往往导致知识老化，研究的课题意义不大，这当然是不妥的。

改变这种状态的较容易入手的途径，是直接从培养研究人才的工作抓起。例如，注意扩充学生的知识面，使其不仅在某一个方向深入钻研，还要熟悉几个相关分支的内容，从而具备在较广的领域从事研究工作的能力;尽可能安排学生向多位导师学习，以集各家之长;培养学生的学术见解和眼光，提倡做实质性的研究工作，而不要急功近利去搞简单的知识平移或拼接之类的平凡工作，等等。青年人的可塑性甚强，及早引导他们走上正轨，他们的研究工作必然是充满活力的。

这里还应强调指出，一个学者多年的研究兴趣往往不易更动，但要提倡一种风气，使导师能放手(甚至主动)引导学生走向更有生命力的相近方向。实践证明，这种胸襟不仅对学生的成长极为有益，最后也使导师在学术上更上一层楼。

2. 改变既缺乏数学人才又浪费数学人才的局面。不包括中学教师在内，我国数学工作者的总数并不算少，他们大都集中在大学或研究机构里。由于体制的局限，他们的工作岗位多年固定不变。随着情况的变化，有相当一批人难以从事数学研究，但却有能力做较好的数学应用工作。他们在大学或研究机构里不能充分发挥作用，实属浪费。另一方面，在经济建设的各个领域及诸多的技术部门，又十分缺乏具有较高数学知识的人才。这种状况，造成了国家既缺乏数学人才，又浪费数学人才的局面。因此，改变这一状况是势在必行的。我们也可以仿照“稳住一头，放开一片”的原则来拟订改革办法。

所谓稳住一头，是挑选一批既有能力又有雄心的数学工作者，组成精干的数学研究基本队伍，为他们创造好的工作条件和生活条件，使之集中精力做前沿的研究工作。同时，不断地充实新生力量，并对这支基本队伍进行动态管理。

所谓放开一片，就是要放手让更多的数学工作者真心实意地投身到经济建设中去。他们可以从事各种数学应用的工作，也可以转行成为具有较高数学素养的其他领域的专家。放开一片的用意是向其他领域输送数学基础好的人才，仅当他们有了研究数学课题的需要时，才会回过头来搞数学研究。

这样做的好处是，不同情况的数学工作者都能找到实现自身价值的施展才华的岗位。同时，也能为数学教育的全方位改革开路。

参考文献：

[1] 刘应明，熊华鑫，白苏华.我国数学高等教育面临的挑战和对策//严士健主编.面向 21 世纪的中国数学教育. 南京：江苏教育出版社，1994：196-204.

第三节　让数学从幕后走向前台，让数学更贴近生活

刘应明曾为成都七中数学教研组原组长王希平主编的《高中数学应用问题指南》作序言(1998 年)：

一个学生从小学念书到中学毕业，有一门课是年年都要学的，那就是数学。这种课程设置在世界各国都一样，数学在基础教育中的地位可想而知。常言道：数学是大脑的体操，训练人们进行精密的思维。在当今信息社会里，数字化技术的用途十分广泛，数学的巨大作用就更加明显。

随着社会的迅速发展，数学教育改革已成为世界各国的热门话题。人们对改革已达成共识，这里，真正需要研究的实际上是改什么和怎样改。

当前，人们谈论得很多的是知识经济时代的来临。知识对国家经济和社会的发展起着至关重要的作用。这方面，计算机、信息网以及各种高新技术的作用比较容易看到，而作为其理论支撑的数学等基础科学的作用就不那么容易为大家所了解了。我们当然可以说：台前幕后，那不过是一个事物的两个方面而已。不过，对于年纪尚小的青少年而言，告诉他们数学如何有用，总不如让他们自己去体会一番数学的用途来得有效。如果学生能够自己动手用数学知识去解决几个问题，哪怕是很简单的问题，那么，数学在他们心目中的价值以及他们对数学的兴趣就会显著上升。而且这样做对于培养他们的创新意识等等，也都是十分有益的。近年来，我国中学教学界开展的数学知识应用活动就是在这方面的一个很好的尝试。

成都七中戴高龄、王希平等同志在数学知识应用方面开展了一项很有意义的

教改研究："数学建模理论在中学课内外的实践与认识"，这项研究是全国教育科学"九五"规划国家教委重点课题的子课题。他们在深入研究之后编出了《高中数学应用问题指南》这本书。此书从青少年生活中常见的问题入手，从建立数学模型到解决问题，系统介绍了多种数学知识的应用，颇多新意。

我愿意向读者推荐这本书，它可以作为高中学生数学知识应用活动课的讲义。此书还有一个特色是把分散在教材中的应用问题汇集起来，加以充实完善，因而它也是教师开展数学课外活动的一本内容丰富的资料。

中学数学建模竞赛，数学知识应用活动，这是中学数学教学改革的一个方面。我想，探讨数学教育在这方面如何进行改革，当然也就是这本书的意图，希望我们大家共同努力。

让数学从幕后走向前台，让数学更贴近生活。

第四节　数学是无声的音乐、无色的图画

刘应明曾为西南大学宋乃庆教授主编的《小学数学文化丛书》作序，评其"惠及子孙，功德无量的大胆尝试"：

数学历来是理工科学的基础；进入信息时代，计算机科学、大数据科学、模式识别、互联网网络、通信与安全、数据挖掘等更无不与数学息息相关。在人文社会科学领域，名称就冠以某某数学的经济数学、金融数学等学科不说了，语言学结构、历史学的历史分期、文学名著版本真伪鉴定乃至政治军事的运筹决策也都不同程度地使用着数学思想与方法。顺便指出，美国最权威的职业排行榜评估网站 Career Cast 公布了 2014 年的十大最佳和十大最差职业榜单，数学家登上最佳职业榜榜首，而伐木业、报纸记者等行业则屈居"十大最差"职业榜末。应该指出十大最佳职业榜单上，有半数职位和数学有关，分别是数学家(首位)、统计员(第三名)、精算师(第四名)和计算机系统分析员(第八名)。数学之为用大矣！但许多学生及其家长都视学习数学为畏途，这是很大矛盾，也是很现实的问题。看来这个数学教育重大问题要从小抓起，日积月累，课内课外，方可解决。

西南大学宋乃庆教授和他的老师与前辈——著名的数学家陈重穆、王秀泉等教授曾一起编过 8 套中小学数学教材，对我国小学数学教育实践与研究作用巨大。现在宋教授把视角移向课外，并用学生喜闻乐见、图文并茂的连环画形式，从游戏、生活、健康、环境、经济、历史乃至艺术等十个领域，精心挖掘编纂，主编了这套《小学数学文化丛书》科普读物，比较符合小朋友的心理特征和认知发展规律，现已改编为与小学三至六年级数学教科书同步的课外读物。我相信这是启迪孩子学习数学的重要一步。

1957～1963，我在北大读书时，数学力学系就流传数学是无声的音乐、无色

的图画的说法。后来浸淫之中，渐有感悟。但数学毕竟是抽象的，要做到这一步，并非易事。现在，有了这套连环画形式科普读物，我相信不少孩子也会感到“数学好玩”；要知道这是华裔最大数学家陈省身先生的名言。只有感到好玩，才会聚精会神，学习、思考、研究以至创新，才会逐步前行。从这种角度看，宋教授编著这套丛书是惠及子孙，功德无量的事；这在小学数学教育上也是一个大胆的尝试。

这套科普读物无疑是送给全国小朋友与他们家长的最好礼物，它是推动我国小学数学素质教育发展的催化剂。最近，它已荣获重庆市优秀科普图书奖；有鉴于此，重庆市还将有关小学数学文化图书的编写与实践探索列为市教育科学规划重大课题，花力气，进一步推动这方面工作。我衷心希望小学数学教师能用好此书，家长朋友能关注此书，小学生能从中感受数学的魅力并喜爱数学。

第五节　记者访谈数则

一、大学，首先要培养能独立思考的人

2012年，一个春寒料峭的上午，四川大学新闻中心记者怀着忐忑的心情，敲开了刘应明院士的家门。“你们好，我一直在等你们呢。请坐，我给你们倒水……”刘院士的和蔼可亲让记者少了一份不安，多了些许温暖。采访就这样开始了。

1. 教育是一个熏陶的过程

众所周知，刘院士是位数学家，其实他还是教育家。谈起大学教育，刘院士说：“‘十年树木，百年树人’，这说明教育即树人，是一个熏陶的过程，需要一个很好的环境慢慢培育。这个环境，就是学校的风气，校风、教风和学风。风气能孕育人，环境会很大地影响人。因此，把学校的风气抓好非常重要。”良好风气的形成不是一朝一夕的事情，它是在长年累月的积累和坚持中慢慢形成的。怎样建设良好校园风气呢？刘院士认为，最重要的是“身教”“学为人师，行为世范”，学校领导和教师的以身作则、谨守善工、爱岗敬业比多少说教都有效。此外，对校园中的不良风气要坚决抵制，并制定严厉的惩罚措施。“在古代的科举考试中，舞弊可是杀头的大罪，更甚者要诛九族。学校对不良风气的始作俑者要严厉惩处，才能起到警示、震慑的作用，才能形成和维持良好的校风。”刘院士说。

2. 能做好教师是了不起的事情

刘院士当选过两届全国人大代表、两届全国人大常委会委员、两届全国政协常委，有众多头衔，但他最看重的是“教师”。他说：“能做好一名教师是件了不

起的事情。‘德高为师，身正为范’，教师应该用言行来影响和熏陶学生。要做好一名教师，首先，自己要有高的水准，有扎实的专业基础，因为只有高水平的教师才能教出高水平的学生；其次，教师要有开阔的国际视野，学术科研要和国际接轨，教书育人的培养理念也要向国际看齐；第三，教师一定要有高度的责任心，对学生严格要求，只有这样，才能培养出好学生。”

刘院士曾在四川大学数学系教授基础课与公共课近二十年，也是当年我国最年轻的一位博士生导师。他培养了一大批优秀的学生，其中不乏教育部“长江学者奖励计划”特聘教授与讲座教授、国家杰出青年科学基金获得者、国家基金重点项目主持人与全国优秀博士学位论文获奖者。刘院士认为，教育不仅是教你做个文学家、数学家，教育首先是教你做个能独立思考、有分析能力的人。因此，大学教育重要的不是灌输，而是启发，一味地灌输会抹杀掉学生的主动性和个性。同样的一堂课，水平不同的教师讲授，效果差别很大。比如，面对一个有四种解法的问题，有的教师会在课堂上把四种解法全部的难点都讲得非常清楚详细。这就好比把嚼碎了的东西喂给学生吃，不少学生很喜欢，也容易吸收。但是，很明显，这样的教学方法虽受到大多数学生甚至教学主管部门的欢迎，其实是不好的教学法。这种方法没有激发学生主动思考，也不能启发学生的思维。

谈到这里，刘院士讲了20世纪50年代，我国著名数学家陈建功在复旦大学上“函数论”的一个故事。陈建功老师有一次在课堂上遇到一个复杂的问题讲不下去了，一个重要的定理无法证明。陈老师在黑板上，尝试各种方法来解决，一种方法不行，擦掉，再不行，再擦掉……就这样，他把试图解决问题的思路和思维，完完整整地展现了出来。很多学生事后说，这是他们在书本与论文中绝对看不到的。一堂课的教学计划没有完成，但他们具体见证了分析与解决问题的过程，是最有收获的。

“遇到这种问题，最能体现老师的学术功底，这种教学方式也是学生最受益的。‘师者，所以传道授业解惑也。’对学生来讲，重在解惑，解惑不是简单地告诉学生原因和结果，而是培养学生发现问题、分析问题、解决问题的能力。正所谓‘授人以鱼，不如授人以渔’。”刘院士语重心长地说。

3. 大学生应该有社会担当

大学是培养国家栋梁的摇篮。提到对大学生的建议，刘院士说：“‘国家兴亡，匹夫有责’。大学生应该有社会担当。”他认为，大学生首先应该真正树立为国家、为人民作贡献的理想。这样才能真正静下心来，好好读几年书，学学本领。其次，要树立正确的人生观，实实在在，尊重自己，尊重别人。另外，还要抵制社会上的物质诱惑，充实自己的精神世界。“现在学生都有些浮躁。”刘院士一语破的，“原因有两个，第一是社会风气本身浮躁，第二是学生面临就业这些现实的压力，但和我们那会儿比已经好多了。”

在刘院士的大学时代，正值国家经济与民生最艰难的年头，学生们即使食不果腹也还拼命读书。这段艰苦岁月中发奋读书的经历培养了刘院士追求真知、勤奋刻苦的品质。即使现在身为院士，他还是住在川大校园竹林村的教师公寓里，过着青灯黄卷、皓首穷经的生活。“人睡觉的床也不过七尺长，住那么大的房子干什么呢？说实话，住多大的房子，开多高级的车不是什么了不起的事情。什么‘宁可坐在宝马车里哭，不愿坐在自行车上笑’，好滑稽的事情嘛！”刘院士正色道。

现在大学生的择业期望值普遍很高，许多学生都很期待在大城市有体面而高薪的工作，中小城市和农村都是“退而求其次”的无奈之选，这与城乡差别拉大有关，或可理解。而20世纪60年代，“到祖国最需要的地方去”却是最响亮的口号。1963年，刘院士从北京大学数学力学系毕业后，来到了四川大学工作，一干就是近五十年。正如刘院士所说：“那个时代，我们这批人吃了不少苦，不过从中也知道了很多人生的道理。并不是北京这个舞台才是舞台，其他地方就英雄无用武之地。到西部来，对西部相对贫穷落后的生活方式做出一些改变，把身边的事做好，使这个世界因我而改变一点点，人生大概就比较完满了。”

二、谈数学，谈做学问

1. “数学是人类的文化宝藏”

2010年10月，刘应明受邀出席福建省首届数学大会期间，面对记者提问，生动地谈到了学习与研究数学的意义。

当记者提到文科生、艺术生是否要学习数学的问题时，刘应明院士耐心地询问了记者们每一个人的专业，他对学人文的记者说：“没必要强求搞文学艺术的去学数学，但是社会科学，非常需要数学模型，数学理论能指导解决具体的社会问题。逻辑能力对于写文章也很有用，这都是通过数学可以锻炼的。数学是人类思维的一种财富，作为一种文化，我想值得搞文科的人了解，特别推荐学习一些数学史之类的著作，对于了解数学在人类文明史上的作用，有很大的帮助。”

而对学工科的记者说：“我们现在学校里学数学总是强调数学结论的应用，就是怎么算题，然而数学最宝贵的财富是它的证明过程，这也是最锻炼思维的部分。所以在学习过程中，一定不要一味地重视数学结论结果怎么应用，而是要把它当做一种文化，这样学起来就有兴趣了。”

对于很多人觉得数学研究与生活距离很远，刘院士皱起了眉头，他反问：“你说，《红楼梦》写出来对你的生活影响大吗？刘翔参加奥运会，为了零点几秒而计较竞争，对你来说会让你更健康吗？你能说他们没有意义？数学也是一样，很多时候这是一种精神财富，是人对自己的一种挑战。人不能什么都去考虑简单的物质需求，我们还需要有精神层面的追求。大学生就要摒除这种纯物质的思维方式，真正踏踏实实地做学问。”

2. 做学问的感受

2015年2月13日，正值春节临近。下午，《四川日报》记者专访了刘应明院士。

“你采访我，估计要失望哦！”2月13日下午，记者敲开了四川大学竹林村宿舍的一扇门。门打开，穿着保暖拖鞋的刘应明院士笑嘻嘻地说了第一句话。

就在当天上午，时任省委书记王东明专程前往四川大学，看望了中国科学院院士刘应明等。但与记者交谈的一个多小时中，这位四川的顶级数学家几乎没讲述自己的成就，也没谈论成功路上的艰辛，只是作为一名老教授，聊了对兴趣的理解、对基础研究的担忧、对学生的期望。貌似平淡，其实很有趣。

“做数学主要是精神享受。”

记者：研究数学最需要沉下心，您怎么能够坚持下来？

刘应明：有了兴趣，就会很少考虑到能不能挣钱或出名。如果眼光短浅，就不可能做好。比如你很喜欢下棋，就想下得比别人好，那就要花很多功夫，这个过程即使有挫折，但兴趣会激发你的勇气去克服困难。

人类所有的精神活动都不仅仅以金钱为目的，其实做生意也一样，真正做大做成功的，到后来都不是以挣钱为目的，为的是做出一番事业。当前社会，不少人尤其年轻人，太过分讲求经济效益。我做数学主要就是一种精神活动，比如一个困难的几何问题，我做出来就很得意，纯粹精神的享受。

总的来说，现在环境越来越好，尤其对我个人而言。我现在老了，能够做点研究就做点研究，科学研究主要是年轻人的事，做数学尤其是。

“创新需要基础科学支撑。”

记者：当前社会衡量人的成功多以金钱为标准，学数学的大多没有学工商管理的挣钱多，是不是感觉学数学的人少了？

刘应明：20世纪70年代后期，徐迟的报告文学《哥德巴赫猜想》发表，数学家陈景润的事迹影响和带动了一代青年人走上热衷数学研究的道路。那时候，对数学的重视和推崇真是达到了一个顶点。

到了20世纪80年代中后期，人们知道读经济的挣钱多，慢慢读数学的就越来越少。太讲经济效益，缺少独立思考能力，是现在中国社会的一个问题。在我看来，国家要真正地发展，一定要创新，而创新需要雄厚的基础科学研究来支撑。现在我国很多留学的学生，包括学工程的，经常也感到数学的薄弱，影响了专业的深度把握。

国人做事情还是不能太追求现实利益，总要有人来做那些基础研究的工作，人类的进步要靠这个。数学应该得到重视。20 世纪 80 年代后期 90 年代初期，为了推动基础学科的发展，一些好的大学在优势的科系开始设立基地班，优先录取有这方面特长的学生，鼓励他们从事这些学科的研究工作，这个做法是有积极意义的。

"青年人要坚持独立思考。"

记者：怎么培养学生独立思考的能力？

刘应明：其实做起来很简单。比如几何中的定理证明，书上教你如何证明，教师就照本宣科。但除了书上的方法，我们还要思考有没有其他方法，这样慢慢就培养了独立思考的能力，这是做学问重要的一点。

这样做开头估计很难，一本书别人 20 页都看完了，你一两页还没读过去，但这"似慢实快"，你就会慢慢练到真功夫，得到真学问，并且坚持下来，就会掌握学问研究的方法，就能发现别人没有看到的世界。

记者：对青年大学生您有什么寄语？

刘应明：我不是唱高调，一个青年要抱着为国家、为人民的幸福，为科学、为专业的发展好好努力的态度，要有这种献身精神。估计很多大学生会说，饭碗都没找到，还来跟我谈献身。在我看来，饭碗和兴趣有史以来都是两码事。我喜欢做数学，但是我要不要考虑招生问题、教学评比问题啊？这些都不是我感兴趣的事情，不是只有感兴趣的事情才去做。现在"90 后"大学生其实比我们年轻的时候更有选择了，希望你们不要做那种"宁可坐在奔驰上哭，也不坐在自行车上笑"的人。

参考文献：

[1] 大学首先要培养能独立思考的人——访四川大学长江数学研究中心首席科学家刘应明院士. http://news.scu.edu.cn/info/1139/21035.htm.

[2] 智者虑远 见微知著———访福建省首届数学大会四位中科院院士. http:// fzdxb.cuepa.cn/show_more.php?tkey=&bkey=&doc_id=359899.

[3] 江芸涵.坚持，发现别人没看到的世界. http://news.sciencenet.cn/htmlnews/2015/2/313952.shtm.

[4] 王希平. 高中数学应用问题指南. 成都：四川辞书出版社，1998.

第九章　研究生教育的理念与成效

本章收入刘应明谈研究生教育的两篇文章，文中全面地谈及他在研究生教育方面的理念与成效，后两节将展现刘应明院士部分学生代表的风采，并介绍学生们追忆的一些片段。

刘应明不仅自己成果卓著，还甘愿为青年学者成长作铺路石。迄今，他已培养了五十余名硕士与博士，十余名博士后、访问学者，成果斐然。这些学生中，许多已成为学术带头人，其中包括“长江学者奖励计划”特聘教授与讲座教授、国家杰出青年科学基金获得者、国家级有突出贡献中青年专家、国务院政府特殊津贴获得者、省学术带头人、博士生导师、教授等一大批优秀学者。

除了自己的学生之外，他对其他年轻后辈的成长也始终尽力给予大力的扶持，使他们的优秀工作得到认识，为他们提供更为宽松、优厚的工作条件。现在国内外不少中青年数学工作者，其中也包括“长江学者奖励计划”特聘教授与讲座教授、国家杰出青年科学基金获得者等，都曾由此获益受惠。

刘应明对学生严格，但也不失慈爱，散发着一股作为教师无比强烈的责任感，更是一种对国家建设与发展的无比强烈的使命感。刘应明作为一名优秀的教师，特别是为拓扑学与模糊数学领域培养了多位很有影响的才俊之士。同时，也有一些工作上的同事或下属受其教诲，影响深远，尊称其为“刘老师”，也自称为刘老师的“学生”，可谓“桃李满天下”。

第一节　高基点、高标准、全程培养德才兼备的优秀科技人才

刘应明非常重视人才培养，其亲自培育了一批优秀的数学人才。早在20世纪90年代，他便应相关杂志约稿发表了关于人才培养的相关论述，其中《**高基点、高标准、全程培养德才兼备的优秀科技人才**》一文不仅比较全面地呈现了他的育人要求与观念，字里行间还贯穿着他做学问的心得、观点与风格。所以，该文对于从培养研究生的角度具体地了解刘应明及其团队做学问的眼界与风格也是有益的。原文如下：

六十年代初，我由北京大学来到四川大学。至今，已在这座历史悠久的高等

学府执教近 30 年。其间，经过辛苦的耕耘，在科研和教学两方面均做出了成果，为国家培养出了优秀人才。

我在教学中致力于高基点、高标准和培养教育的全程性。具体做法与初步经验如下：

(一) 教学与育人并行，培养具有高尚品德、达到国际水准的科技人才

1. 对学生的思想、学习、工作、生活全面关心，引导树立高尚的精神和品德

我对学生始终注意帮助他们树立坚定正确的政治方向，树立为祖国、为民族、为科学事业的献身精神，要求他们要有高尚的道德品质、严谨的治学态度。我一方面以身作则，为之做出表率，另一方面在他们的学习、工作过程中，时时注意引导他们形成正确的思想观念、高度的事业心与责任心，具体而为地培养他们的高尚德操。我多次因公出国均按时回来，在我的影响下，一个学生在外期间恰值国内发生政治风波，期满时对方又提供条件挽留，但他仍毅然按时间回国了。在献身事业方面，我本人努力不懈，提出重域理论、择一原则、层次构造，从而为 Fuzzy 拓扑“有点派”奠定了基础，并进而进行格上拓扑学的深层次研究，不断做出成果；同时，鼓励学生心无旁骛，在事业上锲而不舍地追求。对学生的学风我也提出严格的要求：一方面，对他们的作业、论文从内容、修辞到标点符号均仔细批改，特别是毕业论文，无不修改多遍，对他们的课堂报告，不仅要求报告内容的正确性，而且要求表述清晰、书写规范；另一方面，我还以一些学风不严造成身败名裂的反面事例为训，要他们引以为戒。再如我的一个学生与某老师不够团结，影响了工作，我发现后便及时对该生加以教育，从而消除了隔阂，促进了工作。

多年来，除学习、工作方面外，我还始终坚持对学生在生活方面遇到的种种具体困难也给予细致的关心和力所能及的帮助，解除他们产生的种种困惑和烦恼，学生们对此均有切身的感受。近几年，我在教学、科研的同时，任校级领导，分管研究生培养工作，仍然坚持这种德才兼求、思想引导与具体帮助并行的做法。我以为，“百年树人”，树的应当是一个思想品格与才学智能俱佳的完整的人；而尽己所能帮助学生排忧解难，不仅是为人师表之责，且亦大有助于学生思想、学习、工作的进步，于国于人均为善事。诸生在校学习期间品学兼优，多人不止一次获“三好学生”称号，获博士生、硕士生一等“光华奖学金”，工作后都能在教学、科研工作中做出显著成绩，便是对我这番关心的回报。

2. 对学生以国内、国际先进学术水平相要求

我在教学指导中，对学生始终坚持高标准、严要求，力争为国家培养更多的

高质量科技人才。如对基础研究方面的博士生，我要求他们均须在国际著名专业学术刊物、国内一级专业学术刊物上各发表两篇以上论文；对基础研究方面的硕士生，则要求在一级刊物上发表论文；而对从事应用研究方面的，则均须参加国家级项目(如“863”计划、国家自然科学基金重大项目等)的实际工作，做出好成绩；而且，对博士生要求其论文得到国际、国内同行权威的好评，达到发达国家的优秀博士论文水平。例如，我的第一个博士生，也是四川大学培养的第一个理学博士孙叔豪的博士论文被著名的数学家孙以丰教授评为：“不仅是一篇高水平的博士论文,而且可以作为反映 10 年来我国数学研究发展神速的一个显著标志。”被该方面的国际权威英国剑桥大学的 P. T. Johnstone 评为：“本文表述的新结果完全足够使作者在我熟悉的任何一所大学获得博士学位。”又如博士生滕辉的博士论文被认为“在一般拓扑学这一领域是站在世界先进行列的”。再如博士生罗懋康的博士论文被著名数学家、学部委员姜伯驹教授评为：“这是对 Locale 理论的重要贡献”，被英国伦敦城市大学的 M. W. Warner 教授评为：“我认为这篇论文完全满足英国和其他任何我所了解的国家对理学博士学位论文的要求标准。”因为青年学生具有很大潜力，树立一个高标准，可以激励他们，发挥他们的创造力。如果年轻时就得到在科学方面攀登的锻炼，渐进新境，对其求学、立身是可终身受益的。而且这种取乎其上的做法，对提高我国学位教育的国际声誉，也有重大作用。

3. 掌握成才规律，注意人才培养的差异性、阶段性与全程性

“因材施教”是先贤们总结出来的一种行之有效的教学方式。学生们的思维习惯、思维方式因人而异，对不同问题的解决能力也各不相同；而且，同一个人在不同的阶段其思维方式和能力也是变化的。因此我在教学中随时注意观察、了解各个学生的不同点，因人因时不同而采取相应的方式加以指导，提出相应的目标与要求，以发挥其最大能力。这也就是人才培养的差异性与阶段性。不仅如此，我还注意培养过程的全程性：一方面根据长远目标对各个阶段因人因时做出具体安排，另一方面还将对学生的严格要求从在学期间到走上工作岗位一以贯之，培养出真正的优秀人才。

例如，学生梁基华在硕士阶段便做了很好的工作，毕业后我仍鼓励她在硕士论文方向继续深入，终于在点式度量化方面取得了优秀成果。在我国 Fuzzy 拓扑方面著名专家王国俊教授的专著《*L*-fuzzy 拓扑学引论》中对包含该方面内容的部分曾做出评价：“本章中的内容属于 LF 拓扑学中最富有创造性的理论，主要是由 B. Hutton，M. A. Erceg，A. K. Katsaras 和梁基华等人建立的。”此工作在《数学学报》上被作为优秀论文，优先提前发表，并获 1989 年四川省科技进步奖。又如学生罗懋康的硕士论文作得很出色，后获 1992 年四川省科技进步奖二等奖；但完成该工作后即让他转到紧化理论方面与我共同工作，成果获 1989 年四川省科技

进步奖一等奖；之后又让他转到 Locale 理论与 *L*-fuzzy 拓扑方面，出色地完成了这方面的博士论文，获得国内外同行专家的高度评价。再如学生张德学在硕士生阶段即有出色表现，从而提前攻读博士学位，目前已有多篇为核心刊物刊用的论文。梁基华、罗懋康现均破格晋升为副教授，罗还获国家教委优秀年轻教师基金。几位出国学习的学生也成绩优良，如阮勇斌从事低维拓扑研究，1989 年在南开大学召开的“展望 21 世纪中国数学发展”的高层次会上，阮是受邀作大会报告的二位青年学者之一。又如留日的朱建平在日本筑波国际拓扑会议上作 50 分钟报告，受到很高评价。

(二) 教学内容安排

1. 科研与教学有机结合，将学生带到学科前沿领域

科学研究的进步，日新月异，倘若教学内容不能跟上科学技术的进步，囿于一隅一时的成就，则很可能使得学生的知识老化，难以胜任高质量的工作要求。有时一些科学研究动态本身并不显著，但却蕴含着巨大的潜力。这就需要我们有敏锐的目光，见微知著，及时向学生做出横向的介绍和纵向的分析，使他们能抓住这些最新动态。例如，Locale 理论是拓扑结构与序结构有机融合的一种潜力巨大的理论。八十年代初，这种理论在国外刚刚形成系统，国内几乎无人知晓时，我即将其向学生做出介绍分析，并就此另行开设讲解与此相关的新观点、新方法的课程。由于这些工作开展得及时，若干学生已在这个具有重大意义的领域取得了十分优秀的成果，其中孙叔豪、罗懋康分别获得参加国际学术会议以及国外研究机构合作研究的全额资助。

我在教学中不仅讲解成形已久的理论，而且结合自己的科研工作，向学生介绍与课程内容相关的新近成果，使学生时时保持知识的现代化，能以高起点开始自己的学习和工作。例如 *L*-fuzzy 拓扑研究中，在“有点派”形成上，我们有被称作“奠基性”的工作，以此为基础开出“不分明拓扑学”课程，以自己科研工作中对该方面进展的最新掌握保持对课程内容的及时更新，介绍该方面国际、国内和自己的最新成果，并结合讨论班、学位论文写作指导等方式，使学生达到学科前沿。学生反映由此受益匪浅，数人因此而在该方面做出优秀成果。

2. 注意基础学科与应用学科结合，注意新兴交叉学科，扩大人才培养面，为经济建设服务

为适应经济建设的需要，我在培养基础研究人才的同时，还将基础研究与应用研究结合，在新兴交叉学科中培养应用研究人才。模糊理论在很多应用科学如人工智能、计算机科学、工程控制等领域中有广泛的应用前景，在美国、日本、德国等发达国家受到很高的重视。而且，在这些国家，模糊理论和技术已得到广泛的应用，产生了很大的经济价值。我一方面开展这方面的研究，另一方面选派

优秀助手出国深造，组织培养师资队伍。现在我们已在应用数学这个方面培养了多届硕士生，开设了“不确定性推理”“量度理论”等国内新课程。我们承担了“863”计划课题及国家自然科学基金三项重大课题，均做出很好的结果，在全国性的年度评审中多次名列前茅。我们所做的颇有应用前景的两项工作已分别获得1988年和1991年四川省科技进步奖二等奖。这些工作在国内外均有比较大的影响。我现为中国模糊数学与模糊系统协会理事长、国际模糊系统协会(IFSA)理事及国际核心刊物 *FSS* 的编委、日本模糊逻辑与系统基金会 (FLIS)国际顾问以及1993年在汉城召开的IFSA世界大会的副主席。

3. 通过国际学术交流，革新教学内容，开设新课，建立一流的人才培养基地

我自 1982 年以来几乎年年参加国际学术交流且多次主持或参与组织有关国际会议，已出访十余次。这种交流访问使我能适时按国际学术动态改革教学内容、调整教学布局。四川大学数学系现为国家教委首批15个基础学科人才培养基地之一，我根据国际学术领域的最新发展，在课程设置、师资力量、组织管理等方面做了不少努力。我还在已有良好基础的研究方向上，补设了与计算机科学关系密切的“连续格理论”、与代数几何有关的“层论与 Locale 理论”等。同时这种对国际学术动态的及时了解也使我们能适时发现我们在人才培养方面业务上的薄弱点，进行重新布局。例如，我们已有在国外学而有成的代数拓扑、低维拓扑、集论拓扑方面博士，而自己培养的博士中，有的与我共同开展崭新的无限维拓扑方面的课程建设与学科研究，也有的着重国内薄弱的数理逻辑研究。从人才布局来看，四川大学在拓扑学方面已成为研究方向相当齐全、力量也很强的培养基地；这也是四川大学数学系成为首批基础学科人才培养基地之一的一个重要因素。

(三) 教学方法

1. 采用启发式教学，着重学生对原理、方法的掌握，授人以鱼而不如授人以渔

科学研究的结果表现为数据、公式、定律、定理，但对从事科学研究的人来说，仅仅记住这样一些结果却是很不够的，更重要的是对原理和方法的掌握，对创造性能力的培养。为此，我在教学中始终采取启发式的教学方法，不将学生仅仅视为被动的信息接收对象，而注意推动、发挥学生的主观能动性，培养他们主动发现问题、提炼问题和解决问题的习惯和能力。例如，对课程中某些内容，我有意识让学生到讲台上向大家报告。这样，报告的人便必须提前做好准备，要解决报告内容中遇到的问题，便不能不去查阅资料，做深入的研究。在这个过程中，学生便逐渐养成了积极思考的习惯，熟悉了科研工作的一些常规方法并逐渐开始形成与自己思维方式适合的更高一层的研究方法。

我在教学过程中，除提纲挈领地讲述对问题背景与方法实质的深入分析外，

还力求使学生明晰以下三个方面的关系：

A. 方法与结果。虽然某些时候某种方法本身便是我们研究的对象或目标，但此时这种方法已成为研究的结果；因而从整体上看，方法是取得结果的手段。然而科研工作是对问题的不断解决，对新结果的不断获取，所以对科研工作而言，方法是更为重要、更带根本性的，掌握原理和方法才能在学习和研究中“举一隅而三反之”，触类旁通，左右逢源。

B. 全局与局部。自然科学特别是数学科学具有精确、精密的特点；即使是以模糊性为研究对象的模糊理论，其研究过程与方法也是精确的。这个特点使研究者往往易于着力于对问题局部的深入、精密的研究而忽视了全局性的背景，因而失却了该局部与其他局部及全局的有机联系，使问题难以解决。正确的方法应当是从问题的全局出发，考查该局部在全局中的位置及与其他局部及全局的联系，再深入到该局部本身；并在研究过程中不时重复这个过程。简而言之，即“从宏观到微观，并不时返回宏观”。

C. 博与精。现代科学已超越单纯横向扩展和单纯纵向深入的阶段，而往往是纵向深入与横向交叉渗透相互交织。因而一个学科、一个问题的研究往往不仅需要从其他领域汲取有益启示、适用方法，而且需要从该学科、该问题与其他领域的有机联系上确定其位置和特性，此类事例不胜枚举。这就需要我们一专多能，既有广博雄厚的基础，又有精深娴熟的技能。“博”是为了“精”，“博”是一种手段、一种方法，“精”才是目的才是根本。在科学研究中若只能“博”而不能“精”，则只能炫耀“学识丰富”而已，无法真正做出成果；但若无“博”的基础，也很难做到“精”。

学生们后来在研究工作中取得突出成绩，均反映由此教学方式中得益良多。

2. 教学相长，调动集体力量，形成一支很强的教学科研梯队

我们开设的课程大都很新，不少是从科研专题演化而来的，因而对同一问题往往可以有多种新的思路。在这类课程中，我特别注意用讨论班等类形式让学生报告，然后加以评述。这种教学过程产生了教学相长的作用，有的还产生了共同合作的科研论文并获四川省科技进步奖一等奖。

我还通过博士生副导师制、共同招收硕士生的方式，充分调动教研室的集体力量，充分发挥老师们的积极作用。这样做既培养了数量更多、学科面更广的学生，也锻炼了教师队伍。在共同工作的过程中，对同事间产生的一些误会、矛盾，我均及时做解释消解的工作，使整个集体和谐友好，团结协作，互相关心，气氛融洽。

3. 借助国外力量，加速高层次人才培养

我除了自己随时向学生介绍国际学术动态外，还创造机会让博士生参加国际

会议，直接与国际学术同行接触、了解最新学术动态、开阔视野、增强信心。这种方式使学生得到很大提高。由于我平时注意对学生的正面思想引导，这些学生都能在会议后按时回国，发挥作用。

我们还以与国外联合培养的方式培养自己的博士生，并取得成功。如学生罗懋康的博士论文及研究工作融合了两国导师的力量，得到很高评价。

此外，我还通过国内访问学者、天元项目国内访问学者等方式为兄弟院校培养了一批人才。

(四) 课程建设、教材建设及预备人才的培养

1. 高标准、全局性地加强课程建设和教材建设

在课程建设方面，如前所述，我开设了若干国内甚至国际上首次开设的课程，保持了知识的及时更新。在不分明拓扑方面我们最近用英文写的一个约 4 万字的综合报告(即将在新加坡的世界科技出版公司丛书中印行)，可以说是这方面课程中一个反映最新成果内容的概括。

我主审了高等教育出版社出版的《点集拓扑讲义》(熊金城著，获国家教委优秀教材奖)及《点集拓扑原理》(蒲思立译)、《一般拓扑学》(李孝传等编)等书，翻译了法文的《拓扑结构与代数结构》，主编了“近代数学研究生丛书”(四川教育出版社出版)，担任“数学天元基金研究生丛书”、“现代数学丛书”(上海科技出版社)的编委。此外，我还担任了国家教委理科教学指导委员会委员及几何拓扑专业组成员的工作，为全国普通高校优秀教材评委(1992 年)，在教材建设方面尽了自己的一分力量。

研究生是产生优秀科技人才的预备力量。对他们的培养必须从高起点出发，以高标准要求。每年举行的研究生暑期教学中心活动，聘请国内外各专业权威专家为研究生讲学，是一种效果良好的教学方式。在这方面工作中，我担任全国研究生暑期教学中心领导小组副组长，并尽力发挥自己的作用，具体组织了 1992 年在四川大学举行的暑期教学中心活动。由于在选题、聘任专家及组织安排方面工作得当，各方面反映很好，国家教委认为是历届最成功的一次。

2. 在中学生中发掘培养预备人才

在以种种行之有效的方式提高大学本科和研究生教育水准的同时，我还注意对中学生中科技预备人才的发掘培养。作为四川省数学会理事长，我在连续两届(每届五年)任期中，均积极推动中小学数学奥林匹克学校的工作及数学教学研究工作。每年省数学会都举行涉及本科、专科及中学的数学教学方面的专题报告，推动数学教学的发展。我还为“中学生丛书”(上海教育出版社)撰写了《模糊数学》一书，在中学师生中受到欢迎。这些工作取得了很好的效果，例如，四川省

的选手为我国首次夺得国际奥林匹克数学竞赛的金牌，现在(1993 年)共获金牌三枚、银牌一枚。

参考文献：

[1] 刘应明. 高基点、高标准、全程培养德才兼备的优秀科技人才[J]. 学位与研究生教育, 1993, 6: 17-20.

第二节　深化研究生教育改革，培养 21 世纪建设人才

从 1994 年起，刘应明先后兼任中国学位与研究生教育学会理事、常务理事、副会长等；2000 年，刘应明在担任四川大学副校长的同时，还兼任四川大学研究生院首任院长，2005 年任四川大学研究生院名誉院长。可以说，刘应明长期致力于研究生教育工作，为我国 21 世纪建设人才培养积极工作。

图 9-1　中国学位与研究生教育学会第二届常务理事会议留念(前排左起第六为刘应明院士)

本节收录了时任四川联合大学副校长刘应明于 1998 年应《学位与研究生教育》约稿发表的一篇文章《深化研究生教育改革 培养 21 世纪建设人才——纪念恢复研究生招生 20 年》，纪念恢复研究生招生 20 年，探讨了研究生教育改革与人才培养问题。

中共十一届三中全会胜利召开揭开了中国走上改革开放、建设有中国特色的社会主义大道的序幕。在此前夕，邓小平同志高瞻远瞩，亲自关心教育事业的发展，在他的直接领导下，中国高等教育结束了“文化大革命”中扭曲、停滞以至

倒退的状况，恢复了高等教育的本科招生及研究生招生。不久，《中华人民共和国学位条例》于1980年2月由五届人大十三次会议通过，于1981年1月1日起施行。这样我国高等教育，特别是研究生教育进入了一个新阶段。经过20年的努力，我国已经建立了比较完整的高等教育体系，基本立足国内培养出社会主义建设所需的各个层次的研究生;研究生的培养质量也不断提高。回顾20年来四川联合大学研究生教育的发展，也从一个侧面感受到这个重大变化。

四川联合大学是在我国深化高等教育改革的试点实践中诞生的一所新的综合大学。它的前身是四川大学和成都科技大学，都是教育部直属重点高等学校，各自具有自己的学科优势。四川大学是一所具有百年历史的全国著名的高等学府。30年代起学校设有文、史、哲、法、经、农、林、理、工等学科，学科门类齐全，众多知名教授在此执教。学校培养研究生早在1939年即已开始，只因旧中国落后，研究生教育规模较小。1952年全国院系调整，农林工等几个学院和若干系调出，四川大学成为一所文理科综合大学，它以传统人文社会科学(文、史、哲、经)和自然科学(数、理、化、生)见长，学术界交口赞誉。成都科技大学是全国院系调整后建立的综合性工科大学，名师荟萃，尤以材料、水利、皮革等学科居于国内前列。1978年两校均恢复研究生招生。

学位条例的实施极大地推动了我国各个高等学校的学科建设和科学研究。1981年国务院学位委员会首批批准两校成为全国博士学位授予单位，各自的博士授权点分别为5个和2个，硕士授权点分别为19个和9个。学位点的建立使两校受到很大鼓舞，同时也使两校认识到自身在学科上存在的弱点。两校都从以下两个方面加强了学科建设工作：首先是建设现有授权点，按照学位条例的要求，规范培养环节和过程管理，充实和发展这些优势学科，让这些授权点更好地承担其人才培养和科学研究的重任。另一方面，对一些尚不够学位点条件但社会主义建设急需的学科专业，努力发掘学校自身人才和资源条件，分阶段分步骤地加以培植，使之尽快发展提高，以适应国家对急需人才的需求。同时，这也是改善学科结构上的缺陷，承担好重点大学的责任。经过几年的努力，两校在保持原有学科优势的前提下，发展了中国古典文献学、中国地方史、政治经济学、宗教学、应用数学、光学、物理化学、有机化学、遗传学、原子分子物理、生物力学、辐射技术及应用、生物医学工程、化学纤维、高分子材料成型加工、皮革化学与工程、无机化工等一批新的博士授权点和许多新的硕士授权点。

我国高等学校长期以来文理工分离，这种育人氛围在当今世界科学技术高速发展的时代愈益显示出其局限性，也很不适应社会主义建设对现代高级专业人才的需要。在深化高等教育改革的进程中，我们两所部属重点高等学校经过反复研究论证，决定实行强强合并，走出高教体制改革试点重要的一步。这一举措受到中央领导同志的高度评价，得到了原国家教委和四川省人民政府的支持和批准，

1994 年 4 月，两校正式合并为四川联合大学。合校是我校发展中一个重要的里程碑，它为我校的学科建设和研究生教育的发展，创造了宽广又坚实的基础，学位授权点所跨及的一级学科大为扩展，更重要的是学科优势互补给学科的建设与发展带来了新动力。学校依据学科发展和国家建设的需要，组建了若干个学院(近经调整，现为 24 个)，以促进文理工各学科门类内部和门类间的交叉融合，以利于承担综合性的重大科学与工程技术研究，培养学术思想活跃的人才。合校后学校认真分析了本校研究生学科结构方面存在的弱点，做出调整、充实的安排，并在国家教委及国务院学位办的关心与支持下，1995 年开始博士生导师自审工作并特准进行硕士点自审试点。我校先后自主审批与获准了一批博士生导师与一批新的学位授权点。这使得若干优势学科的导师队伍补充了年轻的生力军，得到了更好的支撑与加强；同时社会需求迫切的一批经济学、法学和管理学硕士授权点得以建立。这就显著改善了我校的研究生专业结构，从而能更好地适应社会对人才的需求，增强了我校的社会影响。

恢复研究生教育 20 年来，随着研究生教育体系的建设和不断完善，研究生导师队伍也不断发展壮大。随着我国自己培养的优秀毕业研究生和在国外学成回来的学者相继进入我校教师队伍，80 年代和 90 年代初曾经令人困扰的研究生导师新老交替的问题已经得到了较好的解决，新导师的引入，开拓了众多新的研究领域，更加活跃了学术思想，也显著改善了导师的年龄结构。现在活跃在我校学术殿堂的博士生导师不仅有学识渊博、德高望重的老科学家，更有成果累累、潜心育人的一代中青年教授，其中不少人已经承担起学科带头人的重任。这支研究生导师队伍是我校的宝贵财富。

经过 20 年的建设，我校研究生教育已经发展成为学科专业比较齐全、结构较为合理，具有一定规模的高层次人才培养基地。学科跨及文、史、哲、经、法、教、管、理、工、农、医 11 个门类，23 个一级学科，博士授权点(含一级学科授权点) 30 个，硕士授权点 94 个，在校研究生 2000 余人。各类专业学位硕士生培养工作也在顺利进行。20 年来，共向各部门各行业输送毕业研究生 6304 人，其中授博士学位 391 人、硕士学位 5727 人，研究生班毕业 186 人，在国家建设事业中贡献力量，其中有许多人已成长为博士生导师、教授、副教授，许多人担任企事业和政府部门的领导。

多年来我校在学科建设和调整研究生专业结构方面作了不断努力，取得了一定的成绩，但我们在培养国家高级建设人才方面所做的工作，与国家的要求与希望还有不小差距。我校多学科的综合优势还有待进一步挖掘和发挥。特别作为我国西南地区的一所办学历史最长、学科门类最广的综合大学，在研究生教育的机构设置、管理体制、培养质量、为地方经济服务乃至课程建设的各个方面，都有义不容辞的责任，都要投入更大的力量。

当今世界高等教育发展的趋势是教育、科研、学科建设更加综合化。我国社会主义市场经济的建立，地方经济建设的发展，又向高等学校不断提出新的需求，如何适应这样的时代要求是摆在我国每一所高等学校面前的急迫问题。“211 工程”是我国为加强高等教育建设的一项重要举措，经过反复论证，现在已经落实启动。我校作为“211 工程”重点建设高校中的一所，就要按“211 工程”规划的蓝图，高质量地完满地完成各项建设任务，并把我校建设成为西南地区的重要研究生教育基地。

学校“211 工程”建设的主要目标是推进重点学科的建设和高级专门人才培养基地的建设。我校制定学科建设规划的思路是:现代科学技术的发展趋势是学科间相互交叉、渗透，经济和社会发展的重大课题的解决往往都需要多学科的协作配合，再用小生产方式和封闭式的研究模式难获成功。把学科内涵能够有机结合和相互衔接的相关学科组成学科群，可以增强学科的整体实力，大大增强解决综合性重大课题的能力，同时也将会有力地推动传统学科的更新改造与新兴学科的生长，促进高层次人才培养。我校多学科的优势也为组织学科群提供了很好的基础。基于以上的认识，我校在学科建设上区别三种不同类型做出了学科的整体建设规划。作为“211 工程”重点建设的是七个综合性学科，它们主要是以原有的国家重点学科和国家重点实验室为依托，联合若干文理工的相关学科，具有多学科交叉、结合的鲜明特点。这些学科群的建设目标是经过 5～10 年的努力，成为国内一流并在国际上有影响的研究和教育中心。另外，我校选定了十个学科条件相当好，又对经济建设和社会发展有重要作用的省级重点学科和一些博士点，采取多渠道自筹资金的办法，着力加以支持建设。这些学科的建设目标是进一步发展已有的特色和优势，更好地为地方建设服务，并尽快达到国家重点学科水平。再有，学校还要扶持和发展一批新兴交叉学科，这些学科具有很好的发展前景，进行扶持使之能较快进入国内先进行列。以上的学科建设计划现正着手进行中，并已取得一些进展。

学科建设的成效主要体现在科学研究成果和高层次人才培养上。学科建设与研究生教育相辅相成、相互促进。高水平的学科点才能培养出高水平的研究生，研究生在科学前沿的探索研究，在参与完成重点课题的研究活动中，得到培养。另一方面，他们同时又是一支科学研究的生力军，他们在导师指导下完成的创新研究发明和富有创新思想的学术论文丰富着学科点的科学技术成果，给学科点的发展注入年轻的生力军。

多年来，我校一直把提高研究生的教育质量放在重要位置，作了不懈的努力。针对我国研究生培养中带普遍性的问题：知识领域狭窄、创新能力较差、专业培养方案对社会需求变化的调节适应性差、激励机制尚待完善等，我们重视加强研究生教育研究，同时注意借鉴发达国家的成功经验，在实践中探索解决的办法。我

们已经和正在采取的措施有:

进行主辅修制试点，拓宽学生的知识领域。主修课程按一级学科的要求设置，辅修课程跨一级学科选修,同时改变导师负责制为导师指导下的指导小组负责制，便于为研究生从事跨学科的研究活动进行有效的指导。

加强博士生的培养管理，提高培养质量。为进一步规范博士研究生的培养，提高博士生的培养质量,我校已从 98 级博士研究生开始实行博士学位候选人资格考试制度，经过调研和多次征求意见，制定了资格考试的实施办法，同时还做出了加强和改进博士论文过程管理、论文评阅和论文答辩工作管理的新规定。

实行筛选淘汰制。研究生教育肩负的任务是为国家培养科学与工程技术领域的专业骨干，对不具有这种培养前途的学生理应采取严格的筛选淘汰制。我校多年来对硕士生实行中期考核分流，现在又开始对博士生实行学位候选人资格考试制度， 就是为了保证学位授予质量。我校还准备在适当时候，实行放宽研究生完成学业年限的办法，这样做对于坚持标准、严格要求是很有好处的。

加快研究生奖学金制度的改革。为了激励研究生的学习积极性，近年来我校努力寻求社会支持， 扩大奖学金基金来源，加大奖学金力度，强化了激励作用。目前我校专为研究生设立了各种奖学金。此外，一些企业和事业单位还在我校的学院和系设立了专项奖学金。

密切学校与社会的联系，增强学校主动适应社会对人才需求变化的调节能力。

同时针对“孔雀东南飞”的人才流动现实，制定政策，鼓励各单位创造宽松的研究与育人环境，留住人才，吸引人才，发扬专长，创造特色，把各自的学科建成四川乃至西南地区的科研与教学中心。为迎接 21 世纪，我们一定要努力把我校研究生教育与学科建设推进一大步。

(刘应明　中国科学院院士，四川联合大学副校长)

参 考 文 献:

[1] 刘应明. 深化研究生教育改革 培养 21 世纪建设人才——纪念恢复研究生招生 20 年[J]. 学位与研究生教育, 1998, 6: 7-9.

第三节　桃李芬芳，英才辈出

刘应明作为一名优秀的教师，培养了一批博士、硕士研究生， 特别是为拓扑学与模糊数学领域培养了多位很有影响的才俊之士。以下展示了刘应明的部分学生代表。

图 9-2　刘应明等教师与毕业生合影

一、梁基华

图 9-3　梁基华教授

梁基华(1953～2007)，女，1953 年生于四川纳溪。1973 年就读川大数学系，1976 年毕业后留校任教，师从刘应明攻读硕士学位，逐步成长为四川大学数学学院教授，博士生导师，四川省学术与技术带头人，并成为享受国务院政府特殊津贴的专家。

刘应明说：“学生梁基华在硕士阶段便做了很好的工作，毕业后我仍鼓励她在硕士论文方向继续深入，终于在点式度量化方面取得了优秀成果。”在我国 Fuzzy 拓扑方面著名专家王国俊教授的专著《*L*-fuzzy 拓扑学引论》中对包含该方面内容的部分曾做出评价：“本章中的内容属于 LF 拓扑学中最富有创造性的理论，主要是由 B. Hutton，M. A. Erceg，A. K. Katsaras 和梁基华等人建立的。”此工作在《数学学报》上被作为优秀论文，优先提前发表，并获 1989 年四川省科技进步奖。

梁基华曾获得 1989、1997、2003 年度四川省科技进步奖，1992 年霍英东青年教师奖，2002、2004 年度四川省优秀教学成果奖，在 *Top. and Appl.*、*Computer & Math. with Appl.*、 *J. Math. Anal. Appl.*、《科学通报》《数学年刊》《数学学报》等国际国内重要学术刊物上发表论文 30 多篇，在格上拓扑学和 Domain 理论两个前沿领域做出了有影响的工作。1997 年被邀请在我国召开的国际拓扑学会议上作 1 小时大会报告，1999 年被邀请在中国第一届 Domain 理论国际研讨会上作大会 2 小时报告，为促进我国学者在这一领域的研究起到了一定的作用。

二、罗懋康

罗懋康，刘应明院士的博士生，也是刘应明的接班人。

图 9-4　罗懋康教授

罗懋康，1956 年 2 月生于重庆市，男，博士，四川大学数学学院教授、博士生导师，“长江学者奖励计划”特聘教授、国家杰出青年科学基金获得者、国家有突出贡献中青年专家、新世纪百千万人才工程“第一、二层次人选”、教育部创新团队负责人；两届国务院学科评议组成员、两届中国数学会副理事长、两届国际模糊系统协会副主席(前任)、教育部科技委国防科技学部委员；非线性不确定工程系统控制四川省重点实验室主任、四川大学数学研究所副所长；历任九三学社中央委员会委员，四川省委副主委，四川省第九、十、十一届人大代表，四川省第十、十一届人大常委会委员，四川省第十一届政协常委。工作领域为不确定性理论、方法与应用，包括基础理论、应用理论与工程技术三个方面，在数学、物理、工程技术领域进行多学科交叉融合研究，单独或合作在国际国内出版发表数学专著 1 部、数学论文 70 余篇，在国际国内发表量子物理、非平衡统计物理论文 40 余篇，在国内发表雷达、制导等方面工程技术论文 20 余篇；在自然科学方面主持国家重点项目(2 项)、教育部创新团队项目及国家自然科学基金项目等，在工程技术方面主持国家国防科技重点项目、预研项目等 10 余项。

图 9-5　刘应明与罗懋康正在讨论

三、阮勇斌

图 9-6　阮勇斌教授

阮勇斌，1963 年生，1982 年在四川大学获学士学位，刘应明院士的 1983 级研究生。1991 年在美国加利福尼亚大学伯克利分校获博士学位，1991～1993 年任密歇根州立大学 Research Instructor，1993～1995 年任犹他大学助理教授，1995 年起任威斯康星大学副教授，1999 年起任该校教授。

1995 年获斯隆研究奖，1998 年获 Vilas 奖，2000 年获国家杰出青年科学基金资助(B 类)，2000～2005 年被聘为“长江学者奖励计划”讲座教授，2006 年获“Clay 高级学者”称号，阮勇斌是当今国际上最为活跃的辛拓扑学家与数学物理学家之一。

2005 年 6 月 28 日，阮勇斌被聘为四川大学长江数学研究中心首席科学家，他在拓扑和微分几何领域有较高造诣。

阮勇斌在辛拓扑与量子上同调等方面的开创性研究在国际数学界有重要影响。量子上同调环是通常的上同调环的变形，它是物理学家在超对称非线性模型的研究中提出的，但要建立一个严格的数学基础，需要解决一系列困难的问题。

阮勇斌率先把 J-全纯曲线技术引入量子同调，对半正定辛流形定义了 G-W 不变量，并应用这些新的辛不变量研究辛拓扑，发现了一类不形变等价的 6 维流形。随后，他与田刚院士合作证明了 G-W 不变量满足物理学家所希望的全部公理，建立了量子上同调的严格数学基础。进一步，他们建立了 G-W 不变量的一个合成公式，这个公式对 G-W 不变量的数值计算有重要应用。美国《数学评论》对此文作为“featured review”加以重点评论，称之为一个里程碑似的工作。在此之后，阮勇斌利用 Virtual neighborhood 技巧，对一般辛流形建立了 G-W 不变量理论，并完全解决了 Arnald 猜想问题(这工作同时为田刚，李俊，Fakaya，Ono 等另外 6 人相互独立解决)。

基于阮勇斌的出色工作，他获得了美国斯隆研究基金，并且被邀请在 1998 年的国际数学家大会上作 45 分钟报告。他的工作被这个大会的 2 个 1 小时报告和 4 个 45 分钟报告所引用。

四、徐晓泉

徐晓泉，1961 年 11 月生，刘应明院士的 1986 级硕士生和 2000 级博士生。二级

图 9-7　徐晓泉教授

教授，国家有突出贡献中青年专家，中央联系的高级专家。现任闽南师范大学教授、江西师范大学数学研究中心主任，四川大学、首都师范大学、江西师范大学博士生导师，教育部高等学校数学类专业教学指导委员会委员，*Fuzzy Information and Engineering* 副主编，《模糊系统与数学》编委；入选“赣鄱英才 555 工程”科技领军人才，江西省主要学科新世纪学术和技术带头人。曾任第九届全国人民代表大会代表，中国系统工程学会模糊数学与模糊系统专业委员会副理事长，中国高等教育学会教育数学专业委员会副理事长。

徐晓泉教授主要从事基础数学和理论计算机科学的研究，主持国家自然科学基金项目 6 项和省部级项目 11 项，作为主要成员承担国家自然科学基金重点项目 2 项，在国内外重要数学刊物发表学术论文 70 余篇，被 SCI 收录 40 余篇，出版学术专著 2 部，曾 10 余次应邀在国际学术会议和全国性学术会议上作大会特邀报告；获省部级科研奖励 6 项，1995 年获国务院政府特殊津贴，1998 年被人事部批准为国家有突出贡献中青年专家，2007 年获全国百篇优秀博士学位论文奖。

图 9-8　刘应明与其学生罗懋康、徐晓泉合影

五、易耘

易耘(Grace Y. Yi)，刘应明院士的 1986 级硕士生，现为加拿大韦仕敦大学 (Western University) 统计精算系和计算机科学系教授，目前担任数据科学领域的

加拿大首席科学家(1级)(Canada Research Chair (Tier 1))。

1982年至1989年，易耘在四川大学数学系学习，并获得学士学位和硕士学位。硕士学习期间师从于刘应明院士，易耘的硕士毕业论文为《不分明拓扑的层次结构》。硕士毕业后，她加入电子科技大学任教六年。

图9-9　易耘教授

1995年，易耘前往加拿大就读统计学研究生。一年后，她获得了加拿大约克大学统计学硕士学位，并于2000年获得加拿大多伦多大学统计学博士学位。博士毕业后，她加入滑铁卢大学(University of Waterloo)做博士后(2000～2001年)，随后担任助理教授(2001～2004年)，副教授(2004～2010年)，教授(2010～2019年)和University Research Chair (2011～2018年)。2019年7月易耘加入韦仕敦大学。

易耘的科研兴趣集中于测量误差、因果推断、图像数据、缺失数据、高维数据、生存数据和纵向数据。易耘在多种知名统计学期刊上发表众多学术论文，包括*Journal of the American Statistical Society*、*Bimometrika*、*Journal of the Royal Statistical Society* (Series B)、*Biometrics*、*Statistica Sinica*、*The Canadian Journal of Statistics*、*Biostatistics*、*Journal of Multivariate Analysis*、*Statistics in Medicine*、*Journal of Statistical Planning and Inference*等杂志。2017年，她在施普林格出版公司(Springer)出版了学术著作：*Statistical Analysis with Measurement Error or Misclassification*: *Strategy*, *Method and Application*。2016年与其他研究者为Springer共同编辑了学术论文集：*Advanced Statistical Methods in Big-Data Sciences*。

易耘是美国统计学会会士(ASA fellow)和国际统计学会当选成员(ISI elected member)。2010年，她获得了加拿大CRM-SSC Prize。该奖项旨在表彰博士毕业15年内对统计科学研究有突出贡献的统计学家。她是该奖项到2020年为止唯一一个在博士毕业10年内获得该奖项的统计学家。2004年至2009年，她获得由加拿大自然科学与工程研究理事会(NSERC)颁发的University Faculty Award。2016年，她与Xianmin Tan、Runze Li的研究成果获得加拿大统计学杂志的最优秀论文奖。

易耘致力于统计学领域的各种学术服务，包括担任许多统计学期刊的副编辑和学术组织委员。2016年至2018年，她担任《加拿大统计学杂志》(*The Canadian Journal of Statistics*)的主编；2016年，她担任加拿大统计学会生物统计分会的主席；她是泛华统计协会加拿大章节的创始人(加拿大章节创立于2012年，是泛华统计协会的首个章节)。2020年至2022年，易耘担任加拿大统计学会主席。

六、应明生

图 9-10　应明生教授

应明生，男，1964 年生，1981 年毕业于江西师范学院抚州分院数学科，1981～1985 年在江西宜黄中学任教，1985～1989 在抚州师范专科学校数学系任教，1989～1996 年在江西师范大学数学系任教，其间 1992 年在刘应明先生指导下在四川大学做数学天元基金访问学者，1992 年从讲师破格晋升为教授。1996～1997 在南京航空航天大学计算机系任教授。1998 年开始任清华大学计算机科学与技术系智能技术与系统国家重点实验室教授，2002 年任智能技术与系统国家重点实验室学术委员会主任，2008 年起任澳大利亚悉尼科技大学(University of Technology Sydney)量子软件与信息中心研究主任、杰出教授。2016 年开始担任中国科学院软件研究所学术副所长。

曾在法国巴黎第六大学、意大利那不勒斯大学、德国慕尼黑大学、芬兰图尔库计算机科学中心任访问研究员、访问教授、洪堡研究员等职。1992 年人事部批准为国家有突出贡献中青年专家，1997 年获国家杰出青年科学基金，2001 年被聘为“长江学者奖励计划”特聘教授，2003 年作为学术带头人获国家自然科学基金创新群体项目，2008 年获国家自然科学奖二等奖(单独)。曾任国际人工智能领域最主要刊物 *Artificial Intelligence Journal* 副主编，国际量子信息理论领域最主要会议——量子信息处理国际会议(QIP)大会主席。现任 *ACM Transactions on Quantum Computing* 主编。

应明生早年在数理逻辑、软件理论及人工智能研究中做出重要贡献。近年来，他主要从事量子计算与量子信息研究，是量子程序理论的主要创建者之一。特别地，他建立了量子 Hoare 型逻辑，奠定了量子程序设计的逻辑基础。

应明生在计算机科学顶级国际会议——编程语言原理国际会议(POPL)等及刊物 *ACM Transactims on Programming Languages and Systema*(*TOPLAS*)等、物理学著名刊物 *PRL*、数理逻辑最主要刊物 *Journal of Symbolie Logic*(*JSL*)等发表一系列论文，应邀出版了国际上第一部量子程序理论专著 *Foundations of Quantum Programming* (Elsevier-Morgan Kaufmann，2016; 日文翻译，共立出版社，2017)，并出版专著 *Topology in Process Calculus*: *Approximate Correctness and Infinite Evolution of Concurrent Programs* (Springer-Verlag，2001)及 *Model Checking Quantum Systems*: *Principles and Algorithms* (Cambridge University Press，2020)。

七、张树果

张树果，男，1962 年 8 月出生于河北省固安县，1992 年 7 月在刘应明院士指导下获四川大学数学系博士学位，现为四川大学教授，博士生导师，四川省学术与技术带头人，曾任四川大学数学学院副院长。

图 9-11 张树果教授

张树果现担任中国数学会数理逻辑专业委员会主任，曾任国际符号逻辑协会东亚学术委员会委员，研究方向为集合论及集论拓扑。至今已主持 7 项国家自然科学基金面上及教育部项目并承担国家自然科学基金重点项目一项。曾应邀与法国、委内瑞拉、日本、新加坡、奥地利、美国的同行进行合作研究。其主要研究成果发表在 *Journal of Symbolic Logic*、*Archive for Mathematical Logic*、*Fundamenta Mathematicae*、*Topology and Its Applications*、*Houston Journal of Mathematics*、*Science in China* 等国内外专业杂志上。

八、张德学

张德学，刘应明院士的研究生。1993 年 3 月毕业于四川大学数学系，获博士学位。现为四川大学数学学院教授，博士生导师。他的研究方向是模糊集的数学基础，尤其是多值逻辑下，真值表的逻辑结构对序和拓扑空间的范畴论性质的影响。张德学一直担任本科生和研究生的教学工作，2012 年在科学出版社出版了教材《一般拓扑学基础》。张德学积极从事学术服务工作，曾任国际模糊系统协会副主席，目前担任中国系统工程学会模糊数学与模糊系统专业委员会副理事长，国家数学类核心刊物《模糊系统与数学》编委， Elsevier 期刊 *Fuzzy Sets and Systems* 以及 Taylor & Francis 期刊 *International Journal of General Systems* 的编委。

图 9-12 张德学教授

九、贺伟

贺伟，刘应明院士的博士生。1964 年 2 月出生于陕西省横山县，1996 年毕业于四川大学数学系基础数学专业，获理学博士学位。现任南京师范大学数学科学学院教授，博士生导师，南京师范大学数学研究所副所长，江苏省数学学会理事，中国系统工程学会模糊数学与模糊系统专业委员会常务理事。目前担任 *Advances in Pure Mathematics* 编委，*International Journal of Advanced Mathematical Sciences* 编委，*Categories and General Algebraic Structures with Applications* 荣誉编委。

图 9-13　贺伟教授

贺伟研究领域涉及无点拓扑、序代数、范畴拓扑、拓扑群理论等。在科学出版社出版了国内第一本中文版教材《范畴论》，“范畴论”获得江苏省优秀研究生课程。在 Locale 理论中的逆极限构造和实值连续函数环的研究中解决了 Isbell 问题和 Gelfand-Kolmogorov 定理的构造性证明。Locale 理论奠基人美国纽约大学 J. Isbell 教授表示“Steenrod 定理的构造性证明是近十年来 Locale 理论取得的最有意义的结果之一”；著名拓扑学家 B. Banaschewski 对 Gelfand-Kolmogorov 定理的构造性证明给予如下评价“令人惊奇的是被 Gillman 和 Jerison 极具影响的专著中作为极大 z-虑子空间表示而成为最令人熟悉的表示之一，最近才被贺伟在无点环境中实现”，无点化 Steenrod 定理被著名数学家 P.T. Johnstone 于 2002 年在牛津大学出版社出版的专著 *Sketches of an Elephant——A Topos Theory Compendium* 中作为定理收录。与他人合作在拓扑群理论中解决了系列公开问题，揭示了拓扑群的拓扑结构、代数结构以及序结构之间的一些深刻关系。在 *Math. Proc. Camb. Phil. Soc.*、*Fundamenta Math.*、*Proc. Amer. Math. Soc.*、*Topology Appl.* 等国际著名学术刊物上发表学术论文 80 多篇。曾应邀访问了美国、英国、法国、比利时和加拿大等国家多所著名大学，并多次在国际学术会议上作大会报告。

十、寇辉

寇辉，刘应明院士的博士生。1970 年 12 月出生于四川省营山县。1998 年 7 月毕业于四川大学数学系，获博士学位。现任四川大学数学学院教授，博士生导师，四川大学数学学院副院长，中国系统工程学会模糊数学与模糊系统专业委员会秘书长，国家数学类核心刊物《模糊系统与数学》编委。

寇辉主要从事拓扑学及与理论计算机科学领域相交叉的 Domain 理论的研究。主持国家自然科学基金项目多项并参加“973”计划项目。2003 年获得四川省科技进步奖二等奖，2007 年入选教育部“新世纪优秀人才支持计划”。

图 9-14　寇辉教授

十一、朱培勇

朱培勇，刘应明院士的博士生。1956 年 10 月出生于四川省自贡市，1989～1992 年以及 1997～2000 年，分别为刘应明院士的硕士研究生和博士研究生(在职)，1998 年破格晋升为教授。2004 年至今，为电子科技大学数学学院教授，博士生导师。

图 9-15　朱培勇教授

朱培勇主要从事拓扑学、拓扑动力系统以及神经网络及其应用研究，在国内外学术杂志发表论文 100 余篇，在科学出版社出版学术论著(研究生教材)两部：《拓扑学导论》和《混沌数学基础》。培养博士研究生 10 人，硕士生 30 余人。

长期承担数学专业的“数学分析”“实变函数”和“拓扑学基础”课程的教学，2017 年被评为电子科技大学第四届“我最喜爱的老师”。

十二、王学平

王学平，刘应明院士的博士生。1965 年 12 月生于四川遂宁。1999 年 12 月毕业于四川大学数学学院，获博士学位。现为四川师范大学数学科学学院教授，博士生导师。现担任美国《数学评论》评论员、《四川师范大学学报(自然科学版)》主编、《模糊系统与数学》编委、中国系统工程学会模糊数学与模糊系统专业委员会常务理事。

图 9-16　王学平教授

王学平主要从事格理论及其应用、半环理论及其应用、max-plus 代数上线性代数理论等的研究。已主持国家自然科学基金面上项目及四川省杰出青年科技基金项目各两项。2015 年入选四川省学术和技术带头人。

十三、李三江

李三江，刘应明院士的博士生。1975 年 2 月出生于陕西渭南。2001 年 7 月毕业于四川大学数学系，获博士学位。现为澳大利亚悉尼科技大学量子软件与信息中心教授，并担任国际刊物 *Spatial Cognition & Computation* 编委。

图 9-17　李三江教授

李三江主要研究方向为人工智能理论，具体研究内容涉及知识表示与推理、时空推理、模糊推理、约束求解等。自 2001 年以来他与合作者系统深入地研究了空间推理的定性方法，并在空间关系建模和空间约束求解等方面取得重要成果。2004 年获德国洪堡基金会资助到德国弗赖堡大学访问(任洪堡学者)，2006 年获首届微软青年教授奖，2008 年获中创软件人才奖，2009 年获澳大利亚 ARC Future Fellow 奖，2010 年获悉尼科技大学 ECR Research Excellence Award。

第四节　“学生们”心中的刘老师

1989 年刘应明被评为首批全国优秀教师，1993 年个人项目获全国普通高校优秀教学成果奖，1998 年刘应明获宝钢教育基金会优秀教师奖特等奖。

《科技日报》记者采访刘应明院士时(1997 年)，有如下记录：

刘应明表示，自然科学的研究像下围棋一样，在一定程度上还是有年龄限制的。他自己现在虽然年龄还不是很大，但也开始向带学生、培养青年人方向转移精力。他说："跟青年人一起或指导青年人到科研第一线去可能更实事求是一点。这没有什么遗憾，了解生活，善于生活，本身就是学问，不是古话说'人情练达即文章'吗？"

一、治学严谨，恨铁不成钢

1. "刘老实在太优秀了！"

四川大学数学学院博士生导师张德学，1987 年保送刘应明的硕士，1990 年开始攻读博士学位。"刘老实在太优秀了，我们在很多方面都没有办法达到他的要求，我们永远达不到他的高度。"张德学说，他在读硕士、博士期间，经常会因为做事情没有达到刘老的要求而被批评，"他很严厉，但我们明白他对学生的一片苦心。"张德学说，刘老的文字功底相当深厚，很多人看过他的文字后简直不敢相信他是一名"理工男"，刘老有时候到某一个地方游玩，会写一段优美的文字发在朋友圈里，好友们经常感叹他的才情。其实，这与刘老的读书时代有很大关系。刘老少年时代就读的福州一中紧挨着福建省图书馆，刘老是馆内的常客，他的阅读范围很广，培养了他对文学的爱好。一直到高中毕业，刘老都担任语文课代表。刘老在生病期间也会发朋友圈，他经常转发环境、数学领域的新闻，偶尔也会在朋友圈里说说他的病情，或者有些朋友到医院探望，他也会发表一些感叹。

2. "怎么没有培养出一个像模像样的学生？"

四川大学数学学院教授张旭曾回忆到，他从四川大学毕业后到达县师范专科学校当老师，对前途迷茫的他给时任四川大学副校长刘应明写信，很快收到了刘老的回信，几页信纸写得满满的。1993 年 9 月张旭考入复旦大学数学研究所做研究生，硕博连读，于 1999 年 1 月获运筹学与控制论专业博士学位。1998 年 12 月至 2000 年 5 月在四川大学数学学院博士后流动站工作，出站后留四川大学任教至今。更让张旭记忆深刻的是，他曾送了一份博士后出站报告给刘老，刘老简单翻了翻就开始批评：出站报告中哪里哪里很不规范、哪里哪里安排很不合理等。2005 年底再次拜访刘老，张旭再次被批评：到川大这么长时间了，怎么没有培养出一个像模像样的学生？直到 2011 年，张旭的学生获得了全国百篇优秀博士学位论文，刘老第一次，也是唯一一次当面表扬张旭："看来你在川大也带出了一个团队。"张旭说，现在回想起来，刘老当时是恨铁不成钢。

3. 致谢，却被狠狠地批评

四川师范大学教授王学平是刘老的博士生，他曾这样回忆起刘老：

我是 1995 年考入四川大学(当时叫四川联合大学)数学系，师从刘应明院士和李中夫教授的。刘老师给我们作学生的印象是严、忙、爱。记得我 2002 年在《数学进展》上发了篇名为“完备 Brouwerian 格上 Fuzzy 关系方程有极小解的条件”的论文。在这篇论文的最后面，我对刘老师和李老师给予我的指导进行了致谢，结果被狠狠地批评了一顿。其原因是我在论文最后提到了他们的名字，这完全有可能影响审稿人对论文质量的判定。从此以后，两位老师给我立了规矩，即如果他们在论文中没做具体的工作，就不准论文中出现他俩的名字。其实，他俩给予我的指导哪是一两个具体结果可比的。虽然我当时心中很不爽，但今天，我也是按照他俩当年对我的要求来要求我的硕士生和博士生了。

4.“你看过京剧吗？”

南京师范大学数学科学学院贺伟教授，作为刘老的学生曾回忆到：他刚刚入学的时候要学两门课程，因为急于把书看完，所以看得很粗糙。有一次刘老询问贺伟看书的情况，贺伟说两本书都看完了。刘老话锋一转：“你看过京剧吗？如果你在县京剧团和国家京剧团看过同样的节目，你一听就会感觉到二者之间的区别，做学问道理也是一样的，你回去重新看书。”贺伟说，他重新把书里的习题都做了一遍，也明显感受到自己的学术境界有所提高，对后面的科研起到了决定性的基础作用，受益终身。

二、与人为善，慈祥如父

刘老的学生说，我们读书的时候其实很畏惧刘老，但毕业之后想起与刘老的点点滴滴，觉得他如慈父一般，其实，刘老对学生的爱是很“强势”的。

1. 忐忑不安地去见刘老师

“长江学者奖励计划”讲座教授、美国密歇根大学讲座教授阮勇斌说，刘老既是他的老师，也是他的朋友，30 年间，他多次与刘老见面，一起谈论国际数学的走向，讨论国内数学的发展，一起钓鱼，一起打牌。他曾回忆：1985 年阮勇斌准备出国，当时正逢国内容许不用考试直接攻读博士学位，刘老师提出让他直博。阮勇斌很犹豫，他非常希望出国，他的同学“警告”他，“刘老让你直博是看得起你，不要不识抬举”。第二天，阮勇斌忐忑不安地去见刘老师，大大出乎意外，刘老不仅没有表现出丝毫的不快与失望，反而给他分析国际拓扑学的潮流，极力鼓励他出国去学习拓扑最新的知识。

图 9-18　阮勇斌(前排右 1)等看望老师(2010.5)

2. 因胆小不敢与刘应明讲话

清华大学应明生教授曾在刘应明 70 寿辰庆典活动上用质朴的话语致贺:应明生对老师刘院士充满了感激,“他这个大学者,却不遗余力地提携我这个来自‘小学校’的老师,实在令人感动”。应明生教授回忆起了投师门的曲折过程:18 年前他从师专毕业后到了江西一个中学当老师。1983 年,作为一名普通中学老师在一个数学年会上见到了刘应明,此时刘应明早已在数学界声名鹊起,胆小的应明生竟不敢与他说话。之后,应明生调到了江西师范大学,终于可以在两年一次的数学年会上见到刘老师,结果还是因胆小不敢与他讲话。1990 年,应明生在申报一个项目上碰到了问题而无计可施,正当他在宾馆走廊上愁容满面时,路过的刘应明主动问他“你是不是叫应明生?遇到了什么问题?”在刘应明的帮助下,应明生第二年拿到这个项目。随后,在初次相遇 9 年后,他终于投到刘应明的师门,跟随刘应明进行数学研究。“没有刘老师的鼓励和提携,我的数学研究根本做不下去!”

3. 一碗面条学生终生难忘

徐晓泉曾任南昌师范学院副校长,1986 年 6 月,他来川大参加研究生复试,辗转 30 多个小时才赶到成都,一身疲惫,刘老师心疼极了,连忙烧热水让他洗澡,并叫师母煮了一大碗肉丝面给他吃,记忆中这是他吃得最香的面。

4.“你在家做饭吗?”

作为刘老的学生,有件事情让张德学教授印象深刻。一次同学们聊天,一位同学埋怨家里人做饭不好吃，恰巧被刘老碰到。“你在家做饭吗？”“不做。”“你都不做饭还好意思抱怨饭不好吃？不会做的事情就不要挑剔！”刘老的一番批评，让这位同学哑口无言。张教授说，刘老一直教导学生为人要谦和，做事要踏实，做学问要一丝不苟，因此他把这个做人做事的道理传承到了他的学生身上。

5. 铁骨柔肠的刘老师

四川大学数学学院副院长寇辉，作为刘应明院士 1993 级硕士生及 1995 级博士生，曾这样回忆到：您是海内外知名的学者、教育家，国家的不少事业也需要您的参与。在许多人眼里，您是大人物。而学生知道，您也有铁骨柔肠。学生几年前遭遇家庭变故，您不知从哪里知道学生的事，当时您很忙，但你立即把学生叫到你的家里，给予宽慰和疏导。从那以后，您时常询问此事，给予关心。您很忙，不能有很多时间与学生见面交谈，但时常通过 email 发给学生充满阳光的文章、漂亮的风景地理图片、令人捧腹的笑话，甚至包含一些正确的生活小常识！学生知道，你在帮助学生积极阳光地面对生活的困难。

6.“以后不要安排王学平接我了！”

四川师范大学教授王学平是刘老的博士生，他曾这样回忆起刘老：

刘老师对学生除了严外，还有爱。记得有一天下午上完李中夫老师的“人工神经网络”课后，安排我晚上跟车去双流机场接刘老师。在回家的路上，刘老师还一路谈笑风生，哪知一回到他家，马上就严肃地对吴老师说：“以后不要安排王学平接我了，他接完我后还要摸黑骑车回家，不安全！”其实，吴老师并不知道我要去接刘老师，而刘老师哪里知道，能被安排去接他，学生们是多么地向往啊。

图 9-19　刘应明在拓扑与模糊数学讨论班(1995 年)

第十章 探索一流本科人才培养的格局

刘应明继承与发扬柯召等老一辈川大数学人的传统，将川大数学人才培养推向新高度。无论是国家理科基础科学(数学)人才培养基地的建设，还是数学拔尖计划的入围，目的都在于提升川大数学本科人才质量。刘应明从顶层设计到具体实施，都有不少的探索与创新。

第一节 创建四川大学“国家数学人才培养基地”

一、川大“国家数学人才培养基地”起步回顾

四川大学“国家数学人才培养基地”是国家首批 15 个理科人才培养基地之一，于 1991 年设立，至今已走过近 30 年，取得了令人瞩目的成就，为国家培养了大批的数学人才。在此，回顾基地建立初期的情况，令人感慨万千。

1991 年，基地设立之初，四川大学数学学科仅有 2 个博士点、3 个硕士点。全系教师 102 人，其中教授 14 人，副教授 58 人，具有博士学位的教师 5 人，博士生导师 6 人，另有兼职博士生导师 3 人；年均教学经费 1.32 万元，生均 41.4 元，实验教学经费 1.33 万元，生均 41.8 元，在为教师提供的科学研究的条件方面，全系每年可用于图书资料、实验设备购置的经费为 2 万余元，全系仅有 4 台微机，年均科研经费 9.72 万元。全国各高校数学学科的状况也大致如此，基地的设立，实在是雪中送炭。

二、川大“国家数学人才培养基地”建设要点

四川大学“国家数学人才培养基地”也是西南地区唯一的一所国家数学人才培养基地。

刘应明参与了基地建设的每一项改革措施的设计，他回忆说：“我根据国际学术领域的最新发展，在课程设置、师资力量、组织管理等方面作了不少努力。”

当时学校的经费紧张，拨给基地建设的配套资金不足，刘应明与数学系的领导们体谅学校的难处，又想办法从数学系掌握的经费中抽出一笔来补足 60 万元配套资金，全额投入基地建设。

1. 办学条件有显著改善，建立了面向本科生的微机实验室和图书阅览室

基地建设启动后，国家教委共拨给经费 60 万元，校、系筹措了专项经费 60 万元，一并投入基地建设。围绕基地建设的总目标，数学系从办学条件改善、教学改革、学科发展和师资队伍建设这几个方面进行了系统的改革尝试，取得了较好的成效。

数学系利用基地建设经费和学校提供的经费购置了 100 万元的计算机及辅助设备，并实现了微机联网；为建立面向本科生的开放性图书阅览室添置了约 20 万元的中外文数学书刊。已初步建成了面向本科生的微机室与图书阅览室，并于 1993 年春季正式对川大数学系本科生开放。这样，基地的学生可以较方便地使用微机和图书资料。国家教委有关司局的主管同志和兄弟院校的专家来川大数学系视察之后，评价甚高，认为国家拨给 60 万元，能做这么多事不容易。

面向本科生的微机实验室的建成和投入使用，弥补了川大数学系计算机实习不足的薄弱环节。本科生的上机时间十分充裕，不仅课后可以方便地使用计算机，还可以根据自己的兴趣选学其他计算机课程，或在科研和毕业论文写作中方便地使用计算机。我们的教学目的之一，就是要让学生能够熟练地使用计算机。只要有这样的高起点，他们就能够跟上当前各学科越来越广泛地与计算机手段相结合的发展趋势。

面向本科生的图书阅览室的建成和投入使用，改变了以往本科学生因缺乏文献而较少涉猎更多数学知识的状态，这为学生扩充知识面、增强学习兴趣，以及发挥学习的主动性等创造了必要的物质条件。

这样的办学条件，在现在虽然不足为奇，但在 20 多年前还是很难得的。

2. 进行了多项教改尝试

按照基地有关培养人才的目标与措施，着手进行多项改革的尝试，主要有以下几个方面。

(1) 招生　从 1992 年起，经四川省教委、省招委等部门批准，基地在省内享受特殊的招生政策，与军事院校等同批提前录取。同时，学校拨出一定的保送生名额，专供基地招收德智体全面发展且数学成绩特优的学生。

(2) 课程建设　为了保证教学质量的稳定和高水平，本科生的基础课教材相对稳定，选用的大都是国内公认的高质量教材，不少是得奖教材。在博采众家之长的同时，也注意结合本系特点进行课程建设。学校将数学分析等五门基础课定为校重点课，予以支持。

(3) 师资队伍建设　除已抽调具有丰富经验、教学效果好的教授、副教授承担基础课教学工作，安排高水平的教授指导本科生毕业论文外，还选拔了一批具

有博士、硕士学位，业务能力强的中青年教师参与重点基础课教学，以形成不同年龄层次的教学梯队。1996 年，数学系具有博士学位的青年教师已有 18 位。

(4) 学制改革 从 1992 年招入基地班的学生开始，对基地班的学制作进一步改革，试行本科生—硕士生—博士生分流制，把本科生与研究生的教育结合起来，学生入学后在四年级上学期经过一次分流，合格者直接进入硕士研究生阶段学习。在硕士研究生教育两年后，选择品学兼优者提前攻读博士学位。

(5) 优秀学生提前读研并试行导师制 经学校同意，优秀本科生可提前攻读研究生，本科优秀生在读够学分后，经严格审查合格，可提前攻读研究生。同时，三年级起试行优秀生导师制，根据学生的志向，选派教授对他们进行个别指导。

导师制对优秀生的成长特别有利。因为学有余力的优秀生若无指导地学习新知识，可能会走弯路，造成不必要的损失。经导师指导后，学生可以健康而又迅速地成长。

(6) 学术讲座与数学竞赛 1992 年以来，每学期都为本科生开设若干次系列学术讲座，内容涉及数学的基础知识、前沿知识及数学研究的热点问题等，这对于开阔学生的视野甚有益处。此外，还组织和鼓励学生参加各种竞赛，包括组织优秀学生参加全国的大学生数学夏令营、全国大学生数学建模竞赛等。

上述一系列教改活动，使基地班的学生学得主动、深入，学校普遍反映基地班的班风好，学习气氛浓。这样的好班风，对整个数学系各班都产生了好的影响和带头作用。

三、川大“国家数学人才培养基地”建设成效

川大数学系基地班成立以来，本科教学水平大为提高，培养了不少优秀的数学英才。

例如，川大数学系于 1992 年暑期选派了两名学生参加在北京举行的全国大学生数学夏令营，二年级学生李福波获个人第三名，三年级学生田野与李福波共同为我校夺得团体二等奖。他们的优异成绩从一个侧面反映了川大数学系的教学水平。田野从基地班读完硕士后到中国科学技术大学读博，后赴美国哥伦比亚大学，师从国际著名数论学家张寿武教授，获博士学位。后来，田野回国到中国科学院数学与系统科学研究院从事数论研究，成绩优异，2007 年入选中国科学院“百人计划”，同年获晨兴数学奖银奖，2011 年获第十二届中国青年科技奖；其研究方向为数论、算术代数几何。

2013 年，田野获得拉马努金奖(Ramanujan Prize)，主要表彰田野对数论的杰出贡献，这是以印度天才数学家拉马努金(Ramanujan)命名的国际奖项。同年，获得国家杰出青年科学基金。2018 年，田野被评为中国科学院年度创新人物。2019 年被中国数学会提名为中科院院士候选人。

基地班培养出来的另一位尖子生是明平兵。他在基地班三年级时提前攻读研究生，硕士毕业后到中国科学院数学与系统科学研究院读博，毕业后留院从事计算数学的研究，2005 年获得钟家庆数学奖及研究院突出科研成果奖，2009 年被中国科学院数学院评为“景润未来之星”，2014 年获得国家杰出青年科学基金，2015 年被中国科学院数学院评为冯康首席研究员。

历届川大数学系(学院)基地班的毕业生中出了不少优秀人才，有的毕业生留校后成长为川大数学学院新一代的学术领导人或学术骨干。

1994 年 10 月，四川大学数学系“国家数学人才培养基地”第一期(1992～1994 年)建设工作完成，在国家教委组织的全国性评估中被评为 A 级，与会专家特别肯定四川大学数学系在基地建设中干实事的精神和成绩：

为基地学生开展的学生社会活动、科技活动丰富多彩，创办的《走近数学》学生刊物、“小火花本科生科研项目”计划很有特色，学生思维活跃，能力强，毕业生质量高。

基地建设充分体现了“厚基础、宽专业、高素质、强能力”的办学理念，基地的学术交流频繁，学术氛围浓郁，学习和研究环境宽松，学生学习积极性高，具有很强的示范辐射作用，是我国西部数学高等教育与数学研究中心。

1997 年，刘应明、熊华鑫、白苏华、钟淑琳、韩泽的“建设国家数学人才培养基地，推动基础科学教育改革”项目成果获得国家级教学成果奖二等奖、四川省教学成果一等奖。

图 10-1　刘应明等荣获国家级教学成果奖二等奖(1997 年)

1999 年，教育部对 1991 年批准的全国首批理科人才培养基地进行验收，川大的国家数学人才培养基地通过检查验收，评为优等。

2002 年，四川大学国家数学人才培养基地被评为优秀基地。

2005 年，刘应明、王宝富、马继刚、梁基华、李清朗等 5 人的项目“数学类学生数学应用能力和创新意识培养的研究与实践”获得高等教育国家级教学成果奖二等奖、四川省教学成果一等奖。

2008 年，四川大学数学与应用数学专业被列为教育部高等学校特色专业建设点。

2014 年，中国科学评价研究中心(RCCSE)《中国大学及学科专业评价报告》中，四川大学的数学与应用数学、信息与计算科学、统计学三个本科专业均为最高等级 5 星，特别是四川大学统计学本科专业排名第一。

图 10-2 刘应明等荣获高等教育国家级教学成果奖二等奖(2005 年)

第二节 四川大学本科人才培养首批入选“珠峰计划”

“基础学科拔尖学生培养试验计划”(简称“珠峰计划”)是由教育部、中组部、财政部于 2009 年启动的人才培养计划，是国家为回应“钱学森之问”而推出的一项人才培养计划，旨在培养中国自己的学术大师。教育部选择了 17 所大学的数、理、化、信、生 5 个学科率先进行试点，力求在创新人才培养方面有所突破。“珠峰计划”的入选高校是：北京大学，清华大学，北京师范大学，南开大学，吉林大学，复旦大学，上海交通大学，南京大学，中国科学技术大学，浙江大学，厦门大学，山东大学，武汉大学，中山大学，四川大学，西安交通大学，兰州大学。2015 年，中国科学院大学入选。

2009 年 9 月，刘应明被教育部任命为新建的“基础学科拔尖学生培养试验计划”专家组成员，这也是该计划首批专家组成员。

四川大学是批准执行该计划的首批 11 所大学之一，数学也是首批入选“珠峰计划”的学科之一。自 2009 年立项，2010 年 3 月选拔第一批学生起，根据教育部“珠峰计划”相关文件精神，在刘应明的带领下，四川大学数学学院制定了“数学拔尖学生培养试验计划”的具体方案，在不断摸索和总结经验中，开展了卓有成效的数学拔尖学生培养的各项工作。

白驹过隙，时光飞逝，转瞬十年。到 2018 年，数学学院已经完成了从 2009 级到 2014 级，6 届共计 91 人的拔尖学生培养工作，先后有 21 位高水平专家担任拔尖学生的导师，平均每年为数学拔尖学生单独开课 14 门，为其他学院拔尖班学生单独开课 6 门，学生参与各级科研训练项目 54 项，获得各类奖项逾 100 项，学生本科期间海外访学经历接近 100%，继续深造率达到 98%。

图 10-3　刘应明在川大拔尖学生培养工作会议上讲话

一、四川大学数学拔尖人才培养的目标定位

培养"具有深厚人文底蕴、扎实专业知识、强烈创新意识、宽广国际视野的国家栋梁和社会精英"是四川大学根据自身发展和国家的需求提出的人才培养总目标。

四川大学数学学院将数学拔尖人才的专业培养目标定为：培养系统扎实地掌握数学学科的基本理论和方法，受到系统的科学研究训练，具有科学精神和创新意识，具有发现问题与分析及解决问题的能力，具有宽广的国际视野，能够成长为数学领域的领军人物，并逐步跻身国际一流科学家队伍的数学高级研究型人才。

二、四川大学数学拔尖人才培养的实施过程

1. 政策和组织保障

四川大学数学学院组成了由刘应明任组长的专门小组，专门负责"珠峰计划"实施过程中各类管理制度的制定与审议，负责"珠峰计划"实施各环节的质量监控。同时，还建立了"珠峰计划"指导教师考核及激励制度和拔尖学生奖励制度。

刘应明担任四川大学拔尖人才培养工作领导小组组长和"珠峰计划"专家组组长。

2. 选拔优秀学生

1) 遴选机制

选取的拔尖学生主要来自如下三条途径：

(1) 在全国范围内直接从高中二年级以上的优秀学生中免试录取；

(2) 从四川大学“国家数学人才培养基地”中选拔；

(3) 从四川大学当年录取的全校新生中选拔。

2) 激励机制与动态流转

以实施动态滚动培养的方式形成激励机制：在二、三年级中选拔特别优秀的数学类学生补充进入培养计划。

制定相应的考核和退出机制：综合考核合格者，可以继续完成“珠峰计划”，考核不合格则退出该计划。

3. 创新培养模式

(1) 实施小班化、启发式、探究式课程教学。

(2) 开设专题讨论课、读书班。

(3) 实行全过程考核。

(4) 鼓励学生参加各类科研训练活动。

(5) 搭建校内、校际学生学术交流的平台和渠道。

(6) 参加川大“珠峰计划”学生“科学、哲学与人生”论坛，论坛每学年由川大不同学科的拔尖学生培养单位轮流主持。

(7) 从2015年起，数学学院每年送拔尖班大三学生前往北京大学学习一个学期，修习北京大学数学科学学院的优势课程，并与北京大学拔尖学生一起学习生活，感受北京大学教学、学术氛围。

4. 配备一流教师

由数学学院的优秀学者组成专业指导小组、课程教学小组，承担拔尖学生的全部日常教学工作。

数学学院邀请国内外著名专家学者来开设短期课程和学术讲座，让学生们有更多的机会去了解国际学术前沿和热点学术问题。近年来，先后有张恭庆院士、姜伯驹院士、石钟慈院士、文兰院士、严加安院士、郭柏灵院士、林群院士、张平文院士、陈木法院士、郭雷院士、龙以明院士、陈永川院士、江松院士、陈志明院士、崔俊芝院士、袁亚湘院士、张寿武院士、郁彬院士、Efim Zelmanov 教授、许进超教授、张益唐教授等国内外知名学者前来开设学术讲座。

尝试引入国外导师，邀请国外知名学者与校内、国内导师一起，为拔尖学生的培养注入更多的国际化元素。

5. 讨论班制度与校际学术活动

由教师提出某一主题，拔尖学生根据兴趣报名参加，并就其中的问题展开相应的学习研究，定期进行汇报讨论。

学院支持并鼓励拔尖学生参加国内外学术会议，为学生提供相应的经费支持。例如，2009 级拔尖班学生吴慧雯曾前往德国参加学术会议，并提交了参会论文；2012 级朱秀武同学 2015 年 7 月在三亚参加了泛亚数论会议；2012 级马冠球同学 2015 年 9 月在广州参加了第十届中国计算数学年会。近年来经常有数学拔尖学生前往香港科技大学，参加暑期科研训练项目。

6. 鼓励高年级拔尖班学生提前进入导师科研团队

例如，2012 级拔尖班学生张子豪就曾在大四时提前进入其中科院导师团队，参与 3D 人体重建技术科研活动，接受相应的指导和科研训练。

7. 国际化培养

把优秀拔尖学生以联合培养、暑期学校、短期实习和考察等方式和渠道送到国外一流大学进行学习和交流，而且提供必要的经费支持。

外籍专任教师的专业选修课的开设。近年，先后引进了 4 位高端外籍短期专任教师以及 1 位外籍专任教师，为学生开设专业选修课。

支持拔尖学生参加各类长短期国外高校的交流学习项目。例如，2012 级拔尖班学生徐一鸣就曾前往牛津大学学习一学期；同时每年学院会选派高年级拔尖班学生前往合作密切的国外知名大学进行短期交流学习，例如，前往美国宾夕法尼亚州州立大学、美国加利福尼亚大学尔湾分校、加拿大滑铁卢大学等。

三、四川大学数学拔尖人才培养的实施成效

1. 毕业生去向、特色及成长情况

截至 2018 年 7 月，数学学院已完成了 6 届拔尖学生培养工作，共 91 人毕业，98%的学生进入国内外一流大学继续深造，其中国内名校读研 63 人，境外名校读研 26 人。

继续深造的拔尖班学生中，不少同学取得了有国际影响的成果。截止到 2020 年，有三四位 2009 级和 2010 级拔尖班学生准备回国申请国家青年千人计划。

2. 全国数学拔尖学生联合暑期学校的校际联合培养模式

由数学学院参与倡议并组织开展的全国数学拔尖学生联合暑期学校的校际联

合培养模式，有效地整合了各“珠峰计划”参与学校的优势资源，搭建了新的拔尖学生学习交流平台，为拔尖学生的校际交流开辟了新的渠道。

2011 年 4 月，北京大学、南京大学、四川大学、厦门大学四校经讨论研究决定，联合开办数学拔尖学生联合暑期学校，邀请国内外相关方向的著名学者前来授课。2011 年，在四川大学和厦门大学分别开设一个教学班，其他高校选拔数学拔尖学生参与各个教学班的课程学习。2012 年，兰州大学加入数学拔尖学生联合暑期学校，开设四川大学、北京大学、南京大学 3 个教学班；2013 年，复旦大学、南开大学、武汉大学加入数学拔尖学生联合暑期学校，开设复旦大学、南开大学、四川大学、厦门大学 4 个教学班；2014 年，吉林大学、北京师范大学加入数学拔尖学生联合暑期学校，参与这一联合培养数学拔尖学生平台的高校达到 10 所。截至目前，数学拔尖学生联合暑期学校已开办 8 届，2018 年随着国家天元数学西南中心的强势加入，也为了响应国家“珠峰计划”2.0 版本，彰显“珠峰计划”的带动作用，第八届数学拔尖学生联合暑期学校在招收学员时吸纳部分非“珠峰计划”的优秀数学本科生以及研究生。

到 2019 年，四川大学数学学院已先后开办了 8 届全国数学拔尖学生联合暑期学校，8 年间共计 300 余名川大学生通过这一平台在川大学习，外校学生近 200 人。同时，8 年来川大数学学院也选派了 100 余名优秀拔尖学生到数学拔尖学生联合暑期学校的其他高校教学班学习。

全国数学拔尖学生联合暑期学校为我国拔尖人才培养开创了新模式。该培养模式受到了一致好评，曾在教育部做过经验交流。

第十一章　数学普及，从青少年中培育与发掘数学英才

本章主要介绍刘应明在四川省青少年数学教育与发掘数学英才方面所做的工作及不俗成绩。

第一节　背景及领导机构

“文化大革命”结束不久的 1978 年 4 月，经国务院批准，在北京、上海、天津、广东、四川、安徽、辽宁、陕西八省市举办全国高中数学竞赛。1984 年 11 月，中国数学会决定，从 1985 年起，每年举办全国高中数学联赛和全国初中数学联赛各一次。

四川省是最早参加全国高中数学联赛的八省市之一，并一贯积极地支持全国数学联赛工作。1983 年，经四川省政府批准，由四川省科协、教育厅、高教局、团省委、四川省数学会组成四川省数学竞赛委员会，负责全省的数学竞赛工作，每次竞赛活动都由这五个单位联合签章发通知。1986 年起直接由四川省数学竞赛委员会发通知，报送五单位备案。

图 11-1　刘应明院士看望中国数学奥林匹克竞赛的四川代表队选手们

四川省数学竞赛委员会主任为柯召，常务副主任为刘应明，四川省科协、教育厅、高教局、团省委四单位的分管领导担任副主任。1991 年起，刘应明担任四

川省数学竞赛委员会主任。

四川省数学竞赛委员会依托四川省数学会开展工作，对数学竞赛活动的管理非常认真严格。四川省数学会明确规定，凡是接触数学竞赛工作的人员，不得参加任何数学竞赛的培训活动，也不得参加任何营利性的数学培训活动。阅卷管理也非常公正严格，所以，四川省的数学竞赛活动享有良好的信誉。

图 11-2　1991 年 9 月，刘应明与姜伯驹院士(前排右三)在四川师范大学看望全国初中数学竞赛命题组成员时与大家合影留念，前排右二是张景中教授(时任命题组成员)

刘应明作为四川省数学竞赛委员会主任，长期关心、指导四川省数学竞赛各项活动的开展。每逢四川省数学冬令营期间，刘应明都要前往冬令营所在地召开四川省数学竞赛委员会并看望选手，勉励同学们。他告诫选手们：你们都是数学竞赛的佼佼者，这是值得赞扬的。但是从数学知识领域来看，你们仅仅是入门而已，一定要戒骄戒躁，继续努力。数学的路还很长，也很精彩。

在刘应明带领下，四川省数学竞赛工作也获得了显著成绩，不仅获得了省市领导的肯定与赞许，也使得四川省名副其实地进入了我国数学竞赛的先进之列。

图 11-3 为四川省数学竞赛委员会领导看望参加 1999 年中国数学奥林匹克竞赛的四川代表队选手时与大家的合影。前排中刘应明院士(四川省数学会理事长、四川省数学竞赛委员会主任)，前排左三聶秀香(四川省科协副主席、四川省数学竞赛委员会副主任)，前排左二聂洪泽(四川省教委基教处处长、四川省数学竞赛委员会委员)，前排右一邓丽蓉(四川省科协普及部部长、四川省数学竞赛委员会委员)，前排左一许清华(四川省数学会普委会主任、四川省数学竞赛委员会副秘书长、四川代表队领队)。后排左起熊华鑫(四川省数学会秘书长、四川省数学竞

赛委员会副主任兼秘书长)，队员许晨阳、徐立恒、白沁园、张伟，教练唐贤江(四川大学教授)，教练刘裕文。前排中队员黄祥娣、杨运新、张婷婷(女)。本届冬令营选手许晨阳、张伟等目前在数学领域都已崭露头角，作出了突出贡献。

图 11-3　四川省数学竞赛委员会领导看望参加 1999 年中国数学奥林匹克竞赛的四川代表队选手时与大家的合影

第二节　数学普及与数学课外活动

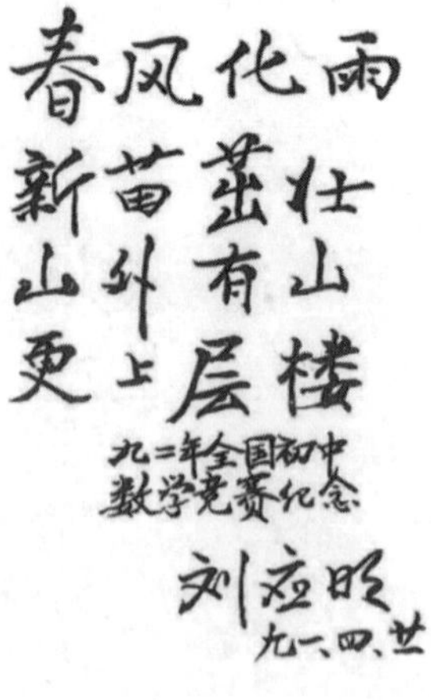

图 11-4　刘应明为 1992 年全国初中数学竞赛纪念册题字

1987 年，刘应明担任了四川省数学会理事长。在他的鼎力支持下，四川省的数学普及有了快速的发展。

1993 年，刘应明在一篇文章中写道：在以种种行之有效的方式提高大学本科和研究生教育水准的同时，我还注意对中学生中科技预备人才的发掘培养。作为四川省数学会理事长，我在连续两届(每届五年)任期中，均积极推动中小学数学奥林匹克学校的工作及数学教学研究工作。每年省数学会都举行涉及本科、专科及中学的数学教学方面的专题报告，推动数学教学的发展。我还为“中学生丛书”(上海教育出版社)撰写了《模糊数学》一书，在中学师生中受到欢迎。

刘应明的处事风格是决策果断、信任学会干

部、放手的同时在工作需要时必定出面支持。因而能够调动一大批人的积极性，投身于四川省的数学普及活动中。

一、形成了一支精干、高效又乐于奉献的数学普及工作队伍

四川省数学会动员了一批业务能力强、热心普及工作的大学教师和数学工作者，组成一个团结协作、勇于开拓的工作班子。他们把主要精力集中于组织领导全省的数学普及工作；抓业务引导，抓尖子培训；以及筹集数学普及经费；等等。

四川省数学会从无到有地建立了全省性的与各地市联系开展数学普及工作的联络网。联络网的成员均为各地的数学会员、教研员、数学竞赛教练员，以及骨干教师的代表等。他们了解基层情况、经验丰富且积极支持数学会的工作，所以四川省数学会从事普及工作的同志虽然不足 20 人，却能对全省的数学普及工作发挥重要作用。

四川省数学会作为学术团体，很注重发挥学会的业务优势，以点带面地开展科普工作。除培训大批教师外，还集中了一批专家教授从事高层次的培训数学尖子的工作，四川省历届夺得国际数学奥林匹克竞赛金银牌的尖子，都参加过由四川省数学会组织的培训班。

四川省数学会还积极支持成都市中学数学奥林匹克学校的工作。该校成立于 1986 年，校长是成都市数学会副理事长、成都七中教导主任张朝中。他成功地把成都地区的优秀数学教育资源整合在一起，教师队伍几乎囊括了成都市的数学特级教师和高级教师，并邀请川大和川师大的数学专家参与授课。成都市的中学数学尖子，大部分是成都市中学数学奥林匹克学校的学员，大都在此受过高水平的培训。

例如，成都树德中学特级教师游家騄，是许晨阳当时在树德中学读书时的数学老师。游家騄还记得，1993 年，许晨阳在父亲的带领下，专门从老家重庆前来成都求学，慕名进入了树德中学初中一年级学习。

“他当时就对数学特别感兴趣，自己要求要学习奥林匹克数学，我就介绍他在周末进入了附近的成都市数学奥林匹克学校青龙街初中分校学习。后来有老师曾去许晨阳家家访，那天他们家正好停电，老师找了半天，最后在街边的路灯下发现了看书的他，他看的是一本数学书。”

游家騄提到，“许晨阳数学成绩一直很好，在当年的理科实验班选拔考试中，他的数学成绩在众多考生中排名第一。在高中，许晨阳也坚持周末参加成都数学奥校高中分校的学习，好些个周末早晨，我都和他骑自行车并行在南行的大街上，我去奥校授课，他去听课。”

四川省数学会的培训班和成都市中学数学奥林匹克学校都十分重视社会效益，勤俭办事，讲奉献，只收取极低的培训费，加上社会资助，才能维持培训活动的正常运转。对于没有什么收入的四川省数学培训工作来说，这是十分不易的。

二、培训了上万名中小学教师，组成了一支遍布全省的数学科普工作队伍

要在全省开展数学科普工作，没有一批数量可观的骨干，单靠少数人是不可能做到的。四川省数学会从 1986 年起，每年都面向中小学数学教师举办培训班，参加者累计在万人以上，他们经过培训后，回到所在地区以地县或学校为单位开展数学课外活动或成立数学兴趣小组。这种形式较易实施，覆盖面大，对数学有兴趣的青少年可以就地参加活动。

四川省数学会特别注重发动群众，争取更多的人支持和参与数学普及工作。数学会大量的面上的普及工作，都是通过联络网布置下去，由各地负责数学普及的同志组织开展的。例如，成都、内江、南充、绵阳等地的教育科学研究所(简称教科所)组织当地的培训工作很有成效。

此外，四川省数学会在加强数学竞赛管理、发挥主力军作用、规范科普活动方面，在支持中小学数学教改方面，在出版科普著作方面，都做了不少的工作。由于数学会工作和科普活动成绩突出，四川省数学会多次被四川省科协评为先进学会。1996 年，四川省数学会普委会主任许清华同志被国家科委、中国科协评为“全国先进科普工作者”。1998 年，四川省数学会被全国青少年科技活动领导小组评为“全国青少年科技活动先进集体”；同年，又被四川省委宣传部、省科协、省科委评为“四川省科普工作先进集体”。

图 11-5 四川省数学会被评为“全国青少年科技活动先进集体”(1998 年)

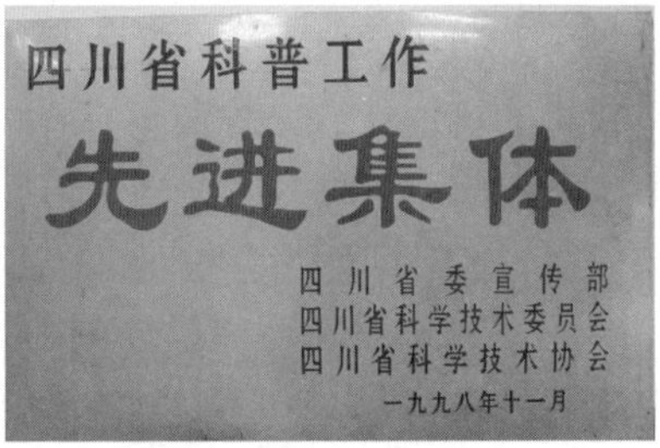

图 11-6 四川省数学会被评为“四川省科普工作先进集体”(1998 年)

三、创建《天府数学》杂志

《天府数学》创刊于 1993 年，是四川省唯一一份数学科普期刊。刘应明任主编。按照办刊宗旨，出刊内容侧重于培养青少年学科学、爱科学的情趣，培养青少年的科学素质和创新能力，为中小学数学教育及数学课外活动服务，并及时发表四川省中小学数学教育改革成果和大中学校师生论文。《天府数学》杂志开展社会服务的方式主要是以下两方面。

1. 搭建四川省中学优秀数学教育资源的共享平台

四川省中学数学教育的高水平优势主要集中在成都市和部分地县的少数重点

中学，从全省来看，是不平衡的。为了扶持相对落后的中学，四川省数学会以《天府数学》为依托，搭建了一个四川省优秀数学教育资源的共享平台，让条件较差的学校也能享用这个优质数学教育资源，提高教育水平。《天府数学》约请各名校的优秀教师有针对性地开设数学科普专题讲座或撰写教学指导文章，汇总成一整套体现四川特色的、高水平的数学科普与教学指导读物，特别受到普通中学师生的欢迎。

2. 扶持新生力量的学术出版计划

(1) 为四川省大学生的创新活动服务。四川省大学生数学创新活动较为活跃。例如全国大学生数学建模竞赛，这是中国工业与应用数学学会主办的面向全国大学生的群众性科技活动，旨在激发学生学习数学的积极性，提高学生建立数学模型和运用计算机技术解决实际问题的综合能力，开拓知识面，培养创造精神及合作意识，推动大学数学教学体系、教学内容和方法的改革。四川省内各高校每年参赛的学生人数达三千多，获奖的大多是具有优秀的创意和实用价值的课题。这些大学生都是刚涉足数学及其应用的新生力量，理应予以鼓励扶持。

图 11-7　刘应明出席 2014 年全国大学生数学建模竞赛四川赛区颁奖暨工作交流会并为获奖选手颁奖

(2) 对青年数学教师和数学爱好者的扶持。针对四川省大量青年数学教师热爱数学教育积极参与数学教研的需求，《天府数学》每年均开辟专辑发表他们的论文及研究心得，以利学术交流。另外，还有意识地发表大学生的研究成果和中学数学爱好者的小论文。

这两方面工作均以扶持新生力量为主要目标。《天府数学》每年至少出版两期学术•教研专辑，发表多篇四川省大学生数学建模竞赛获奖论文，以及扶持新生力量的论文，这是为他们做的实事，社会反响非常好。

第三节　培养与发掘青少年数学英才

历史上，四川就以人杰地灵著称，但囿于内地的闭塞，现代教育相对薄弱，在科技人才的培养方面不足。刘应明认为，四川省数学会有义务也有能力从青少年中培养和发掘一批数学英才，帮助他们走上成才之路。

一、开阔青少年视野的数学夏令营

四川省数学会在组织开展全国高中数学联赛和初中数学联赛的同时，每年暑期都要举办全省高中生数学夏令营，帮助中学生开阔视野，接受高水平的科学熏陶，引导他们领略科学探索的乐趣，进而热爱数学，热爱科学。这虽然是年年都在开展的科普工作，但有关同志十分注重活动内容的充实和更新，做到年年有新意，在培养青少年学科学的兴趣、培养和选拔优秀人才等方面，有重要的意义。

刘应明还为四川大学争取到了主办全国“数学之星”夏令营的机会。他不仅主持筹备工作，还亲自参加讲课。

2000 年，国家自然科学基金委员会数学天元基金学术领导小组决定：由天元基金提供资助，举办全国“数学之星”夏令营活动，由全国各地推选 100 余名优秀的高一学生参加。邀请国内外的著名数学家给中学生讲数学，重点是帮助中学生开阔视野，接受高水平的科学熏陶，学会用数学的方法来提出并解决问题。

继北京大学和复旦大学之后，四川大学获得了第三届“数学之星”夏令营的主办权，于 2002 年暑期在四川大学举行。

“数学之星”夏令营邀请了刘应明、马志明、林群、田刚四位院士及国家自然科学基金委员会数学物理科学部副主任周青教授、“长江学者”罗懋康教授、国家杰出青年科学基金获得者万大庆教授等十余位知名学者为学员作报告，讲数学。来自全国十多个省市的 100 余名高一学生参加了这个夏令营。其中，四川学员 20 人。

二、参与创建四川省第一个高中理科实验班

1993 年，成都七中与四川省数学学会商议提出开办理科(数学)实验班(以下简称实验班)的设想，经韩邦彦副省长批示同意，并报成都市教委批准，省教委备案。这是四川省开办的首届理科实验班。实验班工作从 1993 年 9 月入学的高 1996 级开始。

1. 实验班的目的与目标

实验班开办时，所确定的目的与目标是探索高中阶段培养优秀学生的方法和

规律，使一部分学生先学好，着眼于多出人才，快出人才，出好人才；并为高一级学校输送德智体全面发展，有个性有特长的优秀新生。

通过各学科，特别是数学、物理、化学、计算机的思维训练，全面提高学生素养，全面培养学生能力，打好素质基础，以利于他们能够成长为高层次人才。

近期目标：实验班全体学生完成高中教学大纲所规定的各科全部内容，按较高要求达到优秀；通过数学、物理、化学、计算机等学科的特殊培养，形成学生较强的自学能力与思维能力；在各学科竞赛中出人才；为高一级学校输送优秀学生。

远期目标：实验班学生有较高的素质基础，在21世纪成为各学科领域的带头人，成为高层次科技人才和管理人才。

2. 实验班三年各科竞赛成绩

一九九三年(高一阶段)：全国高中数学联赛二等奖2人。

一九九四年(高二阶段)：四川省第九届计算机程序设计竞赛一等奖3人，二等奖2人，三等奖1人；全国高中数学联赛一等奖7人，二等奖9人，三等奖4人；全国第11届高中物理竞赛二等奖1人，三等奖1人。

一九九五年(高三阶段)：计算机竞赛一等奖3人(其中2人入选国家集训队)，二等奖2人；全国第12届物理竞赛一等奖3人(其中1人入选国家集训队)，二等奖2人，三等奖4人；全国化学竞赛(四川赛区)初赛一等奖4人，二等奖6人，三等奖14人；全国高中数学联赛一等奖12人(其中2人入选数学冬令营)，二等奖17人，三等奖10人。

特别值得注意的是，全国高中数学联赛四川赛区一等奖仅有50个名额，成都七中实验班就独占了12个。

成都七中在总结办好实验班的经验时说：

充分发挥大专院校的指导、协助作用是办好实验班的有利保证。在96级实验班工作中，一直得到省数学会、省物理学会，省化学会、四川联合大学、四川师范大学的大力支持，办学过程中得到柯召院士、刘应明院士的指导，大专院校不少老师直接参加教学工作。

可贵之处在于，成都七中理科实验班从开办以来，年年都以培养出多位尖子生的出色成绩一领风骚。

例如，获得了2018年科学突破奖之数学新视野奖的张伟，就是成都七中高2000级理科实验班的尖子生。他的同班同学中，有27岁时就被电子科技大学特聘为教授的周涛，以及带领团队成功研制出“光子计算机”等众多科研项目的虞南方。据2018年学校官方数据，从这个班毕业后，在全球各大名校做讲师或副教授的就有10人左右。

三、骄人的成果

四川省数学会举办的四川省数学冬令营在每年的寒假前举行，为期一周左右，由四川省数学会邀请多位专家，系统讲授数学竞赛前沿的知识，以开阔参加全国中学生数学冬令营学生的视野并提升解题能力。参加者包括四川省即将进入全国中学生数学冬令营的多位数学竞赛优胜者以及一批高二的数学尖子，共计 30～40 人。

四川省数学会开展四川省数学冬令营已有 30 多年，积累了丰富的经验，拥有高水平的师资队伍，培养了一大批数学尖子、佼佼者，如进入国家队参加国际中学生数学奥林匹克竞赛获奖选手，以及进入国内外名校深造成才的数学名家。

1. 四川选手获国际数学奥林匹克竞赛(IMO)奖牌情况及表彰剪影

1988 年	第 29 届 IMO	成都彭州中学	何宏宇	金牌(四川省第一枚)
1989 年	第 30 届 IMO	重庆永川中学	罗华章	金牌
		成都树德中学	唐若曦	银牌
1992 年	第 33 届 IMO	成都七中	章　寅	金牌
1994 年	第 35 届 IMO	内江安岳中学	李　挺	银牌
1996 年	第 37 届 IMO	重庆第十八中学	何旭华	金牌
2003 年	第 44 届 IMO	成都彭州中学	万　昕	金牌
2009 年	第 50 届 IMO	成都七中	黄骄阳	金牌
2013 年	第 54 届 IMO	绵阳中学	张灵夫	金牌

图 11-8　韩邦彦副省长及柯召院士与第 29 届 IMO 金牌获得者何宏宇(成都彭州中学)合影

(前排左 2 至左 5：刘裕文(何宏宇的指导教师)、韩邦彦、柯召、何宏宇)

图 11-9　韩邦彦副省长、章寅、柯召、刘应明、贺大经副市长合影(从左至右)

图 11-10　刘应明院士(右 2)、许清华(左 1)、唐贤江(右 1)与第 37 届 IMO 金牌得主何旭华(左 2)合影

图 11-11　刘应明院士向 2013 年 IMO 金牌得主张灵夫的学校绵阳中学胡东校长赠送表彰牌匾

2. 川籍奥数骄子，北大数学“黄金一代”

2000 年以前从四川省数学冬令营走出来的不少数学英才，经过约 20 年的奋斗，已经成长为活跃于世界学科前沿的优秀学者。

例如，2017 年 9 月，被称为“中国民间诺贝尔奖”的“未来科学大奖”揭晓，获奖者为施一公(生命科学奖)、潘建伟(物理科学奖)、许晨阳(数学与计算机科学奖)。其中，许晨阳是四川省 1999 年数学竞赛尖子，入选国家数学集训队后保送北大数学科学学院。与许晨阳同样保送北大数学科学学院，后来成长为优秀数学家的，还有四川省 1995 年数学竞赛尖子何旭华，1999 年数学竞赛尖子张伟、朱歆文。包括他们在内的数位数学英才，被国际著名华裔数学家张寿武称为中国数学新一代的领军人物。

2018 年，国际数学家大会上，有 12 位华人数学家成为邀请报告人，其中张伟、许晨阳和何旭华都是从四川走出来的中国数学家，他们都接受过四川省数学冬令营的培训。

图 11-12　三位川籍青年数学家(从左至右：何旭华、许晨阳、张伟)参加 2018 年世界数学家大会并在中国驻里约热内卢领事馆合影(2018 年 8 月 3 日)

2019 年 9 月 5 日，被誉为“科学界的奥斯卡”的科学突破奖(Breakthrough Prize)揭晓。科学突破奖分为生命科学奖(每年最多四个奖项)、基础物理奖(每年一个奖项)以及数学奖(每年一个奖项)，旨在表彰全世界最顶尖的科学家。此外，每年还会有不超过三个物理新视野奖以及不超过三个数学新视野奖，用以表彰年轻的科研工作者。

2019 年的获奖者中，华人数学家朱歆文获得了数学新视野奖。朱歆文是继恽之玮、张伟、许晨阳之后，第四位获此奖项的北大数学“黄金一代”。巧的是，朱歆文和恽之玮、张伟是同届同学，都是 2000 年进入北大数学科学学院攻读的。更为巧合的是，朱歆文、张伟和许晨阳都是川籍奥数骄子。

2000 年 1 月 9～15 日朱歆文(成都石室中学)与张伟、徐立恒、魏震、杨运新、杨功荣(树德中学高二)作为四川代表队成员赴中国科学技术大学参加全国数学冬令营，全部保送北大(杨功荣因是高二学生，第二年才进入北大)。

图 11-13　四川代表队参加 2000 年中国数学奥利匹克竞赛开幕式合影

(左起依次是徐立恒、魏震、杨运新、许清华、朱歆文、张伟、杨功荣)

1) 朱歆文——“华人菲尔兹奖”得主

数学新视野奖获奖理由：对志村簇理论的应用和 p 进簇的黎曼希尔伯特问题等在算术几何中的工作。

朱歆文生于 1982 年，高中期间曾获全国数学联赛一等奖并入选国家数学奥林匹克集训队。

2000 年，毕业于成都石室中学理科实验班的朱歆文进入北京大学数学科学学院学习。2004 年本科毕业后，朱歆文赴加利福尼亚大学伯克利分校留学，并获数学博士学位，他的导师是著名数学家 Edward Frenkel 教授。

2014 年，朱歆文获得终身教职，开始担任著名的加州理工学院数学系副教授，2016 年升任正教授。朱歆文是华人数学界顶级的年轻数学家之一。

朱歆文的工作主要是研究几何表示论特别是朗兰兹纲领，旨在将数论和量子物理学联系在一起。朱歆文因在数学领域的杰出贡献获得多项大奖。

2013 年 3 月 25 日，朱歆文被授予 2013～2014 年度美国数学学会百年纪念奖学金(AMS Centennial Fellowship)。该奖每年由美国数学学会颁发，仅授予杰出的获得博士学位 3～12 年的年轻数学家(近几年均只授予一人)，奖励他们在学术领域做出的突出贡献，在年轻学者中有很重要的意义。

2019 年 6 月 9 日，在第八届世界华人数学家大会上，朱歆文获得了被誉为“华人菲尔兹奖”的晨兴数学奖金奖。该奖项是世界华人数学界的最高奖项，表彰 45 岁以下在基础数学、应用数学等方面有杰出成就及在促进数学事业发展方面有卓越贡献的华人数学家。同样获此殊荣的还有恽之玮。

图 11-14　朱歆文获 ICCM 数学奖金奖

2) 张伟——从大山里走出的数学家，一封自荐信改变命运

1981 年，张伟出生在四川。

图 11-15　张伟教授

张伟的小学前四年在村小读书，到了五年级转入大竹县天城乡小学。正是从那时候开始，张伟的数学天赋便开始显现出来。当时奥数还不流行，更不普及，数学老师也只是在课余给班上数学成绩比较好的学生一些参考资料，包括韩信点兵、哥尼斯堡七桥问题等趣味数学，以满足少数人的求知欲。而张伟便是这少数人之一，随之而来更是由兴趣转而痴迷，并获得了全国小学数学竞赛一等奖。

后来，张伟考上大竹县中学，此间参加全国初中数学竞赛，轻松拿下一等奖。学校老师遂告诉张伟，学校曾经有同学因之被成都七中录取，希望他也能够去试一下，毕竟这是全省最好的学校之一。

张伟便怀着试一试的心态写了一封自荐信。“当时也不知道该把信寄给谁，就写了‘七中校长收’。”没想到过了几天，他就收到了七中副校长杨能生的回信，只有半页信纸，大意便是“热烈欢迎你来成都七中上学”。就这样，张伟成为 1997 年成都七中招收的五名外地生之一。

刚到成都七中的时候，张伟留给同学的印象是，几乎每天都在座位上不停地演算。他课桌上堆满了课本和练习题，每当他算累了，就会从书堆里抬起头来，扶一扶眼镜，跟旁边的同桌聊几句，然后又埋头沉溺在自己的世界里。

高中毕业那年，张伟作为四川省代表队的一员参加了全国数学冬令营，由此获得了 2000 年保送北大数学科学学院的资格。

2004 年北大毕业后，张伟进入美国哥伦比亚大学深造，2009 年获博士学位。

2009～2011 年，张伟在哈佛大学做博士后、讲师。

2010 年，张伟因其在数论、自守形式、*L* 函数、迹公式、表示论和代数几何等数学的广泛领域作出了影响深远的贡献，而获得拉马努金奖。

2011 年起，张伟在美国哥伦比亚大学任教，历任助理教授、副教授，2015 年任教授。2017 年，张伟荣任麻省理工学院终身教授。

3) 许晨阳——数学与人生分不开了

数学新视野奖获奖理由：对极小模型纲领研究的重大进展以及对代数簇模的应用。

1981 年，许晨阳出生在重庆。小时候的许晨阳能感知到自己对数字的感觉“还可以”，三四岁时数数，可以比同龄人多一些。他不是严格意义上的学霸，不会“通吃”所有学科，但会在数学竞赛上多花一些精力。

1998 年，许晨阳入选四川省数学代表队，参加全国数学冬令营决赛获得金牌，并入选 1999 年国家数学集训队。

1999 年，许晨阳被保送进入北京大学数学科学学院学习。

大学是一个分水岭，对许晨阳来说，初高中时接触的数学“漂亮”“精致”，是人类在一两千年前就知道的东西，像“小池塘”；但到了北大，接触的是“几百年来很多非常杰出的思想搭建起来的东西”。

许晨阳说："当时自己像是一个从未见过大海的人，突然有一天见到了，特别兴奋、特别激动。"许晨阳在北大的生活过得很顺利，优秀的同学、自由的选课制度、国际化的视野等让许晨阳觉得如鱼得水，北京大学的环境非常适合培养独立研究的能力，他用三年时间便修完了本科的全部学分，提前一年获得学士学位。

许晨阳选择了继续在北京大学就读研究生，师从田刚教授，并于 2004 年获得北京大学硕士学位。

之后，许晨阳去美国普林斯顿大学攻读博士，并于 2008 年获得该校博士学位。

博士毕业后，许晨阳前往美国麻省理工学院，进行博士后研究。之后进入犹他大学工作一年。

2012 年，许晨阳回到北京国际数学研究中心任教。2018 年秋，他又选择赴美国任麻省理工学院教授。他表示：

"就我个人来说，是那种喜欢到处去看一看的人，MIT(麻省理工学院)的数学系是全世界最好的数学系之一，我还是希望去看一看，一个顶级的数学系是怎么运行的。"

除了"杰青""长江学者奖励计划"特聘教授等，许晨阳在 2016 年获得了以印度天才数学家命名的拉马努金奖。

图 11-16　许晨阳获拉马努金奖

2017 年，许晨阳获选庞加莱讲座教席，并获得未来科学大奖之"数学与计算机奖"。

回过头，许晨阳说，在他看来，数学家最需要具备的不完全是天赋。

"当然人得有一点聪明，智商不能太低，除了一些极少数超群的大脑以外，最后能决定他走得多远的还是专注和坚持。"

2010 年，普林斯顿大学教授、著名数学家张寿武曾评论说：

“张伟、袁新意、恽之玮、朱歆文等，他们可能不像陶哲轩那么聪明，不是天才，但他们可以对数学作出划时代的贡献。他们合在一起，应该是中国数学的未来，他们肯定会做得很好。”

同一个时代，从同一所大学中同时走出这么多一流的数学家，实属罕见。北大数学“黄金一代”已成为顶尖的学者、专家，肩负着中国乃至世界数学的希望。其中川籍数学娇子们的背后，也折射出了四川数学发展为培养未来数学家所打下的坚强基础。

4) 何旭华——“晨兴数学奖金奖”得主

何旭华，2001 年毕业于北京大学数学科学学院，获学士学位，2005 年获美国麻省理工学院博士学位，历任香港科技大学数学系副教授、美国马里兰大学教授，现任香港中文大学数学系及数学科学研究所教授。

1996 年，何旭华获得第 37 届 IMO 金牌。2013 年，在台北举行的世界华人数学家大会开幕礼上，何旭华获颁晨兴数学奖金奖。

图 11-17　何旭华获颁晨兴数学奖金奖

晨兴数学奖金奖肯定了何旭华教授对数学领域中“志村簇”(Shimura varieties)相关的代数及数论研究，有关范畴后来发展成为几何学，即以高维去确定数学结构中的参数。何旭华教授运用“志村簇”，成功解决几何学领域内仿射“Deligne-Lusztig”群组中，数十年来悬而未决的课题，因而获嘉许。

2017 年 6 月 15 日，国际数学家大会(ICM2018 大会)网站公布邀请报告人名单，包括李群方向的何旭华。

5) 万昕与何宏宇——来自四川彭州中学的两位(IMO)金牌得主

图 11-18　万昕研究员

2003 年，来自四川彭州中学的万昕荣获第 44 届国际数学奥林匹克(IMO)金牌，保送北大数学学院。2007 年毕业后赴美国普林斯顿大学读博，2012～2016 年在普林斯顿高等研究院、哥伦比亚大学工作，在数论方向的 BSD 猜想研究上有了许多重要成果。

BSD 猜想是 Clay 数学研究所设定的七大千禧年难题之一。具体说，BSD 猜想是研究定义在有理数域上的椭圆曲线 E 的算术和它的解析 L 函数 $L(E, s)$在 s=1 时的性质之间的关系的。这是一种极其深刻的关系。

2016 年年初，31 岁的万昕正考虑回国工作，国内诸多知名高校向他抛来橄榄枝。普林斯顿大学教授张寿武得知后，向他推荐了中科院的数学中心，“那里的体制很特别，适合做数学研究”。同时，张寿武也向数学中心引荐了这位优秀的年轻人。

万昕刚入职不久，杨乐院士便找他长谈了一番，“希望你两三年甚至更长时间做出一个被国际同行认可的成果。”杨乐提出了明确要求，万昕决定为此“拼一下”。

万昕在中科院数学中心的宽松氛围下潜心做研究，他没有辜负杨乐院士的期望。2017 年，继 Kato、张伟等学者的研究进展之后，万昕和合作者证明了更为一般的非正规情形下秩为 0 与 1 时的 BSD 公式，被同行称为“集数十年来发展的几乎所有方法之大成的皇冠性成果”。

图 11-19　获得第 29 届 IMO 金牌时的何宏宇

2018 年，被视为数学界“新星”的万昕已经被国内外大多数同行认识。他申请晋升研究员时，评审委员会邀请了数位国内外顶尖数学家做评审。

值得关注的还有一位来自四川彭州中学的何宏宇。1988 年，他年仅十五岁，就以满分成绩获第 29 届国际数学奥林匹金牌。何宏宇保送北大就学期间赴美留学，1993 年破格加入美国数学家协会，1994 年获麻省理工学院数学博士学位，现任亚特兰大乔治大学教授、博士生导师，从事现代数学研究前沿的“李群”“微分几何”等方向的研究。在“李群”的研究上有重大突破。

网站链接及文献：

https://mp.weixin.qq.com/s/J47biVtod_Y90Qh3BbQGmA

http://news.pku.edu.cn/xwzh/304409d01c814970ad88ff5115b0a6d8.htm

https://baike.baidu.com/item/%E8%AE%B8%E6%99%A8%E9%98%B3/2348661?fr=aladdin

https://baike.baidu.com/item/%E5%BC%A0%E4%BC%9F/22239479

http://www.pku.org.cn/people/yyxr/1294439.htm

https://www.toutiao.com/a6712992549771936268/?

https://www.huxiu.com/article/317402.html

https://baike.baidu.com/item/%E4%BD%95%E6%97%AD%E5%8D%8E/23682856?fr=aladdin

韩杨眉. 中国距离数学强国有多远? 中国科学报, 2019-05-31, 第 4 版.

第四篇

心系国是，情寄山河

作为社会活动家，刘应明历任第九届全国人大常委委员会、第十届全国人大常委兼教科文卫委员会副主任委员，第八届、第十一届全国政协常委委员会，他还担任过九三学社中央委员会副主席兼九三学社四川省委主委、四川省政协副主席、四川省科协副主席、四川省国际人才交流协会副主席等职，积极参政议政。

能者多劳，刘应明便可谓是“能者”。刘应明各类兼职多达50多项，加上各种荣誉及头衔等，累计达70多项。可贵的是，他对于来自各方给予的任何一份任务和工作都极其认真，非常谨慎，绝不马虎。刘应明坦言，他的生活因此显得更为丰富。

作为政坛代表人物，他在考虑如何更有效地履行人大、政协的各项职能；作为九三学社领导人之一，他在考虑如何和同志们一起将九三学社建设成适应新世纪要求的参政党；作为一个学术领导人，他在考虑如何为发展中国的数学事业奉献自己的绵薄之力。真可谓任重而道远。

刘应明性格豁达开朗，工作时认真专注，休息时亦能放下公事，轻松地调剂生活。他的爱好广泛，业余生活非常充实。或与家人共享天伦，或与友人谈天说地；或遨游四海、领略山川美景，或即兴写一点闲文，与友人分享交流；等等。不亦乐乎。

鉴于素材的局限，本篇只能向读者介绍刘应明社会活动和生活情趣的点点滴滴。虽不全面，却足以说明刘应明不单是一个优秀的学者，还是关心国事、屡有建树的社会活动家，是直率豁达、充满生活乐趣的智者。

第十二章　社会活动掠影

第一节　政坛履责，浩然正气

刘应明生于乱世，成长于贫苦人家，从其成长经历的陶冶中能读懂他一身正气的缘由，这伴其一身，也伴其一生。

一、以人为本，促进教育公平均衡发展

2004 年，时任全国人大常委会委员、教科文卫委员会副主任的刘应明接受记者专访时，谈了《中华人民共和国义务教育法》(简称《义务教育法》)修订的问题。

记者：《义务教育法》修订的总体思路是什么?

刘应明：义务教育是各级各类教育的基础，是教育和社会发展的重中之重。搞好义务教育，既是提高国民整体素质，把沉重的人口负担转化为巨大人力资源优势的根本途径，也是衡量我们的教育是否做到为人民服务，让人民满意的重要尺度。《义务教育法》的修订应遵循“一个宗旨”“一个体现”“一个落实”的总体思路。一个宗旨是指义务教育的宗旨是以富国强民为本；一个体现是指党的十六大提出的必须把教育摆在优先发展的战略地位；一个落实是指落实“三个代表”的重要思想。目前，我国还有 431 个县没有实现“普九”，这些地区经济基础薄弱，“普九”攻坚任务十分艰巨，需要国家的支持。还有一些农村地区只是低水平实现了“普九”，巩固提高任务繁重。我国农村教育整体薄弱的状况还没有得到根本的扭转，我们要充分认识农村义务教育在全面建设小康社会中的战略地位。在立法过程中，要坚持以人为本，以人民的根本利益为出发点和落脚点，制定一部真正意义上的由政府承担实施义务教育责任的、促进教育均衡发展的《义务教育法》，从而为实现 2010 年在全国实现全面普及九年义务教育和全面提高义务教育质量的目标创造良好的法制环境，提供有力的法制保障。

记者：修订《义务教育法》会不会是简单的条文的调整和修改?

刘应明：这次修订《义务教育法》不能是简单的条文的调整和修改，应该是在我国基本普及九年义务教育的基础上，对我国义务教育制度进行重新思考和定位，以适应和规范未来几十年我国义务教育的发展，使这部法律能够在落实科教兴国战略和教育优先发展战略中发挥积极的作用。

记者：修订《义务教育法》，要着重解决哪几方面的问题?

刘应明：在实施《义务教育法》过程中，我们有很多成功的经验，应及时地通过法律形式予以肯定，比如国务院对西部及贫困地区采取财政收入的转移支付等经费扶持政策，对进城就业农民子女明确由流入地政府解决义务教育问题的政策，关于大力推进素质教育的政策等。但在新形势下，义务教育也出现了一些突出的问题，如举办义务教育的责任问题、义务教育的公平公正问题、义务教育的投入保障及经费分担机制问题、管理体制问题、弱势群体的义务教育问题、贫困地区和少数民族地区的义务教育问题等，都需要我们深入研究怎样通过立法手段加以解决，为义务教育的改革和发展指明方向。

*　　*　　*　　*　　*　　*

关于基础教育，刘应明在 2007 年曾经说过：我还就中学数学教材编写与中学基础教育热点方面，进行深入调研，提出中肯意见，为教育部采纳。

参考文献：

[1] 洪丰. 以人为本促进教育公平均衡发展——全国人大常委会委员、教科文卫委员会副主任委员刘应明谈《义务教育法》修订[J]. 公民导刊, 2004, 1: 14.

二、呼吁建立“国家基础科学人才培养基金”

刘应明的心中始终装着国家的物质文明、政治文明和精神文明建设事业。他认为重视基础学科的发展是贯彻科教兴国战略的重要一环。

关于全国基础学科理科本科人才的培养问题，他联络有关全国政协常委，促进了理科基地基金的设立与实施。在担任全国人大常委委员会期间，他提出方案与建议，使得理科基地基金项目与数学天元基金项目得以延续，并且在拨款上有明显增加。在 1995 年全国政协会议期间，他以全国政协常委的身份大力呼吁建立“国家基础科学人才培养基金”。朱光亚等几名院士在建议书上签了名。此建议受到党中央领导高度重视，该基金于 1996 年 9 月正式建立，额度高达 3 亿元。这是一项对培养基础学科优秀人才非常有意义的工作。

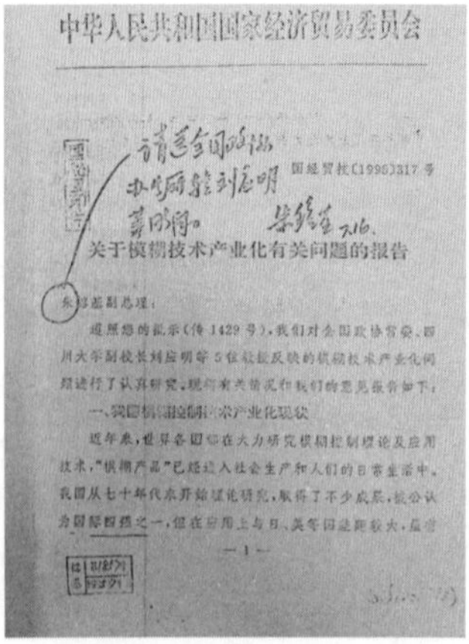
中华人民共和国国家经济贸易委员会

国经贸技〔1996〕317号

关于模糊技术产业化有关问题的报告

图 12-1　朱镕基总理批示文件

三、中国模糊技术产业化的提议

1994 年年初，全国“两会”期间，刘应明与国防科技大学郭桂蓉院士等五位全国人大代表、政协委员针对中国拥有世界上规模最大的模糊数学与模糊系统理论科研队伍，却没有真正形成有竞争力的产业的现状，就我国模糊技术产业化问题提出了积极的建议。同年5月，国家经贸委在北京召开了“模糊技术产业化”专家咨询会，刘应明担任专家组组长。会议对家电生产与工业生产控制两方面的模糊技术应用作了深入探讨，并把产业化任务落实到几家大企业。1995年“两会”期间，他与几位专家进一步就此致函朱镕基总理，朱总理很快就批示经贸委加大这一工作力度。

1995年3月，刘应明还在钓鱼台国宾馆主持了“迎接21世纪挑战，推进中国模糊技术产业化”研讨会。中国科学院前院长卢嘉锡，国家计委、国家经贸委、国家科委等部门的有关负责同志与多位专家出席，《科技日报》1996年3月9日在“高技术产业”专栏对此做了详细报告。

不久，“模糊控制技术的开发与应用”项目被列入了国家技术开发重点项目计划。1996年6月，刘应明主持了有关模糊技术的“九五”攻关项目成果鉴定会，该会是由国家科委组织召开的。1997年，他作为鉴定组组长，参加了冶金工业部与国家科委联合举行的模糊技术应用现场会。同一时期，他还参加、出席了国际上众多的有关模糊理论应用的会议。

目前，模糊技术的发展日新月异，模糊产业方兴未艾，极大地改变着人们生活的各个方面，如模糊洗衣机、模糊电冰箱、模糊空调器等，正在进入家庭。毫无疑问，这一切都是与刘应明等学者的推动分不开的。

四、学科专业调整：要摆好基础学科、传统学科与新兴学科之间的关系

2002年3月，刘应明等参加“两会”的代表、委员在接受《中国教育报》记者采访时表示：“在科技发展迅猛、社会形势多变的21世纪，在中国加入WTO(世界贸易组织)后，学科专业调整的步伐必须加快。适应科技革命和国家产业结构优化升级的需要，建立合理而自主的学科专业调整机制，提高高等教育效益是学科专业调整的目标。”

中国加入WTO后，最紧缺的是复合型、外向型、高级应用型人才。因此，学科专业调整的方向应是加快培养这些紧缺人才。

学科交叉是培育新学科的基础，培养复合型人才的一个方略。“现在大学管理体制改革的重要目的，就是要充分利用大学多学科综合的资源，以期在学科交叉中产生新的、前沿的方向。以前，医学与其他学科的分割比较大，但现在则不同了，医学与分子生物学的结合使治病已到了基因水平，医学与电子学的结合，发明出很多先进的诊疗设备。目前，高校的学科专业调整还基本停留在各自的领域中，但将原有的学科进行归并调整，达到真正的学科交叉融合还做得很不够。”全国人大代表、四川大学副校长刘应明说。

“我们要加快学科专业调整，但不能急功近利，只看眼前。”刘应明提醒说，“在进行学科专业调整时，需要加快设置社会急迫需求的前沿的、新兴的专业，但

在同时，也不能一阵风，把基础学科全部抛开。因为基础学科是其他学科发展的基础，非常重要。举个例子，曾有一度数学专业的学生很难就业。后来，随着科学技术的发展，数学的作用再次显现出来，比如在金融、保险中的广泛应用。甚至在很多计算机公司，学数学的要比学计算机的更受欢迎，因为他们接受过良好的数学训练，形成了严密的思维方式，功底深，后劲足。因此，要摆好基础学科、传统学科与新兴学科之间的关系，该保留的保留，但要注意及时更新传统专业的内容。”

网站链接：

http://www.moe.gov.cn/jyb_xwfb/xw_zllssj/moe_183/tnull_1841.html.

五、人民代表、政协委员要关注民生，要接地气

在人大、政协履职期间，刘应明的提议或者是很实际的民生问题，或者是涉及教育与科学方面的迫切问题,这些提议的共同特点是有充足的理由且有操作性，因此，获得认可的概率甚高。

例如，关于机票办理的问题。20 世纪 80 年代，买机票须凭个人身份证原件。刘应明说，如果要去北京开会，在成都就不能买回程票，只能在北京凭身份证原件买；那时机票紧俏，可能到了北京后就不能买近日的返程票，相当麻烦。他提议废除这个制度，或者采用身份证复印件代替购买。另外关于登机的确认，国外买机票后，是可去可不去的，所以有个登机前确认才能保证座位的问题。我们那时简单地学习了“确认”的做法，且规定必须到售票处确认，不许用电话确认。实际上，当时国内如不按时乘机，机票就作废了，“确认”一说也无从谈起。他提议废除这个要求，或者拓宽为电话确认等其他简便的确认方式。可能因为我国有很长一段时期，坐飞机要单位领导批准，开介绍信才能买票，有关方面认为那时凭身份证就可购票，去售票处确认后就可登机已经是不错地为普通老百姓服务了。现在看似可笑的管理规定，当时有关方面却坚持照办。这些问题在现在早已得到妥善解决，我们可以确定的是，刘应明在学术之外，也深深地牵挂着民生。

又如，刘应明对于机动车事故无过错还要“补助”这项规定的看法，也是很有人情味的。

2007 年 11 月，在十届全国人大常委会第三十次会议分组审议《中华人民共和国道路交通安全法修正案(草案)》时，刘应明认为，机动车无过错还要“补助”的规定符合中国国情。

刘应明说，“关于交通事故中非机动车驾驶人、行人对事故负全责时，机动车一方还要赔偿的规定，这初看起来是很奇怪的。但这在中国现实中，还是较可行的。比如有一个农民被一个大学的车撞了，是因为农民不懂交通规定所致，责任也完全在农民一方。但他要是被大学里的车撞了，肯定会跑到大学里，而且一大堆人缠在学校里要赔偿，学校耗不起，就不得不赔偿。现在规定这种情况下，给最多10%的赔偿。这还是较现实的。另外，建议把表述改一下，可以考虑改为‘补助’等用词，因为这实际上是出于同情心，不是法律意义上的赔偿”。

再如，2007年3月8日下午，记者来到四川代表团，就物权法草案的有关问题采访了全国人大代表、中国科学院院士刘应明和中国工程院院士李乐民。

刘应明代表表示，非常支持物权法的出台。他说，不能仅仅狭义地将物权法理解为是私有财产保护大法，不能再对私有财产从意识形态加以划分，这部法律是保护群众切身利益的综合性法律。虽然在群众的生活圈子内，大到土地住房，小到针头线脑，都有大大小小多种法律在维护，但从法理上还没有完全解决个人财产的归属特性问题。在国泰民安的年代，没有人去怀疑法治政府保护个人财产不受侵犯的现实，但要完善法治国家，法制体系就必须完整，这也是构建和谐社会的必然要求。

图12-2　全国人大代表、中国科学院院士刘应明接受采访

他还说，物权法是对多年来市场经济建设的肯定。一方面国内企业正蓬勃发展，另一方面外资也在不断注入国内各个领域，新型的生产关系需要一部原则大法予以支持，予以规范。对企业来说，这将是一部国际化法律，是外资注入中国的一张新的许可证。

刘应明代表有两个问题希望物权法的制定者细化解释。一个问题是法律专用词问题。他说，既然这是一部面向群众的法律，有些专有名词，如孳息、地役权等，或改成通俗易懂的词语，或再出一部物权法解释集册，让群众看得懂，用起来方便。另一个问题是在改革开放初，为鼓励农村个体经济，有个政策叫“两户一体”，即专业户、重点户土地优先使用。现在这些土地的产权不明晰，有很多使用功能已改变，如有些已变成宅基地。他认为，物权法及其法律解释应该对类似情况做出说明。

刘应明还多次在全国人大会议上提出促进海峡两岸民间交流和往来的建议，以及敦促解决去台人员祖房被征收遗留问题的意见。有关方面给予了落实。

六、担任全国人大中国与爱沙尼亚友好议员小组主席

2004 年 9 月 21～23 日，全国人大中爱友好议员小组主席刘应明率团访爱，会见爱沙尼亚议长爱尔玛女士、常务副外长克伯、议会文化委员会主席阿尔纳，并与爱沙尼亚副议长兼爱沙尼亚议会爱中议会友好小组主席克雷兹伯格举行会谈。

2006 年 3 月 24～29 日，应全国政协外事委员会邀请，爱沙尼亚议会爱中友好议员小组主席克雷兹伯格率团访华。其间，全国政协副主席、中共中央统战部部长刘延东，全国人大常委会委员、教科文卫委员会副主任、中爱友好议员小组主席刘应明，中国人民对外友好协会会长、全国政协外事委员会副主任陈昊苏，国家文物局副局长董保华等分别会见，全国政协常委、外事委员会主任刘剑峰与爱沙尼亚方进行了会谈。除北京外，代表团还访问了广州、珠海和澳门。

七、参与审议立法与修法草案

刘应明在担任全国人大常委会委员期间， 参与审议了多项立法或修法草案，积极发表了自己的意见。

1. 教科文卫委员会听取网吧管理情况汇报

2007 年 9 月 29 日，全国人大教科文卫委员会举行全体会议，听取文化部关于承办十届全国人大五次会议重点建议和加强网吧管理工作有关情况的汇报。

全国人大教科文卫委员会主任委员朱丽兰，副主任委员吴基传、蒋祝平、陈难先、刘应明、桑国卫，以及 20 名委员参加会议。文化部副部长赵维绥、公安部副部长张新枫、信息产业部副部长蒋耀平以及国务院法制办公室、教育部、卫生部、国家工商行政管理总局、共青团中央以及北京市人大等有关单位负责同志列席了会议。

2. 刘应明就个人所得税法修正案草案等发表了意见

2007 年 12 月 23 日下午，十届全国人大常委会第三十一次会议分组审议禁毒法草案、道路交通安全法修正案草案、国境卫生检疫法修正案草案、文物保护法修

正案草案、个人所得税法修正案草案；分组审议“三农”问题执法检查调研报告等。

图 12-3　刘应明就个人所得税法修正案草案等发表了意见

3. 要加大对科技打假的力度

2007 年 9 月，在十届全国人大常委会第二十九次会议分组审议《中华人民共和国科学技术进步法(修订草案)》(简称《科学技术进步法(修订草案)》)时，全国人大常委会委员、九三学社中央委员会副主席刘应明指出，科技打假问题在《科学技术进步法(修订草案)》中规定的力度比原来差了。该法条文“对科学技术人员……由有关主管机构追回财政性资金、没收违法所得；情节严重的，由所在单位或者其单位的主管机构向社会公布其违法行为，禁止其在一定期限内申请国家科学技术计划项目或者基金项目；构成犯罪的，依法追究刑事责任”中，原来的第 59 条规定，如果遇到这种情况，取消优惠待遇或者奖励等不见了，关于做出虚假鉴定的要给予处分也不见了。这里规定的只是要求处分是比较轻的，处分应该是“有责任”进行“查处”，而不光是“处分”。具体处理不仅是把经费追回来，还应该改为“获得的项目、奖励以及荣誉称号予以取消”。同时，对在学术活动中做虚假鉴定的也要写上一条，“做虚假鉴定的，由有关主管部门给予处分”的条文。

网站链接：

http://93.gov.cn/m/site/content.do?id=535326091768170543.

http://www.npc.gov.cn/npc/c510/200712/13a6772e8d054dfa9608eea62b5765e5.shtml.

http://www.china.com.cn/2007lianghui/2007-03/09/content_7931528.htm.

http://www.npc.gov.cn/npc/c196/200709/5c96d83478b14027bac12ce0cf160c9f.shtml.

http://93.gov.cn/m/site/content.do?id=1690978609451488203

第二节　以建设高素质参政党为目标，奋力推进九三学社社务工作

刘应明参加过中央党校和中央社会主义学院的学习，较为系统地学习了党关于新时期统一战线工作的理论、方针、政策，对党与民主党派风雨同舟、合作共事有了进一步的体会，对自己担负的责任有了进一步的认识。

——《四川统一战线》

一、深情回顾九三学社四川省委发展历程

刘应明说："柯召先生曾经很恳切地劝我参加九三学社。后来我参加九三学社，是柯先生和徐尚志先生(著名建筑家，曾任四川省人大常委会副主任，九三学社中央常委、九三学社四川省委主委)作的介绍人。"

1997 年 11 月，刘应明当选九三学社中央委员会副主席，时年 57 岁，是当时最年轻的一位中央委员会副主席。

1992～2002 年，刘应明当选九三学社四川省委第三、四届副主委，并于 2001 年 8 月接任主委；2002 年，刘应明当选九三学社四川省委第五届主委。在他的领导下，九三学社四川省的各级组织，发扬与中国共产党亲密合作的优良传统，积极履行"多党合作、政治协商与民主监督"的职责，在中国共产党的领导下，围绕经济建设这一中心，在服务于改革、发展、稳定大局的各项工作中都取得了突出的成绩。

2004 年 10 月 12 日，九三学社四川省委在成都召开大会，隆重庆祝九三学社四川省委员会成立 20 周年。副省长杨志文出席会议；省政协副主席、民盟省委主委吴正德代表省级各民主党派、省工商联致贺词；省政协副主席、省委统战部部长肖光成，省政协副主席、九三学社省委主委刘应明出席会议并讲话。

刘应明深情回顾了九三学社四川省委 20 年发展历程。他说，20 年来，九三学社四川省委在九三学社中央和中共四川省委的领导下，坚持和完善中国共产党领导的多党合作和政治协商制度，紧紧围绕经济建设中心，认真履行参政党职能，为四川的改革开放和社会进步作出了积极贡献。一是结合形势，加强学习，思想建设不断取得新进展。九三学社四川省委紧紧抓住学习这一主线，通过开展内容丰富、形式多样、生动活泼的活动，增强了成员接受中国共产党领导的自觉性和走建设中国特色社会主义道路的坚定性。通过学习，广大社员提高了理论水平，开阔了视野，更新了观念，保持了与时俱进、奋发有为的精神状态，推动了各项工作的开展，涌现出了一大批热爱本职工作、热心社务工作的优秀集体和个人。据不完全统计，20 世纪 90 年代以来，九三学社四川省委分别荣获国务院、中共

四川省委、四川省政府、九三学社中央等授予的模范单位、先进集体等荣誉称号31个，一大批社员也分别获得各种荣誉称号，受到各级表彰。二是围绕中心，发挥优势，积极履行参政党职能。九三学社四川省委始终要求一切社务工作要围绕、服从、服务于参政议政工作。20世纪90年代以来，九三学社社员中的四川省人大代表、四川省政协委员向历届省“两会”提交集体和个人提案、议案共465件，范围涉及国有企业改革、科教兴川、西部大开发等事关全局的重大问题和区域经济、生态环境、医疗卫生等人民群众关心的热点、难点问题，许多意见和建议受到省委、省政府和省级有关部门的重视和采纳。积极开展社会服务工作，与广元市开展的以科教扶贫为主要内容的“九广合作”及为支援绵阳科技城建设而开展的“九绵科技合作”硕果累累。“九广合作”创建了民主党派支援地方经济建设的全新平台，1986年以来，已组织援广专家、教授、技术人员和企业家260余批1260人次，推荐科技经济项目1450余项，参与实施工业、农业、医药、科教等合作项目300余项，帮助培训各类人员8700多人次，协助有关单位落实项目资金近3亿元，发动九三学社各级组织、个人捐资助学650余万元。三是保持特色，注重质量，组织建设健康发展。到2004年，九三学社在四川省共有12个市级组织、4个省直属基层组织、1个省直工委、204个基层组织，成员已由成立之初的1235人发展到5519人，其中高、中级技术职称社员数占总数的99%，汇集了一批国家级、省级有突出贡献专家和学术、技术带头人。其中，中国科学院院士3人，“长江学者奖励计划”特聘教授2人。

注：关于“九广合作”的起源与背景

1986年，四川省广元市的一位领导与九三学社四川省委联系，希望九三学社以科技力量帮助他们，用科学技术改变广元的贫困面貌。时任九三学社四川省委主委的柯召先生在九三学社主委会议上征求大家意见后果断决定：九三学社成立领导小组，到广元考察；根据实际情况，做出用九三学社的科技力量支援广元的规划。此后，九三学社四川省委派出技术力量去广元，先是从农业方面着手，帮助他们改良农作物品种等。进而又从多方面帮助广元发展经济，支援广元的规模也逐渐扩大，九三学社中央非常赞赏这种科技扶贫的创举，也支持和投入了这项活动，推动了该市各方面的发展，取得了显著成效。

“九广合作”是九三学社四川省委倡导的一种科技扶贫模式，即运用“人才库”“智囊团”的优势服务地方经济建设，促进老、少、边、贫地区振兴。

“九广合作”的模式受到国家和九三学社中央的高度肯定，在全国起到了辐射作用。被推广称为“九地合作”模式，即以九三学社为一方，贫困或不发达地区为一方的科技扶贫模式。山西、内蒙古、广东、山东、福建、河南、湖南、湖北武汉等省(区)、市的九三学社都采用了这种模式。四川还有九泸(泸州)合作、九宜(宜宾)合作，等等。这种模式为老、少、边、贫地区的经济建设和社会发展提供了有力支持。

全国人大常委委员会、九三学社中央委员会副主席贺铿说：“‘九广合作’在我社社会服务工作的过程中，具有开创性和先导性意义。”

1996 年，九三学社四川省委因“九广合作”的出色成绩被国务院授予“全国民族团结进步模范单位”称号。

刘应明担任九三学社四川省委主委期间，继承发扬了前几任主委柯召、徐尚志、杨光华开创的“九广合作”的传统，在规模和深度上都取得了更大的进展。

二、汇报自己在九三学社四川省委的工作

2007 年，刘应明在他的述职报告中谈九三学社四川省委的工作：

建设高素质参政党是新世纪、新阶段中国各民主党派面临的时代课题。近十年来，作为九三学社中央委员会副主席，根据中共统一战线的方针、政策和建设高素质参政党的要求，参与了九三学社中央系列重大决策，并身体力行地承担了相应的工作任务。作为九三学社四川省委主委，领导全省社员围绕四川经济与社会发展，构建和谐四川以及社会主义新农村建设等方向，认真履行参政议政、民主监督和社会服务职能，并取得了显著成效。在参政议政方面，九三学社四川省委仅在四川省政协九届历次会议上即提交了集体提署和大会发言材料近百篇，内容涉及全省改革与发展的若干重大问题。其中如增强和扩大四川农产品出口能力等建议，得到了省委、省政府的高度重视；在社会服务方面，坚持因地制宜、注重实效，开创新局面的原则，创造了“九广合作”“九绵科技合作”“九攀合作”等成功模式，为促进地方经济发展作出了新贡献。在全国各省九三学社组织，甚至兄弟民主党派基层组织中都是出色的。

在九三学社四川省委社务工作中，近年来致力于推进政治交接工作，始终强调并着眼于建设高素质政党，落脚于充分发挥参政党功能，以干部队伍“四个能力”的提高为重点，以坚持中共领导的多党合作与政治协商为核心，通过加强九三学社优良传统的教育，通过认真学习老一辈民主党派领导人与中共风雨同舟的光辉业绩和高尚风范，增强全体社员，尤其是干部队伍接受中共领导的自觉性和坚定性，使全社的思想建设、组织建设、参政议政工作均上了一个新台阶。在关键性的社省委政治交接工作中，特别抓了领导班子建设和后备干部培养工作，任内顺利完成了十二个市级组织的换届工作，启动了九三学社资阳市委的筹建工作，为新一届班子的工作奠定了良好的基础。同时，十分注意后备队伍建设，积极主动推荐新班子成员，尤其是九三学社四川省委新主委人选，在中共四川省委领导与省统战部具体帮助下，在今年完成了社省委换届工作。我从主委岗位上退下来之后，致力于做好“传帮带”工作，扶掖年轻同志走上领导岗位。应该说，我们顺利完成了领导班子新老交替和政治交接的预期目标，新任主委年富力强，年仅

44 岁，在各党派负责人中相比，是相当年轻的。

缺点和不足：由于工作头绪较多，加之年龄的增大，时常对有些工作感觉心有余而力不足。尤其感觉在政协副主席履职方面，实际工作投入及效果，距自己原有计划和设定的目标还有距离。其次作为党派领导人，虽然也尽力履职，但由于主客观方面的原因，对党派内一些同志的合理诉求了解不够，在解决一些同志的切身利益方面存在不足。此外，由于性情直率，且对工作质量要求偏高，在任何场合都喜欢直言不讳，容易形成亲和力不够的印象，在与一些同志的相处上存在沟通不够的缺陷。

三、九三学社四川省委副主委追忆恩师

下面是九三学社四川省委副主委、四川大学化学工程学院博士生导师戴晓雁教授回忆刘应明先生的文章摘要：

刘应明先生不是我的老师又胜似我的老师。师者，不论学问深浅如何，但一有本领，就能以自己能把握得住的一点意思度与他人，使他人受益、成长，是为良师。因此，老师的学问高低固然重要，但需要有启发他人的力量才不愧为师。先生就是具有这样力量的大师。

现在要以文字来寄托我对先生的怀念，终觉一言难尽，何也？一是事情多，难说尽，二是心情乱，难说清。

作为中国模糊数学之父，先生对于模糊数学及其应用的贡献是世界级的，身后极尽哀荣，已勿需我赘言。我以为先生的治学为人，最令人折服之处有二：一是专精的研究精神，二是豁达的生活态度。

于学者而言，无论研究哪一门学问，只要持之以恒，日积月累终可有收获。道理非常简单，一生坚持却很难。先生的成就，却是在极艰苦的生活环境、学术环境和极差的研究条件下，长期不懈努力取得的，其中艰辛不足为外人道，而学术之乐也正在其中。其实，做任何事，能从中得到个人自觉的满意，那是别人无法想象的快乐。在当今这个浮躁的时代，不少人在为编自己的故事，为身后故事而做事业。更有一些人，仅仅在过自己的“日子”，为自己的“日子”而无所畏惧地做事。先生做不到狡滑其工作，中庸其姿态，无论做学问还是做党派工作，总是很认真。这份认真，从不俯仰随人，有时显得过分。但每每回想，这过分，与其说是不随和，不如说是不可及。先生的这种钻研学问既专且精的精神，是可做我们的楷模的。

先生是个生龙活虎的人，有六朝人的潇洒而无六朝人的怪诞，于严肃中富有和蔼。先生也有生气的时候，也有极度烦恼痛苦的时候，在四川大学、九三学社四川省委，我都见过，但更常见到的是他的笑脸，他总是用他那独有的略带讥诮却也不失善意的微笑来看这个世界的一切。到了晚年，特别是他从党派领导岗位

上退下来后，更喜欢爽朗的放声大笑，常常笑得合不拢嘴，真像一个孩子。我揣度只有看透一切进退去就、得失荣辱，把人事加减都置于度外，心胸坦荡的人，才能这样畅快地大笑。先生是一个老顽童，永远有一颗童心，总是那么天真、热烈，使人看到他的笑容，他的怒色，他的和蔼可亲。他永远真诚，等到他因真诚而受骗的时候，他会发怒，有时甚至雷霆万钧，这怒色，在他是永不藏起来的，如同他的微笑，一并向世人展示无遗。

先生是真正的学者，永怀一颗对一切都充满了好奇的心。他对什么都感兴趣，在他才力所能及时，便竭尽全力地去钻研，哪怕是某地的一句土话，只要他发现其中有奥秘，也要追问意思及其缘起，而一旦明白，他便会像小孩那样天真、兴奋地告诉他人，不为显摆，只为分享。正因为对知识的好奇，先生的知识、学识、见识，不仅聚拢了许多人，更培养、影响、感召了许多人，而先生对于像我这样虽非学生而实受培养者真亦不少。自我跟随先生十五年来，各方面都受益良多，包括接触那些不应该不接触的人，读那些不应该不读的书，思考那些不应该不思考的事。先生作为九三学社的中央领导，在参政议政上反对逃避，不肯沦为花瓶，坚持议政要不屑于拾人涕唾，强调议政不能赶时髦，不能凑热闹，不能作为沽名钓誉的工具，这本不是高明的见解，却是天下滔滔中不常见到的本真。我从先生处所获教益，直接间接、有形无形，数之难尽。

先生心胸开朗，把生活当作艺术来享受，所以他的风神潇洒，他的纵横捭阖，望之如闲云野鹤般清朗雅致，而绝非穷奢极侈、耳目声色的浅薄之娱。他虽长期流连于象牙塔尖，却既能欣赏和享受世俗人生之形形色色，亦能对社会政治保持公道正义的流露，且总带着一股不屈的独立于世的傲气，所以生活丰富多彩，精神充实笃定，到老也不曾寂寞一分。

先生已驾鹤西归，但音容笑貌是我心中散不去的身影！谨以此薄文痛悼刘应明先生，我尊敬的师者，我的恩师！

参考文献：

[1] 李在芝. 自强不息铸辉煌——记九三学社中央副主席、中科院院士刘应明[J]. 四川统一战线，1998，11: 21-22.

[2] 王裳. 九三学社四川省委成立二十周年庆祝大会在蓉举行 肖光成、刘应明出席会议并讲话 杨志文吴正德到会祝贺[J]. 四川统一战线，2004，Z2: 11.

[3] 戴晓雁. 怀念师者刘应明先生[J]. 四川统一战线，2016，07: 28-29.

[4] 九三学社成都市委员会. 沉痛悼念刘应明院士. http://www.cd93.gov.cn/jyb/ 1847.htm.

[5] 陈大勇. 精确与模糊内在统一的探索者——记中科院院士、九三学社中央副主席刘应明[J]. 民主与科学，2003，03: 37-39.

第三节　参加四川省科协领导工作，关心青少年成长，长期引导四川省数学会工作

一、参加四川省科协活动剪影

(1) 由四川省科协、省教育厅、省科技厅、省环保厅、省体育局、团省委、省妇联、省知识产权局和雅安市人民政府共同主办的以“体验、创新、成长”为主题的第25届四川省青少年科技创新大赛于2010年4月16～18日在雅安市四川农业大学隆重举行。四川省政府副秘书长彭琳，省科协党组书记、副主席吴凯，省科协名誉主席卢铁城，中国科学院院士、省科协副主席刘应明，省人大农委副主任、省科协副主席文心田，省政协科技委副主任梅跃农，中共雅安市委常委杨凯，雅安市人民政府副市长毛凯，四川农业大学党委书记邓良基，团省委副书记刘会英，省妇联副主席黄莉，省知识产权局纪检组长陈久如以及省教育厅、省科技厅、省环保厅负责同志等出席了开幕式。全省21支代表队的247名参赛师生、3000余名观摩人员以及省市新闻记者参加了开幕式。

图12-4　四川省科协卢铁城主席、刘应明副主席参观展示作品

图12-5　刘应明院士同参赛学生亲切交谈

(2) 2010 年 7 月 20 日，四川省科协第七届常委会科普专委会和青少年科教专委会工作会在成都召开，省科协副主席刘应明院士等专委会成员参加了会议。会议由科普专委会主任、省科协副主席文心田主持。

省科协副主席、青少年科教专委会主任刘应明院士在会议总结时强调：科协是开展科普活动的主力军，要充分发挥科普网络和组织优势，开展形式多样的科普活动。青少年科技教育工作很重要，宗旨是培养青少年的科学、创新精神，要围绕提高青少年创新意识和实践能力，创新活动形式，丰富活动内容，加强对外宣传，要让更多学生参与各类科技活动，全面提高青少年科学素质。

图 12-6　刘应明参加四川省科协活动

第二十七届四川省青少年科技创新大赛于 2012 年 4 月 13～15 日在四川省成都市石室天府中学举办。中国科学院院士、省科协副主席、省青少年科教专委会主任刘应明出席了大会开幕式并参与了相关活动，出席会议的还有四川省副省长刘捷，省人民政府副秘书长蔡竞，省科协党组书记、副主席吴凯，省科技厅副厅长陈放，以及省环保厅、团省委、省妇联、省知识产权局、成都高新区管委会等主办单位领导。

网站链接：

http://sichuan.xiaoxiaotong.org/NewsReport/Detail/6719/1.

http://sichuan.xiaoxiaotong.org/NewsReport/Detail/7287/4.

http://www.xiaoxiaotong.org/News/noticleView.aspx?AID=16560.

二、四川省科协领导下的四川省数学会工作

1987 年，刘应明出任四川省数学会理事长，直到 2016 年，足足 30 年。

30 年来，刘应明除了一两次实在脱不开身外，他往往推掉了级别更高的会议来参加省数学会的年会。看得出来，他对四川省数学会特别亲切。刘应明是一个很念旧的人，他在四川省数学会里的朋友很多，朋友聚会当然是愉快的事，也能借此机会放松一下。

其实，从工作层面来看，刘应明作为四川省数学会理事长，参加四川省数学会的年会，是他接触四川数学界代表的途径之一。每次年会期间，他都要频繁地与四川省内各高校的代表会晤交谈，了解他们学校的发展情况和需求，尽可能予以帮助。年会的重头戏之一是理事会工作报告，其传统特点是将四川省数学界一年来发生的重要事项，以及各会员单位在教学科研与数学科普方面的进展与成绩汇总后向与会代表通报。年会还精心安排介绍研究前沿的大会报告，举行涉及本科、专科及中学的数学教学方面的专题报告，以及开展活跃的学术交流。这些活动，让与会者皆有收获，进而形成了一股凝聚力，参加年会者一直都很踊跃。

可以说，四川省数学会的活动，正是刘应明与四川数学界沟通的重要渠道，也是他的工作方式。四川省的数学教育、科学研究与数学普及方面的出色成绩与他的重视和支持是分不开的。

四川省数学会还有一个突出的特色，就是科学管理，形成了规范、科学并有约束机制的管理格局。学会已形成了一套科学的学会管理制度，理事会、办事机构、财务管理、学会活动管理、分支机构管理、文件归档管理等均按制度执行。

例如，数学竞赛活动是 20 世纪 80 年代在华罗庚等老一辈数学家的倡议下、在当时教育部的批准下开展的。四川省数学会在中国数学会和省科协的领导下组织数学竞赛已经多年，其中包括组织全省的高初中生和小学生参加数学竞赛。以数学课外活动形式参加初赛者每年三五万人，实际参加决赛的高中生一千余人，初中小学生数千人。近年来，初中小学数学竞赛由于奥数热的干扰已停办，只组织全国高中数学联赛。

数学竞赛是数学普及的重要内容。在丰富青少年数学课外活动，为爱好数学的青少年开阔视野，创造成长条件，并从中培养和发掘数学优才等方面，取得了很好的成绩。

四川省数学会在组织数学竞赛活动时，始终坚持服务社会的非营利的公益性原则，除收取很低的报名费外，绝不另外收费。为保障公平公正，学会还明确规定：竞赛的全过程均严格管理，凡接触数学竞赛的人绝不参加任何奥数培训机构的培训活动。基于严格的管理，四川省数学会组织的数学竞赛信誉甚高，多年来从来没有出过差错。

有一次数学竞赛成绩公布后，有位熟人找到刘应明要求为他家参加竞赛的孩子查分，委婉地表达了求情的意思。刘应明特意对负责查分的老师说：查分是合理要求，但更改分数的标准从严，决不能照顾人情。事实上，四川省数学会组织的数学竞赛查分管理一直都非常严格，确实应当更改分数的，必须有三位专家审定同意签字备案后才能改分。

四川省数学会还有一个经历舆论考验的故事：2008 年 4 月，全国初中数学联赛四川赛区竞赛结束后，有人怀疑成都市某社会培训机构的教师漏题，一时舆论哗然。某知名电视台派出记者调查此事，经过对四川省科协、民政厅和四川省数学会的调查采访，证实竞赛的全过程均有严格管理，没有差错，四川省数学会与任何奥数培训机构没有关联，更没有介入任何营利性的活动。记者的调查更加证实了四川省数学会的清白。

图 12-7　四川省数学会被评为四川省科协“2008 年度学会工作先进集体”

这年，四川省科协将四川省数学会评为 2008 年度学会工作先进集体。

四川省数学会多次受到四川省政府、省科协的表彰，历年来累计获得奖牌 20 多个。

图 12-8　四川省数学学会荣获四川省人事厅、四川省民政厅“全省先进民间组织”(2005 年)、四川省科协“十佳学会”(2011 年)、四川省人力资源和社会保障厅、四川省民政厅“四川省社会组织先进集体”(2015 年)

第十三章　生活情趣掠影

第一节　友人眼中的刘应明

刘应明的业余生活非常丰富。他生性豁达开朗，喜爱谈笑，常喜与友人开一些无伤大雅的玩笑。无论开会间隙，还是用餐等大家聚在一起的时候，他都会与在场的人谈笑，不时来一些善意的调侃。例如，在四川省数学会的聚会里，他常常与四川大学和四川师范大学的几个同龄人斗口，斗口通常是从闲聊到大家集中火力调侃某一个人。调侃的目标是不定的，当然也无所谓胜败，笑闹之后大家都很快活。

尽管刘应明好战，主动调侃别人的时候多些，但他自己也有过被调侃而落败的时候。1996 年在宜宾参加四川省数学会年会，东道主宜宾师专(今宜宾学院)组织的晚会上，宜宾师专有位热情的少数民族女副校长将他拉上台一起唱歌，刘应明不会唱，上得台来他只能学南郭先生的办法装装样子，跟着别人哼，却唱不出来。这种唱法，四川话叫作“跟着啰(luo)”。那年正在热播电视剧《宰相刘罗锅》，第二天，几个同龄朋友就用“刘罗锅”的谐音叫他“刘啰歌”，并向他解释，“刘啰歌”的四川话意思是“刘某人是跟着别人啰歌”，以调侃他在晚会上的尴尬。他想不出对付这个调侃的言辞，颇为狼狈，连说了几个“高，实在是高”，败下阵来。

图 13-1　工作中的刘应明

刘应明很欣赏四川人的风趣幽默。20 世纪 90 年代初，四川大学一位环卫工人上了电视节目，周围同事朋友们为他高兴的同时，就给他取了个雅号“宣统皇帝”。“宣统”者，四川话“掀桶”(掀垃圾桶)之谐音也。刘应明去看望柯召先生时，闲聊中，就把这个趣闻告诉柯老，惹得柯老哈哈大笑。

刘应明业余生活的另一个兴趣是写随笔或游记。他喜爱旅游，并且有写游记的习惯。他的风格是凡事都要弄个明白，每游览一个地方，他总会把游览地的风土人情等特色描述一番，把历史及人文典故考证一番，加上自己的感受一并写在游记里。他的文笔简洁流畅，内容翔实，可谓文如其人。

正如九三学社四川省原委副主委戴晓雁教授在纪念刘应明的文章中所说：他对什么都感兴趣，在他才力所能及时，便竭尽全力地去钻研。哪怕是某地的一句土话，只要他发现其中有奥秘，也要追问意思及其缘起，而一旦明白，他便会像小孩那样天真、兴奋地告诉他人，不为显摆，只为分享。

刘应明的学生张德学教授说：刘老有时候到某一个地方游玩，会写一段优美的文字发在朋友圈里，好友们经常感叹他的才情。

第二节　刘应明的随笔与游记选辑

这里，我们选辑了刘应明的几篇随笔与游记，从这个侧面来了解一点他的生活，分享他原汁原味的情趣。

一、我在“5 · 12”(2008 年 5 月 12 日，四川汶川 8 级地震)

12 日下午 2 时 28 分我刚午睡起来，成都市区虽震动厉害，还好，家中只摔坏了花瓶及热水瓶，大冰箱也晃动挪位了。死生有命，要跑大概也来不及。忙把门打开(怕扭曲开不动)，因震了 2 分钟(?)已停止，我就坐着喝水，并不惊慌。后来他们在下面叫我下楼，因无事可做，就去邻近理发(在一楼)，再后就回来洗头、洗澡、看电视，再没出去。当时境内各电视台传播中断(大概下午五时才恢复)，只有香港凤凰卫视台正在现场转播。当晚成都市长在电视讲话中，说非危房可睡人(公开这么说，这可真有胆识!令人钦佩)，我就更不出去了。但大学生、市民在外休眠的不少，川大操场都是简易帐篷，也有不少人睡在小车里。

当晚，因座机电话还通，电话不断。加上不时余震晃动，我 13 日凌晨 2 时才躺下，4 时又被一个六级多的余震震醒了。当时柜子都在晃，我马上起床，但还没走近房门，十几秒后余震就停了。没有了睡意，就去看电视。这一晚睡得不好!

这次地震沿龙门山断裂带从汶川向东北方向而去，即从汶川、北川、青川、文县(甘肃)、武都直至天水与西安之间。所以西安，更不用说天水，震感比成都还强！因为成都不在龙门山地质断裂带上，我就在房中生活、睡眠，并不担心。

后来几晚我在余震中都没醒，睡得好！

绵阳北川县报道说死 8000 多人。整个死亡已 3 万多(补注：现已死亡 5 万多；决定把北川县爆破掩埋！！！)，还有近 2 万人埋在废墟里。成都彭州银厂沟、青城后山(许多成都住户都去过的著名的旅游点泰安古镇已不复存在！)及都江堰市，雅安汉源县，德阳什邡市，绵竹汉旺镇(名酒剑南春酒厂及我国三线重(核)工业基地，如汽轮机厂均在此，酒厂老酒坛砸烂一半)，广元青川县、剑阁县；南充、眉山等市也很严重；震中汶川(其实震中不在县城，主要在映秀镇，紧邻都江堰市)当更可怕，联络全断，但军队正从海(紫坪铺大水库)、陆、空三方面艰难推进，救人。陆路看来打通难度大，公路多处被滑坡的山石泥土挡住了。我的办公室房顶掉了六片隔板，文件书籍散落一地。前两天手机打爆，座机还可打。现在还是余震不断，每隔三四十分钟就晃动一次(水杯中水会漾动)，有时门还会晃动作响。川大有几座楼裂了缝，办公大楼的房瓦掉得不少，学生跳楼逃出时断了脊椎这类事当然有，听说有个别人一吓脑溢血死亡；但无大事，成都市区亦然。(18 日补注：这里成都市区应是主城区或叫中心区，不算郊县市(如成都所辖都江堰市、彭州市等)，也不算三环以外远郊，因为三环附近有一招待所塌了，压死七十余人，成都远郊报道说死了 4000 多人，还不少呢！(19 日补注：说成都死了 4000 多，估计把彭州大量新发现死者加进来了)。

17 日一上午忙两个博士生答辩，过程中还余震几次，我们已习惯了。供应、生活正常，机场、火车站已开始恢复营运(关闭了二天)。

又，我妻子去女儿处(St. Louis)已近月，我本拟同行，但申请赴美事还在北京外事领导小组处待批，仍无消息。

18 日凌晨余震时(江油，6 级)，我刚上床，有些晃动，但比 12 日中午差多了，且十几秒即停。大概神经已衰弱，加上又打雷下雨，据说街道上今天凌晨不少人又跑到楼外，但川大还好！我继续睡觉且马上就睡熟了。又，传说江油之余震让平武县内塌了不少房子，一说百分之七十。这次 8 级地震的余震真多，几乎每小时都有。我昨天上午主持两个博士生论文答辩，中间就晃动了二次。川大教学已正常，当然还有一些人在操场上睡帐篷。大部分都在家中睡。有关方面(有京、沪、榕、宁、合肥、西安、粤及辽宁等地)邀请去避震，谢谢好意，但我不想动。从地震分析，成都市区当无事。我 5 月 26 日飞新疆 211 工程方面会议(注：已改为 6 月中、上旬)，再飞京开天元数学会及 6 月上旬的院士会。

19 日晚 10 时多电视台突然公告：19 日至 20 日在余震区城会发生 6～7 级余震，希望大家……以我国稳住民心的行政方署，我觉得事态十分严重。这时朋友互相通知，手机又打爆了，如同 12 日下午。我叫来司机，第一次下楼躲地震了，时在子夜时分。记得 1976 年中国也大闹地震，我当时住川大学生二舍 4 层，最上层。4 层仅有两人没跑，敝人即为其一。三十二年，弹指一挥间，现在却子夜下楼逃难，世事沧桑，一叹！。车停在川大校园内一空旷处。虽已夜半但到处是人、车，街上连急救车都开不动了。我在车内睡，还听收音机。但车内闷热，也因而招来蚊子，睡不着觉。20 日 3 时收音机才说成都不属余震区域，如非危房、旧房，住房还可住。加上平武刚发生 5 级余震，我就开车回家、洗澡睡觉。20 日川大仍上班，但在二楼以上工作的人有点害怕，大都集在一楼。我却在四楼家中写电邮，我估计没事。只是学校不得不停课三天，这是“5 · 12”汶川地震后川大第一次停课，可见余震预告严重效果！二则民谣曰：

(1) 比地震可怕的是余震，比余震可怕的是预报余震，比预报余震更可怕的是报了却老没震。

(2) 震不死人晃死人，晃不死人吓死人，吓不死人困死人，困不死人累死人，累不死人跑死人。

附件：四川全国重点文物因地震损毁

川蜀自古多名士，汶川就是传说中的大禹故里，李白、武则天、苏轼等皆出自四川。但在这场大地震中，川蜀大地上诸多沉积千年的人文历史古迹遭遇了一场大劫难。

三星堆博物馆和金沙遗址博物馆两处重大遗址，由于是高规格的博物馆，受损不是特别惨重。三星堆博物馆仅有两件陶器被震落，金沙遗址博物馆 2 号陶瓷馆部分陶器受损。

初建于南北朝重建于清代、纪念都江堰开凿者李冰及其子二郎的祀庙，汶川地震发生后，这座建于山坡上的古庙宇随山体滑坡毁于一旦。另外，都江堰景区内绝大多数古建筑都遭到严重损毁。

建于两千年前的都江堰几大主要水利工程组成部分挺了过来，这被许多考古专家视为奇迹。目前都江堰的主要组成——鱼嘴(分水堤)、宝瓶口(引水口)、飞沙堰(泄洪堤)基本无恙，只有鱼嘴出现了裂缝。

图 13-2　刘应明在四川德阳地震现场(2008.9.6)

“都江堰·青城山”2000年被联合国教科文组织列入《世界文化遗产名录》。青城山是中国道教的发源地之一，山上分布大小道观百余座，地震后，青城山道教古建筑群严重受损，屋脊、屋面全部毁坏，大部分古建筑倾斜，部分垮塌。其中，伏龙观屋脊坍塌成为危房，上清宫、天师洞也受损。

二、广元昭化古城明月峡

2013年9月5日，我们驱车北上，成都至广元车行近4小时。在川经商闽人过百万，早有商会之类互助团体。我是福州人，故偶有往来。奇怪的是广元经商闽人福州人较多，这也算小同乡。

9月6日上午，我们去广元市附近一游。首选自是剑门雄关，但我们都去过，就去昭化古城吧！

过去乘火车从宝成线入川，过秦岭便可见昭化车站。其实此昭化不是昭化古城所在。老昭化是川北水陆码头，自古繁华，十分富庶，故有民谣称：到了昭化，不想爹妈。这也是刘备入川后，受庞统之计，北上此地练兵屯粮、鲸吞蜀地之所。

20世纪30年代国民政府修川陕公路时，富庶的老昭化怕交通便利了，拉丁拉物，不让公路经过，川陕路实际上是经过广元的宝轮镇，那里就是昭化火车站了。这样，交通枢纽失落，昭化古城就沦为农业社会中的城镇了。附近即有古渡口，当年川陕枢纽，车水马龙，现仅有对岸农户偶尔摆渡往来，这冷漠使你明白什么叫沧桑！不过，这也使昭化古城在兵荒马乱中成为中国保存最好的古城。古城有四千多年历史;秦修明月峡栈道，过秦岭入川后，即设县于此，称葭萌县，这个两千多年的县治应是中国最老的县了。

古城内有保存较好的县衙、考棚、文庙等。古城中也有刘备练兵的剑刀坝，张飞大战马超的得胜坝。地名沿用至今，但事发处未必是此处。

9月7日早，参观明月峡秦汉古栈道。广元因在汶川大震后，得了许多赠款，城市因而修整一新，那著名秦汉古栈道及与之平行的川陕国道更是大力重建。栈道上有一公路，也在绝壁中穿行，此即川陕国道。公路尽头的岩石因形状叫老虎嘴，这个险段，吞下不少汽车，一般司机因路窄且险，这一关口只好下车付款让人代驶。

先秦时因蜀道难于上青天，就有人沿嘉陵江明月峡绝壁一路打孔眼，由陕入川。在孔眼塞进方木，木柱上再铺木板，形成通道。萧何曾用之运军粮。这跨省工程以现在技术看来还是艰难的,不能不佩服先民的勇气与智慧。孔眼深75厘米，宽45厘米，注意孔底有圆凸起，这是防方木滑出。孔眼还有排水小槽，以排出岩中渗水。值得一提的是为分散沉重，孔眼与相应方木是上下两层甚至三层，互相支撑。

与栈道隔嘉陵江相对，宝成铁路一个接一个隧道穿行于绝壁中。我们恰好见到有火车刚出洞一截，即将进入另一隧道。

1963 年秋，临毕业分配之时，敝人卷入一“政治事件”，研究生资格作废，流迁四川，当时即沿宝成铁路过秦岭入川。从宝鸡到广元的 250 多个隧道连绵不绝，难见天日，这是过去坐火车想不到的。当然后来成昆线隧道更多，但似不那么密集。在两个隧道口的小间隙中，瞥见窗外嘉陵江奔腾南去，不知所终，亦生茫然。今又过五十个春秋，在嘉陵江另一岸吾侪却信步栈道，向北出川走去，笑看对岸火车在秦岭下、隧洞中，进进出出。造化弄人，且以打油半桶记之：

青春五十余年前，流迁西蜀过天险(剑门关)；
壮怀私情嘉陵水，秦岭隧道连又连。
锦官难见骄阳面，十月雪压峨眉巅；
埋头耕耘淡成败，如今栈道信步闲。

图 13-3　刘应明参观四川广元昭化古城明月峡秦汉古栈道

三、三江源游记

2007 年，九三学社中央第十九次常委会于 7 月 10～12 日在西宁召开，这是本届九三学社中央在京外召开的最后一次常委会了。我 7 月 2～8 日访俄，这是全国人大参与的“中国年”活动的一部分；8 日下午从彼得堡飞莫斯科，即转机返京；9 日上午十点抵京，下午飞西宁；因空管等因，晚点甚多，10 日凌晨才到西宁机场，住下时已快两点了。

常委会后我应邀去三江源考察。三江者为长江、黄河与澜沧江，其源头分别在青海的果洛与玉树这两个藏族自治州。三江源考察其实只是到很接近上游之地看看，绝非地理学意义的探源。但对一个非专业者，能到这高寒之地，领略天下壮凉凄美之景，也很值得。可能海拔多为四千米上下，比拉萨高，居然会后仅我一人前往；当然青海省配了医生，很周到。

07.7.13 早，由西宁驱车去玉树结古镇(州辖所在，实是一西部城市，非镇也！)看长江上游通天河，通天河在结古镇以下称金沙江。行车共 13 小时，真是“千里走单骑”了。中间经过果洛州玛多县，海拔 4180 米，自称为中国第一高县(我去过的四川甘孜州理塘县似还高一点)。黄河至此水面较宽，水清但风很大，称玛多为黄河第一县是实至名归的。附近有一公路桥跨过黄河，题称黄河第一桥，游人常在此留影。如从玛多径直西行去鄂陵湖，已无公路，只能在沼泽地行进；百余公里后可到牛头碑，这离黄河源头已近。但单车独行，一旦陷入沼泽，就只好听天由命了。所以不敢冒险，我们车向南经野牛滩奔巴颜喀拉山口而去。黄河“探源”只到玛多与后面海拔 4800 多米的巴颜喀拉山口为止，黄河与长江以此山为分水岭。两个藏族自治州果洛与玉树也依此划界。

还是回到行车路上吧！

从西宁行车六小时到黄河第一镇：花石峡。该镇离玛多县 79 公里，高 4300 米。因坐久了，腿有些麻，就在此加油。上海籍司机说要到玛多吃午餐，尽管这时已是午后两三点了；似乎镇上也没见到饭店，况司机一开车就 13 小时，行程近一千公里，光凭苦劳，也是他说了算。那里阳光灿烂，直射脸上热辣辣的；但再车行半小时，雪花飘舞，加上风劲气寒已是严冬。真是一日之内可历四季！又车行半小时多，到了玛多，在路边“遂宁饭店”用饭，饭钱不贵，味道嫌咸，就餐时窗外还在飘雪，真是“胡天七月还飞雪”！川籍老板已在果洛州谋生 25 年，说这里就是冷！果洛虽近西宁，但是青海最艰苦地区之一。

过巴颜喀拉山口，从西宁行车 11 小时半后，至玉树的歇武镇。这里树木繁茂，紧邻四川甘孜州石渠县。长江上游通天河沿公路蜿蜒而去。长江源头也算到了。这附近还有国家正、副主席分别题名与刻词的三江源纪念碑。

继续西行，车快到结古镇，此处通天河畔有亭，说是唐僧的晒经亭，周围长有难得的几棵柏树(昂格主任说，这里风水好，原来长有较多柏树，但那里地势高达三千七八百米，气温低，柏树长得很慢，这些并不高大的柏树都是上百年的；大部分柏树 20 世纪 50 年代“大跃进”时已作为时代殉葬品了)，亭旁的礁石形状确不同凡响。由亭北望，山上有村庄，自古就叫高家庄；也就是说，西游记一部分的故事背景就在此地了。

有一张我的照片，是在离晒经亭不太远的三江源纪念碑上照的，身后可见一桥，桥之上游叫通天河，下游即金沙江。纪念碑正反面分别是由原国家主席江泽民与全国人大常委会原副委员长布赫于 2000 年题名与刻词的，这个纪念碑周围一片地用雕花栏杆围住，有专设工作人员看护，一般游客只能隔栏望着，不能近身。通天河多沙，泛黄，出乎意外，据说源头有流不尽的沙土。但捧起水却是清的，沙水分离，水可喝，洗手后皮肤润滑，可能含矿物质多。三江源头的水多是这样的。照相时已是晚七八时，但阳光灿烂，这里已是很偏向西边的地区了！州政府很客气，安排住在结古镇玉树州政府招待所，我住套间，配了水果，但无电话，也无毛巾、草纸等，还时常停电。14 日早我们将从结古镇南下 200 公里，至囊谦县去探看澜沧江源头。

图 13-4　刘应明在三江源纪念碑上留影(身后可见一桥，桥之上游叫通天河，下游即是金沙江)

2007.7.15，由玉树返回西宁，复驱车十二小时。三天(7 月 13～15 日)坐车两千多公里，臀部坐得有些痛。车行几乎都在 4 千米以上地区行走，凄美壮凉，感觉还好。

相片为在玛多县附近桥上所照。玛多为黄河第一县，黄河至此水面较宽。该桥为黄河第一桥。风甚劲，气温低，下车拍照时，胡乱系上领带以挡些风，帽子也并非遮阳挡雨，只是太冷了，赶紧戴上。这个帽子是游台湾最南部的垦丁公园时遮挡毒太阳买的，已陪我走了许多地方，因有皮系带，挡得强风(垦丁那里海风之大也闻名宝岛)，这次特别适用，一般遮阳帽会被吹走的。这从相片中或可看出。三江源上水多沙，但黄河至此已很清；一直到流出青海，黄河都很清。

图 13-5　刘应明在玛多县黄河第一桥上留影

下面有个贵德县，有语曰“天下黄河贵德清”。顺便指出，贵德已近西宁，清朝时贵德属成都(当时称崇庆州)管辖。相距好几千里，当时民风吏治可见一斑。

从玉树进入果洛藏族自治州。两州交界处为巴颜喀拉山。山口高4824米，为长江与黄河分水岭。果洛地势高，冷，不长树。或为沼泽，长些草，或为干旱地段，半沙漠化。果洛虽更近西宁，但它是青海最艰苦地区，中华母亲河黄河却源于这个风紧、气寒的苦寒之处。行车数十公里不见一户人家。但藏民却单家独户地在帐篷中生育发展。公路两侧有时可见黑色的牦牛群或白色的羊群。

图13-6　刘应明在海拔4824米的巴颜喀拉山口

四、访英纪实摘选

2012年8月27日至9月16日，访英。

8月27日抵曼城,先在曼彻斯特大学及其近处,如曼城西北部海边Black Pool及英格兰湖区(Lake District)的Rydal湖、Chatsworth城堡访问。

9月2日去苏格兰高地，如约克(York) (据说当时美国人看到York太漂亮了，所以才回到美国建了一座New York)、爱伟克(Alnwick)城堡、爱丁堡、威廉王子夫妇曾求学的安德鲁斯(Andrews)大学(已建校七百年，历史之长仅次于牛津大学与剑桥大学)；尼斯湖(Loch Ness，英最大湖，水深200多米。因溶有大量泥炭，水黑，无鱼，传说有水怪，名闻全球)；本奈威山(Ben Nevis，苏格兰盖尔语：Beinn Nibheis，是英最高的山峰，不过才高1344米，以及毗邻高山的著名小镇威廉堡(Fort William)、逃婚小镇 Gretna Green、英格兰湖区、温德米尔湖等。9月5日返曼城路经球迷向往的曼联队主球场，下车一观。9月7日，参观Chester古镇。它与曼城名字差头三个字母Man，那里保存有两千多年的城墙及护城河。9月8～14日去伦敦、牛津、剑桥、温莎城堡、巨石阵等地。15日再回曼城，16日乘荷兰KL飞机从曼城(中转阿姆斯特丹)直飞成都。

图 13-7　刘应明在曼彻斯特大学

英国很凉爽但风大。一刮风应该说还有点冷，曼城室内不时得穿薄毛衣，到了英国，我才知风衣取名含义。因为风中毛衣有空隙，风会吹入体内，很冷，得穿风衣才挡风。伦敦 Burberry 风衣很有名，售价八九百英镑。苏格兰高地一刮风就像是冬季。例如，在尼斯湖游艇平台上我得穿很厚的防寒衣、棉毛裤并戴帽子。坚持了一小时航程，有些冻僵之感。英国通常是阴天兼细雨，尤其苏格兰高地更难有晴天。这次却天公宠我，每到一地，包括苏格兰高地，都时时见到蓝天白云。

自然，本奈威山仍笼罩着它年平均有 355 天必佩的白纱。不过当时它山脚下第二次世界大战突击者纪念碑一带还是阳光明媚，与它差不多高的邻近高山也在太阳下昂立。当然我说的蓝天白云不是一天 24 小时太阳高照，我在各地也已碰到过几次突降几十分钟的雨，体会英国人老带伞的必要性了。曼城还常晚上下雨，白天转晴，有点像成都秋天。不过英虽多雨却不潮湿，衣服晚上洗了，白天就干了，这倒像北京了。

英国是古老帝国，要悠闲地喝下午茶，学院免费供应，总的节奏不如美国。城市大的建筑尤其众多城堡、教堂多是石头建成，有点金字塔气势，颇为雄伟，可见当年盛世风貌。只是星移斗转，工业革命加上英伦多雨，石头多蒙上一些暗灰色，不像金字塔在干燥、无污染空气中，几千年保持石头本色，甚至一些石灰岩还在风吹雨洒中，表面呈玉石的光彩(见我 2007 年埃及随笔)。

许多英国农村小镇的建筑，十分像四川甘孜阿坝之碉楼，都是用山中开出的片石砌成的。而遍布各地的城堡作为地方权贵生活之处，也是权力中心，主体则用巨石砌成，又拥有好几千亩草原，规模很大 ，也很气派。真的贵族是百年树人而成的，这不仅指气度，也指起居与眼界。曼城住房似比美国贵，尽管工资不如美国。住宅社区多拥有广大草地，有足球场等。

图 13-8　刘应明在英国古城堡前留影

9 月 5 日就要离开苏格兰了，在临近苏格兰边境格林小镇(Gretna Green)稍作停留，风景不错，这里还是私奔结婚的发源地。1754 年，当时英格兰有条法案规定，如果结婚的双方都未满 21 岁，那么他们的婚姻必须经过双方父母的许可。然而这条法案在当时的苏格兰并没有施行，公民只要年满 16 岁就可以登记结婚(现在也仍然如此)。这也就驱使了很多“私奔者”逃到苏格兰结婚。他们会首先到达 Gretna Green，铁匠铺(Old Blacksmith’s Shop)作为村中的焦点，变成了婚礼的中心，而铁匠为逃婚者主婚。现在这里也还在提供婚礼服务，旁边还有婚纱出售。这里的苏格兰饼干也很有名，在伦敦超市同品牌的要贵一倍。虽然味道好又便宜，同行者购之踊跃，但在时下舌尖上的中国，千里迢迢带回这饼干会受欢迎么？ 这里苏格兰毛围巾，质地大概胜过中国鄂尔多斯，才 30 来镑。不过我们这堆人不少在爱丁堡用更低出厂价都买了，就少问津了。街上还有彼得兔(Peter Rabbit)总店，据说小孩很感兴趣，我原先真还不知道这路神圣!

驶离格林，再见了苏格兰！我们到了英格兰著名的湖区，在温德梅尔(Windermere)湖荡舟游湖。温德梅尔湖是英格兰最大的湖，1951 年被划归为国家公园，是英格兰和威尔士的十一个国家公园中最大的一个。湖边的草地如同天鹅绒一般，水天一色，充满诗意。我美国朋友说苏格兰高地景色比瑞士还棒，正因其鼓动，我赴英前十天才决定花四天时间北上高地。老实说，一行下来我没这个结论，甚至我觉得英格兰湖区景色优于高地。

湖中飞禽很多，乘艇游湖并登上彼岸坐老式蒸汽火车。这段铁路也有一百多年的历史，当年主要是运煤炭。但需知 20 世纪我们这一辈这种火车坐多了(确切说，是站，因没地方坐，从西安就站到上海三十小时，尽管年轻，脚还是肿了)，尤其六七十年代，春运与“文化大革命”大串连之时，还常常只能从火车窗户进出去，因为厕所中也站满了人。这次坐老式蒸汽火车实在是白花钱了，所以一张照片也不拍。

图 13-9　英格兰湖区温德梅尔湖(2012.9.5)

还是回到水天一色的湖景吧！各具特色的小楼掩映其中，好似童话世界。这诗意的景色真的孕育出了不少诗人。著名的英国浪漫主义诗歌奠基人华兹华斯(Wordsworth)和妹妹多萝西(Dorothy)就长期居住在这里。华兹华斯和另外两名诗人柯勒律治(Coleridge)以及骚塞(Southy)合称为“湖畔诗人”。华兹华斯曾说：“我不知道还有什么别的地方能在如此狭窄的范围内，在光影的幻化之中，展示出如此壮观优美的景致。”是的，没有人知道，也许最好的已经在这里了。

游览结束，继续向南去曼彻斯特，路经球迷向往的曼联队主球场，下车一观，有曼联三巨头塑像，我在先前却一个也不知名，只知道曼联曾有一个贝克汉姆球星，他还不在三巨头之列。曼联队主教练还被授予爵士称号，曼联队在英国真是声名鼎沸。

五、剑门关、翠云廊、七曲山大庙

2014 年 3 月 31 日，早上 7：40 发车，与友人去广元剑门关，中午到广元午餐(12 人吃了 360 元，便宜)。武则天成长于广元(川人还认为生于斯)，生前就给自己修了皇泽寺(祀)，这是皇帝中仅有者。内有一座当时塑的武则天真身石像，据说也是国内仅有。从塑像看应是武氏中年时塑的，应该说不算美女，不及洛阳龙门石窟中菩萨头像，后者传说是暗中仿武脸相而凿的。中华人民共和国成立后武则天塑像被推倒，头断，今又把头装上，当然颈部短一截，形象就更差些。可见武当时还没有晚年在自己墓前立无字碑的胸襟，晚年更成熟了。

游毕皇泽寺，开车去剑门关，车从北边入关，慢慢步行至关楼。我去过剑门关多次，且爬上关隘旁边的大剑山、小剑山，沿金牛古道到陕西境。不过今天陪同的是老人，慢节奏，漫步中还是再次感觉到剑门一夫当关的险与雄，如有小雨，可能会品味到陆游当年“细雨骑驴入剑门”的另一种意境。入关后已是晚饭时候，享用剑门豆腐宴。后入住天赐剑门温泉酒店，泡温泉，这才回房间准备休息了。因为一则走了不少路，二则泡了温泉。人有点懒懒，睡了好觉。

4 月 1 日早上去剑阁县翠云廊，即张飞古柏道。那里古道原是从剑阁到南充市阆中市，张飞任首脑的治县。古道两侧植有秦时 2500 余年古柏及张飞下令种的 1800 余年的古柏。当然现今古道只修复几公里长，但行进其中心旷神怡：二十多年前，我盛夏曾来过，的确感受到翠柏如云，凉风习习的快感。午饭后去梓潼七曲山大庙，这是文昌君的总庙。文昌君张亚子是梓潼人，主管人间科场、禄位，为读书科考及高考者重视。那里烧香、捐款、纸写自己名字贴于小佛像(要 2000 余元，保留一年)、捐锦旗致谢的考生及父母真是不计其数，这个传统力量令人惊讶！妙的是在张亚子文昌君大庙中还有一座小庙，是张献忠的。他杀川民无数，致使天府四川只剩下不到十万人，老虎在市县横行，以致从清初兴起湖广填四川大移民，历时七十余年才大体完成。梓潼人只因张献忠在七曲山曾与文昌公认家门(同姓张)就替他修一小庙，不知当时张是否少杀了梓潼人？

待赶回川大吃了晚饭回家都快 11 时了。

六、云南丘北普者黑，广南县世外桃源，澄江古生物化石展览馆

2014 年 9 月 10 日，早 8 点 20 分从宾馆发车与云南友人去丘北普者黑。

普者黑是文山(壮族苗族自治州)丘北县的一大片湿地， 内有 50 多个大小湖泊，300 余座岩峰，总面积达 165 平方公里。依山靠水而住的有彝、壮、苗、白、瑶等少数民族。普者黑是彝语，意为鱼虾之池。

我们高速路行车三时半即到，这里离昆明 280 公里。当地具有桂林一带典型喀斯特地貌。但普者黑拥有漓江所没有的大片荷花及芦苇，是道地江南风光。我们三人(司机不去)雇一女船工，在习习清风中泛舟一小时多，桂林山水，江南秀色，颇为惬意。这里气温较高，幸今天下午时转阴，否则太阳真的会晒死你。

普者黑湖上诸游船之间互相泼水，算是一种文化。我们七老八十的当然不想参加。幸好荷花已萎，游览高潮时节已过，今天仅几支游舟，我们宣布投降，又是老头，就自然免战。如在五六月份，几十支游舟簇拥一团，肯定连投降的机会都没有。这个普者黑还可进一步开发，将来一定属最棒的景区！

晚上八时附近，临近丘北县城，有国内最壮观的音乐喷泉，当然得开车去看看。可惜因维修暂停，白跑了一趟。我们住银湖大酒店，房间的电话(区号 0876)都是直拨的，也有 Wifi。还可提及的是今天住进酒店已近下午一时，只好到外面去吃午饭。盛暑之下，坐马车前往，那小饭店苦瓜、鲫鱼汤等都不错，在城市里绝对吃不到这种味道。据说除产品自然外，与是否当日采摘抓捕有关。这不禁回忆起美国龙虾出水大半天后美味即减，看来上帝安排，过自种自收自用的生活才是最自然的。所以，科学进步、生产发展等都有两面性。这里小店供应了由糯米、

玉米(粉)、大麦及白米四种做的米饭，放在蒸桶中，任客人自取。四种米饭口味都很不错！联想 9 月下旬鄙人在山西晋城著名的相府宾馆一小碗米饭要 2 元钱，这里民风还真淳朴。实际上，是日中午我们坐马车去吃午饭时，落下钱包在马车上，餐毕返程时(坐另一马车)，那原先马车车夫就在必经小路上等我们还包，这不是城市中已难见到的吗？

图 13-10　普者黑银湖酒店门前湖景

9 月 11 日早 8 点 20 分从普者黑驱车去文山州广南县，这个滇、黔、桂三省(区)交界地(亦近越南，著名的中越战争战场老山就在那里)。目的是去游览被称为世外桃源的坝美镇，它的出入口都隐藏在长长的水洞之后，要乘船方可进出。全程要三次乘船，两次马车，足见坝美镇之大。行车中因中途塌方，走了三小时半才到桃源的后门——汤那洞。先坐船一二十分钟，洞中钟乳石密布，还架设了若干电灯。行船中突见阳光，原来已到此洞尽头。登岸乘坐马车二十分钟，所经者是山峰、丘陵与瀑布，可见壶中乾坤之大！地上也种了玉米、红苕之类。那里农民房子已是较现代砖木层楼，屋顶上有太阳能供热设备。办了农家乐，我见到那家叫云外山庄的农家乐的外墙上还钉了红底白字的广南计生委的布告：管他世外桃源、云外山庄，统统计生！桃源居民也常到“凡间”打工。

这第一程马车止于桃花洞口，复登船，不过这洞是明洞，船在阳光下行走。又是十来分钟，登岸到有十来人才能围抱的大榕树前。这种大榕树在福州市(简称榕)是很多的，但长在“世外”却视为奇事。后又第三次登船过出水洞，这个洞没有灯，只偶尔有天窗，那是巨石陨落形成的。这时，完全原生态的钟乳石奇形怪状展示在天窗射进的光线下，似乎比人为架设电灯效果更好。最后登岸后又坐第二趟马车到世外桃源的前门。

近出水洞处还有大片水稻田，沿途农民则忙于收割。这世外桃源风景不及昨天普者黑，但在汤那洞与出水洞之间真是别有洞天，倒值得一游。是晚宿广南县世外桃源大酒店。老天帮忙，因为今天若按预报那样下雨，船就进不去。我们出洞后，天就下雨了，注入汤那洞的江水马上就混浊了。凡事都有两面性，在太阳下坐马车与行走也使人有中暑感，较累。今晚准备早点上床，明早 8 时还要开车去弥勒县。

图 13-11 世外桃源汤那洞口(2014.9.11)

12 日早上从世外桃源开车三小时半到弥勒。弥勒西汉时即有建制，而弥勒之名是宋大理国时，以彝族先民首领弥勒命名的。那里当然有佛寺，但县名与弥勒佛似无关系。在弥勒，红河烟厂花 60 亿元打造了五星级湖泉酒店及周围的湖泉生态园。生态园有 3550 亩，飞瀑流泉，绿荫满目，湖面就达 1700 余亩，还有温泉，真没想到弥勒市城区开发得如此好！我们住湖泉酒店(电话区号 0873)。这里黑山羊火锅真可口。晚餐后去泡温泉(也可在房间内泡)，生态园温泉很好。13 日早 8 点回昆明，住君乐酒店。

9 月 14 日上午从昆明开车 2 小时，去澄江帽天山参观澄江古生物化石展览馆，十分有启发。

这是寒武纪早期生物大爆发具体佐证，也说明那个以自然选择、适者生存为基础的达尔文渐进进化论大成问题！

因为要适者生存的话，地球将停留在 30 多亿年前菌藻的原始阶段；菌藻是生物中适应性最大的物种，从几千摄氏度的灼热火山口到零下几十摄氏度的冰山雪地，它们都能生存，无需进化。在地球 45.4 亿年历史中，自前 38 亿年前出现菌藻类后，30 多亿年中就只有菌藻、绿藻等低级生命。直至寒武纪，在距今 5.3 亿年前开始，在不到 1000 万年中(地球史上一瞬)，突然出现了众多门类的高等生命。

这就是所谓寒武纪生命大爆发。实际上那时产生了生物门类超过 100 个，而不仅是今日余存的 35 个。这个生命演化进程是因内因，即基因突变而产生，绝非达尔文适者生存自然选择这种外因渐进进化论所能解释的。至于后来广为宣传的猴子因劳动进化成人，更是无稽之谈。

澄江大量古生物化石表明，在距今 5.3 亿年的寒武纪，澄江产生了现今地球上现存所有动物的先驱代表。澄江动物群化石的发现已公认为 20 世纪最伟大的科学发现。可惜国人知道不多，连同行的云南友人对此也若明若暗。

南京古生物所年轻助研侯先光于 1984 年 7 月 1 日在帽天山收集古生物化石时，幸运地发现一块纳罗虫古化石片。在继后 17 年中，南京古生物所一批人员发现了距今 5.3 亿年的寒武纪大量且系统完整的古生物化石群，曾多次在《自然》《科学》等世界权威杂志撰文，获全国自然科学奖一等奖。这工作在古生物界被誉为 20 世纪最惊人科学发现！其意义与影响必远超古生物界，事涉生物进化与人类起源大问题。

第五篇

大江东去，风骨流芳

人到晚年，必然要面临两件事，一是回首往事，二是谢幕。

这两点，本书就是回应，不再赘述。这里，我们来品味一个哲理性的疑问：刘应明何以能够成才？何以乐于竭诚地奉献社会？

少年刘应明家境清贫，但他不为所困，好读书以自娱。而他成人后更深的领悟是：少年的经历是弥足珍贵的，少年清贫和磨难更可化作一笔财富，它潜移默化地润育着少年人的成长。亲情的浇灌、困境的激励和解困的尝试，都是让人成长并终身受益的财富。

古往今来，一个学者从成才到事业有成的条件大致有三：好苗子、良师指点以及施展才能的机遇。

少年刘应明无疑是个勤奋的好苗子。他在磨炼中健康成长，成为一个热爱数学科学的璞玉，一叶经得起风浪的舟楫。

青年刘应明在北大期间，有幸得到名师的指点，完成了琢璞成玉的蜕变，登入了数学的殿堂。

刘应明又是幸运的。在他年富力强时，赶上了改革开放的机遇，使得他有了英雄用武之地，一展风采。

刘应明特别令人们称道和怀念的是：在他成名之后，仍然保持他善于思考、勇于担当、有锋芒的性格。成名之后的主要变化是多了一个兼济天下的情怀，那是因为他具有胸怀天下的气度，又跨入了可为社会作出更多贡献的平台。

刘应明不尚空谈，他只是实实在在地做着奉献。姜伯驹院士说：他好像一位大侠，把毕生的精力和才华挥洒在祖国的数学事业和教育事业中。

刘应明对我国西部科教事业，对四川大学的快速发展，都有着非常重要的贡献，他性格坚韧不拔，做事鞠躬尽瘁，令人感叹。

当然，刘应明只是凡人而已，自有他的不足之处，这就未可厚非了。

黯然销魂者，唯别而已矣！

大江东去春犹在　哲人风骨自流芳

庆祝刘应明院士七十华诞

第十四章　七十寿庆，誉满神州

第一节　川大“牛”院士过生，中国数学界“牛人”都来了

2010 年 8 月 11 日，成都望江宾馆五福堂内灯火辉煌，在阵阵喜乐声中，四川大学刘应明院士迎来了七十寿辰庆典。这是一个中国数学界最盛大的聚会，共有 13 位中国数学界的院士打着“飞的”出席了庆典。因有事没能出席盛会的四川大学校长谢和平院士则送上了用书法稿费换来的“中国红”瓷瓶。

图 14-1　刘应明院士讲话

1. 生日盛会聚集数学界“泰山北斗”

来参加刘院士生日会的可谓“群星闪耀”，主持人四川大学副校长步宏教授说，出席庆典的中国科学院数学院士有陈木法、丁伟岳、郭柏灵、姜伯驹、李安民、龙以明、马志明、彭实戈、田刚和文兰等 13 位院士。他们都是中国数学界的“泰山北斗”，推动着中国数学界的发展。

出席者中还包括十多名海外杰出数学学者，如包刚、金石、吕克宁和郑方阳等，此外，还有大批“长江学者”教授、国家杰出青年科学基金获得者等国内著名数学家。

图 14-2　庆祝刘应明院士七十华诞现场

九三学社中央委员会副主席、重庆市副市长谢小军，四川省政协副主席、成都理工大学副校长黄润秋，天津市政协副主席、南开大学副校长陈永川，成都市政协副主席戴晓雁，河北师范大学校长蒋春澜，广州大学校长庚建设等也出现在了现场，将五福堂的千人大厅映射得星光熠熠。

据悉，本次由四川大学主办的长江数学国际论坛暨刘应明院士七十寿辰规模之大、水平之高，在四川乃至整个西部尚属首例。

“刘应明院士不是刘院士，而是‘牛’院士！”四川省政协副主席黄润秋打趣地说。

2. 生日礼物送上稿费换的“中国红”

有这么多院士亲临现场，因事没能出席的另一个院士、四川大学校长谢和平也没闲着。他委托出席庆典的四川大学党委常务副书记罗中枢教授送上了两件寿礼：一件是其书法作品，装裱好八个大字“数学巨擘桃李天下”，苍劲有力。另一件特别寿礼是“中国红”瓷瓶，上书“寿”字，寓意康寿吉祥，将寿辰衬托得喜气洋洋。罗中枢教授说，这“中国红”瓷瓶花了谢院士不少苦心。“众所周知，谢校长喜好书法。这个瓷瓶是他用书法作品的稿费换来的。因为谢校长是湖南人，这个寿礼瓷瓶是他专程从家乡订制的。”这番话引来全场一阵掌声，刘院士也高兴地起身托起“中国红”瓷瓶留影。

“一代风流七十载，学贯中西名四海……”四川大学党委书记杨泉明也托罗教授送来了诗作。

中国数学会理事长马志明院士说，他与刘院士相交多年。刘院士经历坎坷，却豁达乐观，对人对事对数学研究都称得上是“铁骨铮铮的汉子”，中国西部数学的顶梁柱。刘老七十寿辰有如此“礼”遇，可谓众望所归。

图 14-3　刘应明院士等在主席台

3. 老师：要学会“服老”不要太拼命

刘应明院士的老师、北京大学姜伯驹院士也来了现场。顶着满头银白色头发的数学界“老前辈”向头发比自己黑一些的刘院士表示了庆贺。

图 14-4　刘应明院士与姜伯驹院士(右二)、张恭庆院士(左一)、丁伟岳院士(右一)合影(2010 年 8 月)

姜院士回忆说，在 20 世纪，北大数学系(1978 年之前称数学力学系，1995 年成立数学科学学院)在五六十年代和八九十年代分别出现了两次人才聚拢的高峰，学生所创造的成就无可比拟，个个都是数学学界的“顶梁柱”，刘应明 1957 年进入北大数学力学系，是第一波人才高峰里的佼佼者。

姜院士说，刘应明在学生时代就表现出对数学研究“简单明了、一针见血”的风格。“所有认识他的人都知道他个性独立，无论在数学海洋中还是在生活中都极其‘敏锐’。”姜院士说，“而且他还很执着，只要看准什么事，都会坚韧不拔地完成”。这两个品质是一个人能够在学术上有所成就、对社会作出贡献的必然条件，而刘应明同时都拥有了，连他这个老院士都很“钦佩”。

作为老师，姜院士还对刘院士进行了“批评”。“刘院士不服老，始终工作精力旺盛，这需要给予建议。”姜院士说，“服老的过程也需要学习，希望刘院士在保持青春心态的同时，也要适当调节一下工作节奏，不要太拼命”。

4. 学生：大学者扶植“小学校”老师

“从我名字‘应明生’来看，我注定应该成为刘老师的学生！”清华大学应明生教授用质朴的话语向老师致以了寿辰贺词，引来大家一片会心的欢笑。

应明生对老师刘院士充满了感激，“他这个大学者，却不遗余力地提携我这个来自‘小学校’的老师，实在令人感动”。应明生教授回忆起了投师门的曲折过程：18 年前他从师专毕业后到了江西一个中学当老师。1983 年，作为一名普通中学老师在一次数学年会上见到了刘应明，此时刘应明早已在数学界声名鹊起，胆小的应明生竟不敢与他说话。

之后，应明生调到了江西师范大学，终于可以在两年一次的数学年会上见到刘老师，结果还是因胆小不敢与他讲话。1990 年，应明生在申报一个项目上碰到了问题而无计可施，正当他在宾馆走廊上愁容满面时，路过的刘应明主动问他：“你是不是叫应明生？遇到了什么问题？”在刘应明的帮助下，应明生第二年拿到这个项目。随后，在初次相遇 9 年后，他终于投到刘应明的师门，跟随刘应明进行数学研究。“没有刘老师的鼓励和提携，我的数学研究根本做不下去！”

5. 福州母校：希望刘院士松柏常青

刘应明院士的高中母校——福州一中校长李迅也专程前来向刘老贺寿。经过三个多小时飞行，李迅才抵达成都，他说中国传统文化里讲究“一生二、二生三、三生万物”。“这三个小时的飞行，承载的是母校学子对刘老不尽的感激和祝福。”

作为以全部 5 分好成绩毕业离校的优秀校友，刘院士一直是福州一中学子心中的榜样。“这位曾在福州一中苍劲树林下流连的翩翩少年，经过自己的坚持、努力和奋斗，成为中国数学界的学术泰斗。但最让人感动的是，刘院士以今日之地位，仍时时不忘奖掖母校后生。”

2005年，刘院士回到母校，亲自题词的“数学是思维的体操”已成了该校学子的座右铭。

回忆往事，李迅还发现一个巧合：刘院士福州住所门牌号码为254，而他就读福州一中时的学籍卡也是254号。“希望刘院士松柏常青，在经历了人生中第一个五四青年节的‘54’之后，继续迎来第二个‘54’。”

福州格致中学是一所蜚声八闽，英才辈出的百年老校。当时刘老以全校第一的优异成绩保送该校。“刘老为了数学学科的发展呕心沥血七十载，可算光照青史，功不可没。”为表达对刘老的崇敬，2005年，格致中学在校园内树立了青铜像以示敬意。

6. 关于七十华诞报道的一则“附言”

刘应明院士的重要影响力，使其七十华诞的相关报道也是很快便出来了。向来严谨、谨慎的刘应明，面对新闻报道更是细细斟酌，对一些报道有瑕疵的地方，也是要郑重说明。例如，8月12日成都《华西都市报》的一则通讯，他便亲自改了一些不准确的地方，并在大会上附呈说明。

刘应明附言

长江数学国际论坛暨刘某七十华诞学术会议于8月9～13日在成都望江宾馆举行。由于用费(望江为五星宾馆)等考虑，几何分组于8月5～6日提前在川大望江校区召开，而代数分组则延至15日召开。庆典在11日下午并举行晚宴。

在此论坛期间(9、10日下午)，国家自然科学基金委还乘各大学数学学院来参加会议之便，召开全国21所大学数学、力学学科(力学仅二个，即北大与中国科技大学的力学基地)的理科基地项目中期检查与结题验收会。说明一点：敝人任验收专家组组长，由于时间重叠，论坛各分组报告会只好缺席，这是很抱歉的事。在9日川大长江数学研究中心还与太平洋数学所签订了合作协议书。该所所长Adem教授出席了论坛并作了拓扑学方面大会报告。这个太平洋数学所在加拿大，绝非当今“名噪”一时、仅有一间办公室的美国的“西太平洋大学”。

数学学科的中科院院士仅二十余人，这次除了年老、临时有急事之外，竟有15人出席论坛，另外，刘某的北大(数学力学系)学长张景中院士(信息技术科学学部)与杨路教授也出席了庆典；清华大学校长顾秉林院士9日恰到望江宾馆公干，也拜访了刘某。出席论坛的还有众多的、数学专业的校长、院长及国家杰出青年科学基金获得者。来自普林斯顿大学、密歇根大学等国外大学十余名同仁也出席了论坛，真是高朋满座，群贤毕至。另外，九三学社中央副主席、重庆市副市长谢小军教授(代表九三学社中央)与韩启德副委员长也出席了庆典。谢市长与九三四川省委主委、省政协副主席黄润秋教授在庆典会上发表了热情洋溢的讲话。刘某初中母校福州格致中学游振平校长、高中母校福州一中李迅校长、母校北大数学学院院长王长平教授以及刘某老师代表北大姜伯驹院士、学生代表清华应明生教授都深情回忆了刘某学生时代求学种种，确如俄国诗人普希金所说，凡是逝去的一切，都会变成美好的回忆。

敝人对生日历来淡漠，也常常忘记，不太体会过生日的意义。这次同仁、同志的盛情，确使在学界混迹、跌宕起伏几十年的刘某有所感动。

参考文献：

[1] 川大“牛”院士过生中 国数学界“牛人”都来了. 四川在线-华西都市报: http://bbs1.netbig.com/thread-56202-1-1.html.

第二节 国际模糊系统协会会刊 *Fuzzy Sets and Systems* 出版刘应明院士 70 华诞专刊

2010 年，刘应明院士 70 岁生日，*Fuzzy Sets and Systems* 着手编辑专刊祝贺。2011 年,国际模糊系统协会会刊 *Fuzzy Sets and Systems* 出版专刊(第 182 卷第一期，*70th Anniversary of Yingming Liu*)庆祝刘应明院士 70 华诞。为此，川大新闻曾这样报道：

刘应明院士 1963 年在北京大学数学力学系毕业后一直在我校数学学院工作。现为教育部“985 工程”第三期平台——长江数学研究中心首席科学家。刘应明院士从事拓扑学和模糊数学等领域的研究工作，具有广泛的国际影响力。特别地，他对推动模糊数学在国内外的发展作出了重要贡献。1984 年他在美国夏威夷，参加模糊系统与信息处理的国际学术团体——IFSA 的筹建并在 1985 年参加在西班牙马约卡岛举行的 IFSA 第一届世界大会的会议并担任分会主席。1993 年至 1995 年担任国际模糊系统协会(IFSA)副主席，1983 年至 2006 年担任 *Fuzzy Sets and Systems* 编委，2007 年至今担任 *Fuzzy Sets and Systems* 顾问编委。2005 年国际模糊系统协会授予刘应明院士“IFSA Fellow”称号，这是模糊系统及相关学科领域的最高荣誉。

以下是该次专刊基本情况，即专刊扉页及其译文：

ELSEVIER
Available online at www.sciencedirect.com
ScienceDirect
Fuzzy Sets and Systems 182(2011)1
FUZZY sets and systems
www.elsevier.com/locate/fss

Editorial

Professor Yingming Liu was born on October 8, 1940, in Fuzhou, a city in the southeast of China. He graduated from the Department of Mathematics and Mechanics of Peking University in 1963, since then he has been a faculty member of School of Mathematics, Sichuan University.

Professor Liu has canried out research in various fields related to topology and fuzzy sets. In particular, he began his study on fuzzy topology in 1972 and published his influential papers with Paoming Pu in 1977 in Chinese (Journal of Sichuan University, Natural Science Edition, No. 1, 1977), and later in English (Fuzzy topology. I. Neighborhood structure of a fuzzy point and Moore-Smith convergence; II. Produet and quotient spaces. Journal of Mathematical Analysis and Applications 76 (1980) 571- 599; 77 (1980) 20 -37). He published the monograph *Fuczy Topology* (with Maokang Luo) in 1997 (World Scientific Press, Singapore). He became a professor in 1983, a member of the Chinese Academy of Sciences in 1995, IFSA Fellow in 2005.

Besides his academic achievements, he has made important contributions to the infrastructure of the community of fuzzy sets inside and outside China. He is one of the founders of the Fuzzy Mathematics and Systems Association of China (FMSAC). He chaired FMSAC from 1985 to 2001, and has been the honorary chairman of FMSAC since 2001.He has been an IFSA Council member (representative of FMSAC) since 1985 (vice president of IFSA, 1993-1995).He has been a member of the Editorial Board of Fuzzy Sets and Systems 1983-2006 and advisory editor since 2007.He has been deputy chief editor of Fuzzy Mathematics and Systems (the official publication of FMSAC 1982-1987, and chief editor since 1987.

Professor Liu celebrated his 70th birthday in 2010. This special issuc is dedicated to him on this occasion. Unfortunately, the special issue appears belatedly due to the long reviewing process. This issue contains 10 papers, two on topological vector spaces, five on topology, the other three are concermed respcetively with bases in semilincar spaces, kemel systems in *L*-ordered sets, and interval-valued negations.

I would like to thank the Editors-in-Chief of Fuzzy Sets and Systems for supporting the idea of this special issue and for their great help and patience during the preparation of this issue. My thanks also go to the authors as well as to all of the reviewers for their much appreciated efforts.

Dexue Zhang
Guest editor
Sichuan University, School of Mathematics, Wangianglu 29
Chengdu 610064. *China*
E-mail address: dxzhang@ scu.cdu.cn.

译文如下：

1940 年 10 月 8 日，刘应明教授出生于中国东南的福州市。1963 年，他毕业于北京大学数学力学系，之后一直在四川大学数学系任教。

刘教授的研究工作涉及拓扑学和模糊集理论等多个领域。1972 年，他开始研究模糊拓扑， 1977 年他和蒲保明合作发表了两篇影响深远的论文，先是用中文发表在《四川大学学报》(自然科学版，1977 年第一期)，后来用英文发表在《数学分析及应用》(模糊拓扑 I. 模糊点的邻属结构和 Moore-Smith 收敛，76(1980)：571-599; 模糊拓扑 II. 乘积空间和商空间， 77(1980)：20-37)。1997 年，他和罗懋康合作在新加坡世界科技出版公司出版了专著《模糊拓扑》(*Fuzzy Topology*)。他 1983 年晋升教授，1995 年当选中国科学院院士，2005 年被国际模糊系统学会授予“IFSA Fellow”称号。

除学术成就之外，他对国内外模糊集理论学术团体的建设和发展作出了重要的贡献。他是中国模糊数学与模糊系统协会发起人之一，1985 年至 2001 年担任该协会主任委员，之后担任协会的名誉主任委员。1985 年起他一直是国际模糊系统协会(IFSA)执委(其中，1993～1995 年担任副主席)。1983～2006 年他是《模糊集与系统》(*Fuzzy Sets and Systems*)编委，2007 年起担任顾问编委。1982 年至 1987 年他担任中国模糊数学与模糊系统协会会刊《模糊系统与数学》副主编，之后一直担任该杂志主编。

2010 年刘教授迎来 70 岁生日，本专辑就是为了庆祝他 70 岁生日而编辑的。遗憾的是，由于冗长的审稿周期，该专辑的出版拖延了不少时间。专辑包含 10 篇论文，其中，2 篇关于拓扑向量空间， 5 篇关于拓扑，其余 3 篇分别关于半线性空间、*L*-序集的核系统(kernel system)，以及区间否定算子等。

编者感谢杂志主编对本专辑编辑工作的巨大支持和帮助，感谢所有的论文作者和审稿人付出的巨大努力。

专刊论文目录：

1. A note on the space of fuzzy measurable functions for a monotone measure.
作者：Chong Wu， Xuekun Ren， Congxin Wu
吴冲， 任雪昆，吴从炘，关于单调测度的模糊可测函数空间的一点注记.
2. *L*-topological vector spaces and families of *L*-fuzzy pseudo-norms.
作者：Huapeng Zhang, Jinxuan Fang
张化朋，方锦暄，*L*-拓扑向量空间和 *L*-模糊伪范数族.
3. On *L*-Tychonoff spaces II.
作者: Tomasz Kubiak
Tomasz Kubiak, *L*-Tychonoff 空间 II.
4. Regularity and normality of (*L*, *M*)-fuzzy topological spaces.
作者：Fu-Gui Shi
史福贵, (*L*, *M*)-模糊拓扑空间的正则性和正规性.
5. *L*-fuzzy *Q*-convergence structures.
作者: Bin Pang, Jinming Fang
庞斌，方进明，*L*-模糊 *Q*-收敛结构.
6. On adjunctions between Lim, SL-Top, and SL-Lim.
作者：Lingqiang Li, Qiu Jin
李令强，金秋，范畴 Lim, SL-Top 和 SL-Lim 之间的伴随.
7. Coreflective hull of finite strong *L*-topological spaces.
作者：Piwei Chen, Hongliang Lai, Dexue Zhang
陈丕炜，赖洪亮，张德学，有限强 *L*-拓扑空间的余反射包.
8. Bases in semilinear spaces over join-semirings.

作者：Shan Zhao，　Xue-ping Wang

赵珊，王学平，并半环上的半线性空间的基.

9. Kernel systems on　*L*-ordered sets.

作者: Wei Yao, Bin Zhao

姚卫，赵彬，*L*-序集的核系统.

10. Fixed points of involutive interval-valued negations.

作者：Jiachao Wu, Maokang Luo

吴家超，罗懋康，对合区间值否定算子的不动点.

第三节　回归故里，看望恩师

2010 年，刘应明院士 70 岁生日庆典活动是提前到 8 月举行的，而他的生日是 10 月 8 日。当年十月份，他以一种感恩、敬畏之心回归故里，看望恩师。

一、福建省数学学会，闽籍数学院士齐聚一堂

图 14-5　闽籍四位数学院士齐聚一堂

图 14-6　刘应明院士题字

刘应明附言：2010. 10. 16 福建在榕开福建省数学大会，有大、中学教师千人参加。闽籍四名数学院士应邀专程前往，并在当日上午大会上报告，但我们没有照片;据说福建各电视台倒有报道。附上的照片是在当日下午与 800 名中学教师互动会的台上四院士所照。那个题字是临时要求每位院士用一句话总结并写在屏幕上。我写的是“做人，求真”；“求学、求实”(应改为“学问，求实”)。

二、刘应明院士看望朱以南老师

刘应明参加福建省数学会期间还不忘回母校看望老师。福州一中曾有如下新闻报道：

10 月 17 日上午，著名数学家、1957 届校友刘应明院士携夫人吴玉群女士(1964 届校友)，在福州大学副校长范更华，福州一中副校长兼副书记王能斌、副校长林波、初中部办公室主任陶文平的陪同下，赴医院看望了朱以南老师。

刘应明院士亲切地与朱老师握手，询问老师的病情，安慰老师，见到老师精神状态尚好，非常高兴，嘱咐老师好好养病，争取明年春节再来看她。

图 14-7 刘应明看望朱以南老师

刘应明非常讲究尊师重教，即便人至七十，也不忘师长，由此可见一斑。

第十五章　落日余晖，留照后人

第一节　病房与领奖台

一、北京出差，住进 301 医院

2015 年 11 月初，刘应明到北京出差，出差期间突发感觉身体不适，随后住进了北京 301 医院。在住院期间，伴随身体检查，一些不容乐观的信号也显示出来了，伴随检查不断深入，病情也逐步确诊，这类病对于普通人而言甚是谈虎色变，能够感受到当时他的心情之复杂。但是，在日后刘应明谈起这个时刻时，却也表现出了极其乐观。这或许来自他长期以来的自信与从容，也或许是来自其十年前一次重病后的泰然。

这次北京之行，实则是参加中国数学会第十二次全国会员代表大会，在这次会议上将为其颁发中国数学界的重要奖项。提前而至，谁也没能想到住进医院，错过了亲自登台领奖。或许对于早已誉满神州的刘应明，还是有些许遗憾，但若是亲自登台，更多的还是亲自致谢，对数学界同仁们、老朋友们的一份谢意。住院便未能成行，倒是数学界朋友们纷纷听闻，前来看望，这间病房俨然成了这次会议的另一个颁奖台、另一个分会场。

图 15-1　刘应明与其秘书张杰在北京 301 医院西园三号楼(2015.11.13)

二、荣获华罗庚数学奖

2015 年 11 月 21 日，“中国数学会第十二次全国会员代表大会暨 80 周年纪念学术会”在北京召开。“第十二届华罗庚数学奖”“第十五届陈省身数学奖”“第十二届钟家庆数学奖”在会上揭晓。刘应明荣获第十二届华罗庚数学奖，很巧的是，当年和他一同获此殊荣的正是他的福州老乡、老朋友、老校友林群院士。“华罗庚数学奖”旨在奖励中国有杰出学术成就和社会贡献的资深数学家。

图 15-2　刘应明院士荣获第十二届华罗庚数学奖

或许，谁也没能想到，这份来自中国数学会的奖项，成为刘应明生前最后的一份荣誉。他常年来回往返北京各地忙于各种事务，但这一次成为刘应明最后一次踏足北京，这里曾承载着他的青春芳华与报国之志。会后不久，伴随确诊，刘应明便要求回蓉治疗，离家近总是方便一些。当然，回蓉后住进的四川大学华西医院也是中国最顶尖的医院之一，更是西部绝对第一的医院。只是，他住院后便再也没能回到川大望江河畔，再也没能回川大数学学院走一走、看一看。

住院期间，刘应明也没有完全放下工作，他一直关心着学术界的动态，与前来探望的同事们商讨过川大数学学科申报建设世界一流学科、成立国家天元数学西南中心的问题，商讨过为修订的新版《中国大百科全书》(数学卷)重新撰写涉及刘应明研究领域的拓扑学领域的条目，以及四川省数学会工作问题，等等。

第二节　捐资助学，生命不息

一、不忘初心，设立“刘应明奖学金”

刘应明自小便受到好心人援助，才得以为其求学生活提供了重要支撑。这份感恩，自始至终都在其心底深藏，使其无论对其学生或朋友都持有一颗慈爱之心，他一直就有设立奖学金帮助品学兼优学生的心愿，直至 2006 年他的想法得以实现。自 2006 年开始，设立了“刘应明奖学金”，奖励资助品学兼优的青年学子。

“刘应明奖学金”由刘应明院士的研究生、曾在美国花旗银行与华尔街等处从事金融管理工作的何明博士建议并率先捐资，并由四川大学和数学学院以及刘应明院士的其他学生出资共同设立，用于奖励四川大学数学学科品学兼优的研究生。奖学金管委会由四川大学长江数学研究中心、四川大学数学学院有关人员组成，负责具体奖励事宜。

图 15-3　“刘应明奖学金”颁奖仪式

(刘应明院士(右二)、谢和平院士(左一)、何明博士(右一)为学生颁奖)

刘应明热心公益，尤其是在引资助学方面。刘应明与同为第八届全国政协常委的赵展岳先生是老朋友、好朋友，赵展岳创建昆明英惠投资有限公司并担任董事长，同时还是中华见义勇为基金会副理事长、中国扶贫开发协会顾问，曾任第八届全国政协委员，第九届、第十届全国政协常委。两人在助人为乐方面志同道合，一拍即合。1997 年，在全国政协常委赵展岳先生支持下，成立四川大学展虹基金会，刘应明任基金会主任。

图 15-4　刘应明院士等为获奖获助师生颁发证书

二、离世前的助学心愿

2016 年 7 月 23 日上午，“四川大学刘应明奖学金”捐赠仪式在望江校区明德楼贵宾厅举行。校长谢和平院士，刘应明院士夫人吴玉群、女儿刘若亚、女婿尹明，副校长晏世经教授、李旭锋教授出席捐赠仪式。校办、宣传部、学工部、人事处、数学学院、四川大学教育基金会等单位负责人参加捐赠仪式。捐赠仪式由晏世经副校长主持。

图 15-5　“四川大学刘应明奖学金”捐赠仪式

捐赠仪式上，校长谢和平院士代表学校感谢刘应明院士家人向学校捐赠 100 万元，支持“四川大学刘应明奖学金”持续发展。谢和平校长指出，刘应明院士是我国著名数学家、教育家和社会活动家，是四川大学的老领导，令人敬仰，为国家为社会为人民为学校作出了重要贡献，他的精神、思想将永存于世。谢和平校长表示，今天刘应明院士的家人向学校捐赠 100 万元，使“四川大学刘应明奖学金”更能永续发展，这对传承、弘扬刘应明院士的精神、思想，增强“四川大学刘应明奖学金”的影响力、扩大知名度具有重大的现实意义和作用。学校将该笔捐赠纳入“四川大学教育基金”，加强规范管理，使之发挥更大作用。

刘应明院士女儿刘若亚女士在捐赠仪式上感谢学校及数学学院对父亲的关心与支持。她表示，遵照父亲生前愿望，向“四川大学刘应明奖学金”捐赠 100 万元，希望能够激励和帮助优秀的数学学子，让父亲刘应明院士的学术和思想能够“通过学生们一代一代传承下去”。

随后，李旭锋副校长代表学校与刘应明院士的家人吴玉群、刘若亚、尹明签订了捐赠协议。根据协议，刘应明院士家人向四川大学捐赠 100 万元人民币，该笔资金将进入四川大学数学学院设立的“刘应明奖学金”，资金使用范围、评审细则、管理办法等按照“四川大学刘应明奖学金”要求执行。

第十六章　千秋余意，悼念与缅怀

2016 年 7 月 15 日 9 时 40 分，刘应明院士因病医治无效不幸逝世，享年 76 岁。

第一节　社会各界的悼念与缅怀

刘应明辞世后，社会各界以不同的方式表达了深切的悼念与缅怀。

刘应明逝世后，中共中央总书记、国家主席、中央军委主席习近平委托中共中央办公厅打电话表示深切哀悼，对其亲属表示亲切慰问。中共中央政治局常委、国务院总理李克强，中共中央政治局常委、全国人大常委会委员长张德江，中共中央政治局常委、全国政协主席俞正声，中共中央政治局常委、中央书记处书记刘云山，中共中央政治局常委、国务院副总理张高丽，中共中央政治局委员、国务院副总理刘延东，中共中央政治局委员、中央书记处书记、中共中央组织部部长赵乐际，中共中央政治局委员、中央统战部部长孙春兰，全国政协副主席、九三学社中央委员会主席韩启德，全国政协副主席、农工党中央委员会常务副主席刘晓峰等党和国家领导人，分别致电表示深切哀悼并送花圈。胡锦涛、李鹏、温家宝、吴官正、李岚清等分别致电表示深切哀悼并送花圈。

来电并送花圈表达悼念的中国科学院系统：中国科学院院长、中国科学院学部主席团执行主席白春礼，中国科学院副院长李静海，中国科学院副院长、中国科学院数学物理科学部主任王恩哥，中国科学院学部主席团、中国科学院数学物理科学部、中国科学院学部工作局。

来电并送花圈表达悼念的四川省党政领导部门和领导人：中共四川省委、省政府，政协四川省委员会，九三学社四川省委，中共四川省委办公厅，四川省政府办公厅，政协四川省委办公厅，四川省教育厅；四川省委书记王东明、省长尹力、副省长杨兴平、省政协主席柯尊平、组织部范锐平部长、秘书长吴靖平、统战部崔保华部长；四川省政府和省政府办公厅罗强秘书长、蔡竞主任；四川省教育厅和朱世宏厅长。

来电并送花圈表达悼念的九三学社系统：九三学社中央委员会、九三学社中央委员会主席韩启德、常务副主席邵鸿，副主席谢小军、张桃林、赖明、马大龙、丛斌、赵雯、卢柯、武维华、印红；九三学社各省(市、区)委及主委，共计 50 个

(北京主委马大龙、天津主委陈永川、河北主委葛会波、辽宁主委刘政奎等)，九三学社四川省各市委(南充、内江、德阳、自贡、泸州、绵阳、乐山、凉山、宜宾、广元、资阳、眉山、巴中、广安)。

来电并送花圈表达悼念的生前友好：曾任全国政协常委的知名实业家赵展岳先生；中国科学院林群院士、白以龙院士及夫人柯孚久教授、严加安院士、马志明院士、席南华院士、袁亚湘院士；北京应用物理与计算数学研究所郭柏灵院士、江松院士(四川大学校友)；北京大学张恭庆院士及夫人文丽、姜伯驹院士、文兰院士、田刚院士、王诗宬院士、鄂维南院士、张平文院士、王铎教授、北大四川校友会常务副会长兼秘书长段琳教授；北京师范大学陈木法院士、方开泰教授、郭晋云教授；北京工业大学张忠占教授和李寿梅教授；复旦大学胡和生院士、洪家兴院士；西南大学原常务副校长宋乃庆教授；广州大学数学与信息科学学院院长曹广福教授；河北师范大学校长蒋春澜教授、数学研究所所长康庆德教授、数学与信息科学学院吴振德教授、王彦英教授；辽宁大学李觉先教授；南开大学葛墨林院士、龙以明院士、陈永川院士(四川大学校友)；南京工业大学黄维院士；山东大学数学学院彭实戈院士；上海师范大学韩茂安教授；西安交大黄艾香教授；厦门大学张福基教授；云南省数学会郭震教授；云南师范大学数学学院王涛教授；中国科学技术大学数学科学学院李嘉禹教授；天津大学宗传明教授；中国人民大学统计学院及统计与大数据研究院袁卫教授；西南大学周家足教授；郑州大学数学与统计学院耿献国教授、胡泽军教授；中国模糊数学与模糊系统协会副主委李庆国教授；重庆文理学院数学与财经学院院长施武杰教授；重庆市政协副主席、西南大学陈贵云教授。

来电并送花圈表达悼念的单位：全国政协办公厅、中共中央组织部、教育部、中国科学院学部主席团、数学物理科学部、学部工作局，国家自然科学基金委员会数学物理科学部、教育部数学研究与高等人才培养中心、高等教育出版社有限公司、中国科学院数学与系统科学研究院统计科学研究中心、中国数学会、中国现场统计研究会、北京大学、山东大学、北京大学数学科学学院、北京国际数学研究中心、复旦大学数学科学学院、南开大学数学科学学院、南开大学核心数学与组合数学教育部重点实验室、南开大学陈省身数学研究所、中国科学技术大学数学科学学院、中山大学数学学院、中国人民大学统计学院及统计与大数据研究院、北京航空航天大学数学与系统科学学院、北京师范大学数学科学学院、北京师范大学-香港浸会大学联合国际学院统计系、南京大学数学系、南京大学现代数学研究所、江苏省数学学会、武汉大学数学与统计学院、湖北省暨武汉数学学会、湖北省暨武汉工业与应用数学学会、厦门大学数学科学学院、南京师范大学数学科学学院、河北工程大学、西安交通大学数学与统计学院、西南大学、西南大学数学与统计学院、陕西师范大学数学与信息科学学院、福州大学、福州大学数学与计算机科学软件学院、陕西师范大学计算机科学学院、重庆大学数学与统计学院、华中师范大学数学与统计学院、苏州大学数学科学学院、闽南师范大学、西北民族大学、伊犁师范学院、华南农业大学数学与信息学院、广州大学、广州大学数学与信息科学学院、湘潭大学数学与计算科学学院、中国海洋大学数学科学学院、闽南师范大学、西北民族大学、内蒙古师范大学数学科学学院、福建师范大学、洛阳师范学院数学科学学院、广西大学数学与信息科学学院、国防科学技术大学理学院、郑州大学数学与统计学院、东北师范大学、东北师范大学数学与统计学院、江苏师范大学、江苏师范大学数学与统计学院、宁波大学理学院数学系、河南师范大学、西北大学数学学院、南京工业大学、湖南师范大学数学与计算机科学学院、河北师范大学、河北师范大学数学与信息科学学院、江西师范大学数学与信息科学学院、西安电子科技大学、中共新疆大学委员会及新疆大学、新疆数学学会、伊犁师范学院、曲阜师范大学数学科学学院、南昌师范学院、福建省福州格致中学。

四川大学党委书记杨泉明、校长谢和平及班子全体成员对刘应明逝世表示深切哀悼并送花圈。

送花圈并参加告别仪式的有四川省各高校的代表和刘应明院士的生前好友、同事和学生、川大校友等。有的还是专程从外地赶来的，数量太多，未能一一列出。

第二节　部分唁函唁电摘录

一、北京大学唁函

四川大学：

惊悉刘应明先生溘然长逝，无任伤悼，我们谨代表北京大学师生及三十万海内外校友，向贵校、向先生亲友致以诚挚慰问，伤感自多，尚望珍重!

刘应明先生是我校 1957 级数学力学系知名校友,更是享誉中外的杰出数学科学家。在北大学习期间，他师承江泽涵、廖山涛、姜伯驹等名家大师，打下了一生治学的坚实基础。毕业后，先生执教川大五十载，清贫养志，不改其乐，以勤勉、严谨、纯粹、平和的人生态度，在拓扑学和模糊数学领域取得了杰出成绩，被誉为“中国的查德”，在数学科学领域展现了中国形象，传播了中国声音!

刘应明先生长居四川，一直致力于当地经济社会发展，并时常关心和支持着母校建设。在担任四川大学副校长、四川省政协副主席、全国人大教科文卫委(员会)副主任(委员)期间，先生积极履职，建言献策，奔波劳顿，为四川乃至全国的科教文卫事业都作出了不可磨灭的贡献；在繁重的教学科研管理任务之余，先生仍出任北大四川校友会会长，团结联络校友、提携勉励后进，曾获得北大“优秀校友”称号。他曾动情地说道：“到西部来，给相对贫穷落后的生活做出一些改变，把身边的事做好，使这个世界因我而改变一点，我就感到充实，人生就很完满了。”先生的言行，生动地诠释了“爱国、进步、民主、科学”的精神内涵，无愧一名优秀的北大人！

“与天壤而同久，共三光而永光。”唯愿贵我两校青年能够秉承先生遗志，继续在科学研究、社会服务的道路上奋力前行，为时代、为国家做出新的更大的贡献！

肃此电达。

二、中国科学院院长、中国科学院学部主席团执行主席白春礼唁电

四川大学：

惊悉刘应明院士不幸逝世，甚感悲痛。我谨代表中国科学院、中国科学院学部主席团，并以我个人的名义，对他的逝世表示深切的哀悼，并请向其家属致以诚挚的慰问。

刘应明院士是著名数学家和教育家，长期从事数学与系统科学研究。他在经典拓扑研究中解决了有名的 CW 复形的 Whitehead 问题，并与合作者解决了有关 Domain 拓扑结构的 Lawson- Mislove 问题；在格上拓扑研究中，在 Fuzzy 邻近构造这类基本拓扑结构建立和诸如 Hahn-Dieudonne 定理格值化等困难问题的解决上实现了突破，奠定了格上拓扑“有点派”基础，把法国大数学家 Ehresmann 倡导的格上拓扑推向新阶段;在不确定性(主要是模糊性)研究中，在多元函数的简单逼近问题上，与合作者给出了一类函数 Kolmogorov 表示的简捷逼近式，实现了降维，并具有重要应用。研究成果获国内外多项重要科技奖励。

刘应明院士一生热爱祖国，崇尚科学，严谨求实，无私敬业，将全部心血奉献给了数学研究和教育事业，为年轻后学树立了榜样，风范长存！

刘应明院士永垂不朽！

三、北京大学数学科学学院唁电摘录

刘应明院士是我院杰出院友，长期从事拓扑学与不确定性数学的教学与研究，取得多项原创性成果，荣获中国数学会华罗庚奖、1978 年全国科学大会奖、“IFSA Fellow”称号等荣誉。刘应明院士在培养人才方面成就卓著，多位学生获国家杰出青年(科学)基金资助和“长江学者”称号，成为相关领域的学术带头人。刘应明院士还是我国数学界的积极组织者，承担过许多重要学术活动的评议工作，为提拔青年才俊、优化数学研究环境作出杰出贡献。刘应明院士心系母校，热情支持北大数学，是我院多位教师的亲密朋友。

刘应明院士的逝世，是我国数学界的重大损失，也是四川大学的重大损失。北京大学数学学院全体师生沉痛悼念刘应明先生,并向先生亲属表示诚挚的慰问。

四、国家自然科学基金委员会数学物理科学部唁电摘录

他是建立国家基础科学与人才培养基地的发起者之一，并向国家自然科学基金会提出了旨在支持数学人才培养和科学研究的“数学天元基金计划”，为全国基础学科的本科教育作出了重要贡献。他的功绩将永远载入史册。

刘应明先生是国际知名的数学家、我国模糊数学的奠基人，曾担任国家自然科学基金委员会数学学科评审组组长、数学天元基金学术领导小组副组长和国家杰出青年科学基金评审委员会委员。他关心国家自然科学基金的发展，推动科学基金促进中国数学的进步。刘应明先生对中国数学的发展作出了杰出贡献，也为我国科学基金事业和科教事业做出了突出贡献，我们永远怀念他。

五、教育部数学研究与高等人才培养中心唁电摘录

刘应明院士是我国著名的数学家与教育家。他在格上拓扑学与模糊数学等方面取得过重大成就，是该领域公认的国际领军人，多年来他还担任过全国政协常委和全国人大常委会教科文卫委员会副主任(委员)等要职，对我国科学界，特别是数学界的发展与建设作出了突出的贡献！刘应明院士的逝世是我国数学界的一个重大损失！

刘应明院士多年来一直担任教育部数学研究与高等人才培养中心主任。他与北京大学、复旦大学、南开大学三位主任紧密团结，精诚合作，依靠高校数学界的全体同仁，在现代数学的前沿领域开展科学研究与高端人才培养。作为中心领导，刘应明院士处理事务，既能坚持原则，又善于提出可行方案。他对高校数学中心的发展作出了重大的贡献。

刘应明院士为人正直、热情、果断、乐观。他的逝世使我们失去了一位好朋友、好同志。我们永远怀念刘应明院士！

六、中国科学院数学与系统科学研究院唁电摘录

刘应明院士是我国著名的数学家和教育家，是我国模糊性数学处理研究方面的奠基人，他毕生致力于教学、科研及人才培养工作，为推动模糊数学及相关学科的发展作出了卓越贡献。刘应明院士一直关心、支持和帮助中国统计学学科的建设和发展，在他的关心、支持和帮助下，统计学成为一级学科，并取得了长足发展。

七、中国现场统计研究会唁电摘录

刘应明先生生前曾对中国统计学的成长给予了非常大的支持，大大地推动了

中国的统计学科、统计研究及应用事业的发展。刘应明先生的去世是中国统计学界的巨大损失。

八、九三学社中央网站报道摘录

刘应明作为九三学社中央(委员会)副主席、九三学社四川省委主委长期担任全国人大(常委会委员)、全国政协常委，与党同心同德，认真履职尽责，通过议案提案、建议等形式为科教兴国和我国高等教育事业发展参政议政、建言献策，深受社会各界爱戴和赞誉。他的一生是奋斗的一生，是无私奉献的一生，是献身学术的一生。他的不幸逝世，使我们失去了一位著名的科学家、教育家和社会活动家，是我国学术界、教育界的重大损失，更是九三学社的巨大损失。

第三节 四川大学的缅怀与告慰

一、送别

2016 年 7 月 18 日上午，著名数学家、教育家和社会活动家，中国科学院院士、四川大学原副校长刘应明教授遗体告别仪式在成都东郊殡仪馆举行。刘应明院士亲属、同事、学生、好友以及社会各界人士共上千人冒雨赶到成都东郊殡仪馆，在悼念大厅泪别这位中国模糊数学的奠基人。

悼念大厅里哀乐低鸣，正厅两侧挽联高挂，右侧上书“七十六年一生荣业点化开流派先河层次构物形变换”；左侧上书“五十三载半世烟雨殚心导蜀江汇海积行聚天下才贤”。刘应明院士遗体安卧在黄白相间的菊花和素雅雪白的百合花丛中，面容安详。

上午 10 时，仪式正式开始，全场人员强忍悲痛在刘应明院士遗体前肃立默哀。

四川大学党委书记杨泉明教授首先宣读党和国家领导人的悼念和慰问电函，以及部分送花圈的个人和单位。

四川大学校长谢和平院士介绍了刘应明院士生平事迹。

来宾代表、刘应明院士学生、四川大学数学学院罗懋康教授致告别词。他语带哽咽地说，“数十年来，多少个日日夜夜的对谈、同行，多少次国内国外的朝辞、夕聚，然而今天这次离别，是最后的永别了；思及于此，不禁让人肝肠欲断、心伤欲摧。我们只希望，以后，将来，当我们在自己的工作岗位上取得这样那样的成绩、成就时，遇到这样那样的困境、挫折时，能再听到您的安慰、您的鼓励，即使是在梦中、从天上！”

刘应明院士爱女刘若亚代表刘应明院士亲属讲话。她衷心感谢亲朋好友及社会各界对父亲刘应明院士的关心与支持，深情回顾了父亲从求学到工作的点滴人生细节。刘若亚表示，“父亲是一个乐观开朗的人”“他教会我们做事情要坚持才有可能成功”“学习好不好并不重要，做一个善良的、有很好人品的人才重要”。刘若亚最后希望父亲刘应明院士的学术和思想能够“通过学生们一代一代传下去”。

随后，参加遗体告别仪式的所有同志，共同向着刘应明院士遗体三鞠躬，并依次向前献上手中表达哀思的菊花，缓步到刘应明院士遗体前，瞻仰刘应明院士遗容，与这位备受爱戴的科学家、教育家做最后的道别，与其亲属一一握手，表示沉痛哀悼和亲切慰问。

九三学社中央副主席、中国工程院院士丛斌，九三学社四川省委主委、环境保护部副部长黄润秋，九三学社天津市委主委、中国科学院院士陈永川，中共四川省委常委、省委统战部部长崔保华，四川省政协副主席高烽，第九届四川省人大常委会副主任卢铁城，第九、十、十一届四川省政协副主席晏永和，第九、十届四川省政协副主席陈次昌，第八、九届四川省政协副主席肖光成，成都市政协副主席戴晓雁，中国科学院院士、南开大学陈省身数学研究所教授龙以明，中国科学院院士、南开大学陈省身数学研究所教授张伟平，中国科学院院士、北京大学数学学院教授张平文，四川大学全体在校校领导、学校各机关部处、学院负责人和师生代表，来自国内和香港等多所高等院校、科研机构和数学界的代表，刘应明院士亲属和生前好友、学生等千余人参加了刘应明院士遗体告别仪式。四川大学常务副校长李光宪教授主持仪式。

刘应明院士把自己的一生奉献给了我国的教育、科研和人才培养事业。刘应明院士的一生是矢志不渝、奋斗不息的一生，是献身学术、求真探索的一生，是无私奉献、志行高洁的一生。他的不幸逝世，使我们失去了一位著名的科学家、教育家和社会活动家，是我国学术界、教育界的重大损失，更是四川大学的巨大损失。川大师生表示，刘应明院士的崇高人格、严谨学风、求真态度、高尚品德，必将永远铭记在全体川大人的心中，大家一定会化悲痛为力量，学习继承刘应明院士风范，为把四川大学建设成为世界一流大学而努力奋斗，为中国高等教育事业和科学技术发展作出新的更大贡献。

刘应明院士临终留下遗愿：丧事从简。刘应明院士逝世后，四川大学成立了刘应明院士治丧委员会，在数学学院设立了追思堂。四川大学师生及社会各界人士纷纷以各种方式寄托对刘应明院士的哀思，自发前往学校追思堂吊唁刘应明院士的科技界、教育界等各界人士以及川大师生、校友和市民络绎不绝，有的从省外、国外飞抵蓉城，只为送刘院士最后一程。许多人还通过贴吧、微博、微信发悼念哀思文章，以纪念这位高风亮节、倍受敬仰的科学家和教育家。

网站链接：

http://www.qsjly.cn/Item/Show.asp?m=1&d=31586.

二、缅怀

1. 阮勇斌——《怀念刘应明老师》

刘老师已经离我们而去，作为他亲近的弟子，心里非常难过，同时也有不少感慨与诸多回忆。

第一次见到刘老师还是30年前我在川大读硕士期间，那时我们拓扑研究生都在蒲保明先生和刘老师名下，然后再分学不同的方向。因我选的是集合论拓扑，硕士期间跟刘老师接触不多。

真正的交往还是我去美国之后，这30年期间，我每到一地，只要有机会，他都会来看我。我们一起谈论国际数学的走向，一起讨论国内数学的发展，一起钓鱼，一起打牌。他既是我的老师，也是我的朋友，我们一起度过了一些很快乐的时光。2004～2009年我们又一起组建四川大学长江数学研究中心，跟他学习做事，受益匪浅。这30年来我也见证了他怎样艰苦奋斗，把四川大学的数学发展到今天的局面，在全国占有重要一席，这个局面在30年前是无法想象的。中国文化强调集体的智慧，西方文化强调个人的作用，强调一个人可以改变世界。毫不夸张地说，刘老师一个人改变了四川大学乃至于中国西部的数学世界！

刘老师叱咤风云，令晚辈敬仰。其实，他也有少为人知的另一面。刘老师是一位“暖心”的父辈，真切地关怀着他身边的每一个人的成长，充满了人性的光辉。作为他亲近的弟子，我这方面的感受尤深。

1985年我准备出国的时候，正逢国内容许不用考试直接攻读博士学位，刘老师提出让我念他的直博。我记得那晚停电，我的同学吕克宁和龙冰在黑灯瞎火的宿舍里帮我出主意。他们俩一致认为，刘老师让我念他的直博是看得起我，我不要不识抬举。而我非常想出国深造。经过一个不眠之夜，我第二天忐忑不安地去见刘老师，告诉他我想出国深造，不打算念他的直博。大大出乎我的意外，刘老师不仅没有表现出丝毫的不快与失望，反而给我分析国际拓扑学的潮流，极力鼓励我出国去学习拓扑最新的知识。我深受鼓舞，并决定不再继续集合论拓扑的研究，把我的研究方向定在当时最热门的低维拓扑。其实，30年中还发生过好几次我的想法和他的愿望相左的时候，每一次他都是毫无保留地支持我。扪心自问，我自己也很难做到这一点。

而在我人生中遇到重大难关的时候，刘老师又象一位亲近的长辈一样引导我、帮助我度过难关。1985年我到威斯康星大学打算跟Canon教授学习三维流形，不幸的是Canon教授1986年就离开了威斯康星大学。当时我非常迷茫，曾经认真考虑过离开数学，改学理论计算机。当时刘老师力劝我不要离开数学，并积极帮助我得到姜伯驹先生的推荐，从而转学到加利福尼亚大学伯克利分校 Kirby 教授的门下。此举挽救了我的数学生涯。

刘老师年纪跟我父亲相仿，多年以来，我早已把他看成一位亲近的父辈。从他去年 11 月生病后，我尽量找机会去看他。呜呼，今天他已经离我们而去。而今我也已年过半百，应该有足够的智慧把生死看得淡一些。然而这世上没有什么法门能让我们足够准备好面对亲人的离去。

自从刘老师离世以后，我还是觉得难以接受，心中充满了对人生的无奈和他逐渐远去的音容笑貌……

(阮勇斌，教育部长江学者讲座教授、国际数学家大会 45 分钟报告者、美国密歇根大学讲座教授)

2. 易耘——《怀念恩师刘应明教授》

七月十五日晨五点(多伦多时间)突然醒来，查看微信惊悉恩师刘应明教授病逝，我瞬间泪入眼帘不能再入眠。我无法置信此消息，前两天还收读了刘老师在朋友圈发的消息，深感他就在我们身边。虽知去年刘老师患病一直住院，但不曾想到刘老师会走得这么突然。我还曾告诉他今年底我会回国拜望他。不料事发突然不能如愿。刘老师的往事历历在目……

图 16-1 刘应明与易耘

刘老师于我既是恩师又是楷模，我对刘老师是从三十年前的对导师的纯粹敬畏转变成后来的“尊敬导师+信赖朋友+亲密学者”的感觉。

记得两年前刘老师去美国密歇根州立大学等处访问时专程应我和先生的热情邀请到我家一访，正好赶上女儿初中毕业典礼，期间有幸与刘老师有几日如同父辈的交流。也正是在这期间终于有机会向刘老师面诉了自己多年来积在心中的感激之情。我从九五年来加拿大求学到如今的学术事业发展，极大地得益于刘老师对我直接的和间接的教诲和影响。

第一件事是三十年前刘老师的“骂”。记得八六年师从刘老师读模糊拓扑学的硕士，刘老师的第一堂课是给我们复习 De Morgan's Laws。当时看到课堂上的师兄师弟师姐们都没记笔记，因不想显得自己无知也就压下想记笔记的念头。不料上第二堂课时刘老师首先不是讲新内容，而是让课堂上的每位男生逐一到黑板前把第一堂课的 De Morgan's Laws 写出来。结果无人能完全正确写出所有定律，当时心里是既惊又喜。惊的是没想到会有此突然“考试”，喜的是我第一堂课后悄悄回忆地记下了刘老师上课的内容，所以我能给出正确答案。但是刘老师肯定是考虑到女生的脸面薄，没有叫我们到黑板前写答案。最后此堂课变成了刘老师的严厉训诉与教诲：不要自以为是，虚心记笔记是学习和做学问的最基本的第一步!

第二件事也是发生在刘老师的课堂上：刘老师的“赞”。当时刘老师的课多数时间是我们学生选论文阅读之后在黑板前报告。有一次刘老师给了我们一个长单子，上面全是像作业题一样的问题，他告诉我们这是他整理的若干模糊拓扑的公开问题，鼓励我们去想去做。后来轮到我报告时，我就讲了一个自己能做的解法。他听了后给我的反馈奠定了我今生从事学术研究的第一步。他说，你应该仔细整理你的解答步骤，写成一篇论文投到《科学通报》。我当时听了几乎不能相信自己的耳朵：是我第一次得知写学术文章是我辈力所能及之事，以前从未妄想印成铅字的东西也是我等能做之事。此事改变我一生：学术研究写论文不再是遥不可及的大家牛人做的事，也是我等无名小卒可追求之事!

第三件影响我一生的却是课堂外的事：刘老师的“言”。九四年准备出国留学时曾征询刘老师的建议：读什么专业好?刘老师说继续在数学方面深造虽好，但在北美毕业后很难找工作，而若学习统计学则较容易日后找工作。虽是了了数语，我却当成金玉良言。随即申请加拿大几所学校的拓扑博士专业或统计学硕士专业：学拓扑是我所爱但学统计却是我需(记得当时在大学读书时最“恨”的课就是统计)。最终在收到的拓扑博士专业和统计硕士专业的录取通知书中选择了就读于加拿大约克大学统计硕士专业，从此踏上了我学业生涯中的新的一段历程。从九五年前我从对统计学的“恨”到现如今我对统计学的“爱”已经历二十一载，从以前对统计学具有的零知识到如今在统计学领域里的著书立说，无一不得益于当初刘老师的“言”。刘老师对我的“骂”“赞”“言”足足改变了我的学术生涯。没有刘老师的“言”，我至今也许无缘在统计学领域里畅游；没有刘老师的“赞”，我也许永远不会认知并开启写学术论文的闸门；没有刘老师的“骂”，我也许不可能会有如今做学问的踏实谨慎的态度。刘老师，请容学生在此再次深情的说上一声“谢谢”！

我有幸不仅受益于刘老师在学业上的指导与教诲，深深体会刘老师的严厉与不讲“情面”，同时也有机会感受到刘老师生活中的另一面：平易与风趣。曾记得刚读研时与好友韦唯(也在读拓扑专业硕士)第一次去刘老师家，刘老师问及我们的名字，紧接着笑问我们为什么有这么奇怪的名字：一个是人云“亦云”一个是“唯唯”诺诺?出国后几乎每次回国拜望刘老师他都会提及此，并向旁人细解其意。

刘老师的诸多生活细事时常映入脑海：几年前回国看望他时，细致入微地教我如何用微信(微信起始之初)，到去年见他时他与旁人赞我给他做的回锅肉和龙虾等(他两年前来家做客时)。刘老师虽然身为拓扑学大家但他对川大统计学的发展深思远虑，每年回国刘老师都会与我谈论统计学科的事宜。我常为刘老师的"先学科之忧而忧"情怀而震撼!

刘老师对学生的教诲与影响是无法用言语能尽情表达的;他对学术界的贡献，直接的或是间接的，是不可度量的；他作为平常人与我们的交流是不能用有限空间穷尽的。刘老师虽然匆匆从我们生活的“集合”离去，他留给我们的影响却是长存的，他的音容笑貌会长驻我心。

愿刘老师安息!

学生敬上此文以告您在天之灵!

(易耘，加拿大韦仕敦大学(Western University)统计精算系和计算机科学系教授，数据科学领域的加拿大首席科学家(1 级)(Canada Research Chair (Tier 1))

3. 徐晓泉——《音容宛在风范长存——怀念我的老师刘应明院士》

我敬爱的老师刘应明院士因病于 2016 年 7 月 15 日不幸去世，永远离开了我们。噩耗传来，我木然地坐在椅子上久久说不出话来，陷入深深的悲痛之中。

图 16-2　刘应明与徐晓泉

1982 年在江西大学数学系读书期间，刘立榆老师给我们开设了“点集拓扑学”课程，由此喜欢上了拓扑学，并想进一步学习。刘立榆老师是刘先生在北大学习时的师兄，他向先生推荐了我。

1986 年我报考了四川大学基础数学拓扑方向硕士研究生，选择的导师就是刘应明先生。那时先生已是国内外知名的拓扑学家，我总怕自己拓扑基础薄弱考不起，因而鼓起勇气给刘先生写信。尽管先生那时正值研究高峰期，时间很宝贵，但每次都能及时收到他的回信，有时长达 10 页，谆谆教诲历历在目，犹如昨天。那段时间前后收到先生 20 多封来信，我一直保存着，每每读来，感动至深，眼含泪水。1986 年我很幸运考取川大硕士研究生，从那时起一直追随先生学习拓扑学、学习做人，到今年整整 30 年。

先生对学生很严。记得那时上“论文选读”课程，一段时间由我们拓扑方向的研究生轮流报告论文，除特殊情况，先生都会来到拓扑研究室听我们讲。先生对数学有深刻的洞察力，反应极其敏锐，我们报告论文时出现的任何差错，哪怕是一个数学符号写错了，都逃不过先生的眼。有时我们报告前准备不足，讲得不好，先生必会提出严厉批评。先生对我们的严厉，实际上是要我们对真理敬畏，对学问认真，做到外化于形，内化于心。先生的这种严厉使我们受益终生。

先生对学生很关心。记得 1986 年 6 月来川大参加研究生复试，我那时在江西抚州的一个高校工作，先要坐公共汽车到南昌，再由南昌坐火车到武汉，最后坐火车从武汉到成都，花了 30 多个小时颠簸才到达成都。记得到刘老师家已经快下午 2 点了，一身疲惫，先生见状很是心疼，连忙烧热水让我洗澡，并叫师母煮了一大碗肉丝面给我吃，记忆中这是我吃得最香的面……

2000 年，我有幸再次师从先生读书。9 月开学时去川大，到刘老师家是中午，刘老师正好在吃饭，见我来了，起身去厨房盛了一碗饭，叫我坐下来一起吃。先生边吃边和我聊，问长问短，足足吃了近一个小时。那时先生是川大的副校长，饭后，他亲自打电话给学校后勤部门，帮我落实住房及生活事宜，想得很周到，让我感动万分。1989 年研究生毕业后，我一直在江西工作，二十七年来，几乎每年都会因参加学术活动或去成都出差见到刘老师，每次见面，先生都会询问我的情况，那种关心深深地沁入心里，感觉很温暖。

先生对学生很鼓励。记得读硕士研究生第二年开始，我自己陆续做了一些东西，包括构造出单位闭圆盘上可迁自同胚的工作。当时自己不怎么自信，拿不准这些结果有多少意义，就跑去找刘老师咨询。先生先是表扬我能独立思考做些东西，接着要我向他报告问题的背景和主要结果及方法。先生听得很仔细，时不时地提出他的真知灼见，肯定了我的工作意义，并建议我投 *Proc. Amer. Math. Soc.* 和《科学通报》。这些文章后来都在这些刊物发表了，其中发表在 *Proc. Amer. Math. Soc.* 上关于单位闭圆盘上可迁自同胚构造的论文多次被国外知名数学家引用。

2007 年，我的博士学位论文入选全国优秀博士学位论文。同年的一次学术会议上，晚上吃饭时特意去敬刘老师的酒，我说：“能入选全国优秀博士学位论文，主要是您的功劳，我特别感谢刘老师!”此时，先生起身说：“能获得这个奖励主要是你的工作不错，我没做什么。我要敬你一杯，谢谢你!”含着泪水，我一饮而干，这是先生鼓励的酒！

先生不幸离我们而去，我们将永远怀念您!永远遵循您的教诲!我们将沿着先生指明的方向，继续努力，不断做出新成绩，以告慰先生的在天之灵!愿我们敬爱的刘老师在天堂没有病痛，在天堂快乐!

2016 年 7 月 16 日泣书

(徐晓泉，南昌师范学院副校长，2007 年全国百篇优秀博士学位论文获得者)

4.张旭——《追忆刘应明老师》

刘应明老师自去年 11 月初生病住进华西医院以来，我去探望过他多次。每次看到他谈笑风生，尤其是从一些医生处打听到刘老师的身体真是一个医学上的奇迹，满以为他这次也一定会有惊无险。

图 16-3　刘应明与张旭

今年 5 月 20 日至 7 月 20 日，我原计划去巴黎第六大学访问两个月。去巴黎前，我又去看过刘老师，感觉他当时的状态还是很好。我于今年 6 月 29 日至 7 月 3 日曾因公事短期回国几天，在此期间本拟再去看看刘老师，但听说他刚做完新一期的化疗，不大想见人，犹豫再三而作罢。当时心想，(根据以前的经验)刘老师做完一期化疗稍过段时间就会好些，我等 7 月 20 日回来后再去看他，于是我又去了巴黎。7 月 13 日凌晨，我刚睡下不久就接到我太太张宏的微信，说刘老师已处于昏迷状态。接此微信，我整个晚上就几乎没有再睡着了。到办公室后， 我随即与合作者 Helene Frank ow ska 教授协商我需要提前回国事宜，合作者表示完全理解。7 月 15 日赶回成都后，我立即赶往医院准备去看刘老师。在刘老师病房门口，听学院领导说我们敬爱的刘老师已于 20 分钟前辞世。

尽管已有一些心理准备，听到刘应明老师逝世的噩耗，仍如晴天霹雳，我不禁眼前一黑、悲痛不已。刘老师关心、鼓励、鞭策我的往事一幕幕涌上我的心头。

我最早“认识”刘应明老师是 1985 年我作为新生刚到四川大学数学系求学不久，当时的校庆特刊上有介绍刘老师的文章，具体内容我已记不得了，但记住了他是当时我国最年轻的博士生导师之。

我第一次见到刘应明老师是 1986 年秋天,他参加当年的国际数学家大会后不久，在四川大学数学系作了场报告介绍这次大会。由于我当时还是大学二年级学生，刘老师报告中提到的数学内容我完全不懂也忘得一干二净了，但记忆犹新的是，他反复强调：我国的数学水平整体上离国际先进水平还很远很远(这完全颠覆了我的固有观念，中小学时听陈景润先生等的故事时，我以为中国的数学已经是国际先进水平了)，希望同学们一定要努力。

我在大学时成绩一般般，常常逃课，倒是不时溜到系图书馆去看书。在系图书馆，我好几次见到刘应明老师。当时我挺纳闷，像刘老师这种大教授还需要去图书馆？我当时的想法是，到图书馆看书应该是学生的事。

大学阶段最后一次见到刘应明老师是在我们的毕业典礼上。当时刘老师还没有行政职务，但显然已是当时的新一代学术领导人，他寄语即将离校的学子：母校时刻关注你们的成长，希望你们为母校争光。记得我当时也不懂什么规矩，在毕业典礼上我提出和刘老师换一把扇子(当时可没空调电扇之类避暑降温设备)，他欣然同意。

大学毕业后我去达县师范专科学校作了四年教师。刚去不久颇为迷茫，1989 年底我写了一封信给已是四川大学副校长的刘应明老师，过了不久就收到他的回信，他写了满满一页纸。他明确告诉我，要继续作数学的话应该把大学数学内容温习一遍后准备考研究生，他还建议我可以不时翻翻《美国数学月刊》之类的杂志。我当时似乎没有觉得什么，现在回想起来，我现在差不多也是刘老师当时的年龄，如果有个本科毕业生给我写信，尽管我现在还只是一介百姓，我很可能没有时间更没有耐心给这个学生回信。

由于担心(直读研究生的)大学同学变成我的老师，我考研究生时首先排除的就是四川大学，后来我考到了复旦大学数学研究所。再次听到刘应明老师的名字是 1995 年底，李训经老师告诉我说，刘老师已当选为中国科学院院士。我当时懵懵懂懂的，也不知道院士有什么意义。记得作为第一反应，我当时就问李老师，刘老师不早就是院士了吗?估计我当时是把院士和博士生导师或其它什么的搞混淆了。

在复旦大学快博士毕业时，李训经老师和雍炯敏老师(我的博士导师)告诉我，他们不久前碰到刘应明老师时提到过我的情况，刘老师表示欢迎我回四川大学工作或做博士后。稍后，我和四川大学数学学院联系好做博士后事宜。在联系的同时，我也和上海一些高校联系过工作，差不多同一时间，这些高校也同意我去工作。由于已经在上海呆了近6年时间，我当时其实很想留在上海，于是我去征求雍老师的意见。雍老师毫不犹豫地否决了我的想法，就这样我于1999年初回到了四川大学数学学院跟黄发伦老师做博士后。当时其实我还略微心有不甘，现在回想起来，回四川大学工作是我当时最正确的选择，其中一个最重要的原因就是我回来后刘老师对我的关心、鼓励和大力支持。

我在2000年5月博士后出站留四川大学工作后，才想到应该去拜访一下刘应明老师。那是我第一次去刘老师家(当时他在数学学院没有办公室)，初次见识了刘老师的风格：对学生一般以批评为主。我送了一份我的博士后出站报告给刘老师，原想他会表扬我几句，哪知他简单翻了翻就开始批评，出站报告中哪里哪里很不规范、哪里哪里安排很不合理等等。现在回想起来，刘老师其实是恨铁不成钢!

2000年7月起，我又去西班牙作了一年博士后。

2001年上半年我还在西班牙，刘应明老师告诉当时的数学学院领导并转告我太太说，我获得了全国百篇优秀博士学位论文。稍后，数学学院通知我申报教授。我当时以为学院搞错了，因为我1999年初回四川大学不到半年就从讲师评为副教授，到2001年履职副教授不到两年，怎么可能就申报教授呢?但学院领导说这是刘老师的意思，后来我很顺利地通过了教授评审。当年暑假我回国后，又去拜访刘老师，再一次见识了他的风格，几句话后他就告诫我："全国优博差不多相当于评了个三好学生，只是说明你博士阶段还马马虎虎。另外，川大的"博导"要两年评一次，今年时间已过了，你只能2003年去报，到时别像报教授一样傻乎乎的"。于是，我2003年报了"博导"，也顺利通过。

2004年前，我又一次去拜访刘应明老师，他当时就批评我似乎目光短浅，说我应该准备去报"杰青"了。第一次申报失利后，他鼓励我道："现在大概很少有人报杰青能一次成功"。我于2005年获得"杰青"资助，很久以后才从其他人那里知道，刘老师自始至终对我当年的"杰青"申报很关注，但他从未给我提起过这方面的任何事情。

大概是2005年底，我去拜访刘应明老师时，他又一次批评我："到川大这么长时间了，怎么没有培养出一个像模像样的学生?"我深以为愧疚，此后不断努力。记得是2011年，我的学生付晓玉留四川大学工作三年后也获得了全国百篇优秀博士学位论文，刘老师第一次(在我的记忆中也是唯一一次)当面表扬了我："看来你在川大也带出了一个团队”。

2010 年春节前，我到刘应明老师家去拜年，他又一次批评我：“你一贯傻乎乎的目光短浅，怎么没有想到去报院士呢?”并告诫我这件事不要指望一蹴而就，不能因此放松数学研究。在刘老师的鼓励下，我申报了院士，刘老师甚至还不厌其烦地帮我修改了推荐材料。

正是在刘应明老师的严格要求下，我才不断成长，不断进步。大恩不言谢!由于口拙嘴笨，在刘老师生前，我从未当面给他说过感谢之类的话。如今阴阳两隔，我对刘老师的怀念和感激之情，更非言语所能达意。巨星陨落，一代宗师的离去，对四川大学和整个西部的数学乃至全国数学界，实在是难以估量的巨大损失!

在以后的岁月，我本人一定加倍努力取得一点像样的成绩，以告慰刘应明老师的在天之灵。刘老师安息!

(张旭，教育部长江学者特聘教授、国际数学家大会 45 分钟报告者、四川大学数学学院教授)

三、追思

刘应明院士逝世后，四川大学成立了刘应明院士治丧委员会，在数学学院设立了追思堂。四川大学师生及社会各界人士自发前往学校追思堂吊唁，络绎不绝。

2017 年 7 月 15 日下午，纪念我国著名数学家、教育家和社会活动家、四川大学原副校长刘应明院士逝世一周年追思会在四川大学数学学院西 303 报告厅举行。中国科学院院士李安民教授，中国模糊数学与模糊系统协会常务理事会成员，刘应明院士身前好友、同事，四川大学数学学院相关负责人、师生等 100 余人出席追思会。

追思会庄严、朴实，凝聚着大家对刘应明院士无限的缅怀和追思之情。数学学院院长张伟年教授，李安民院士，刘应明院士身前好友代表、哈尔滨工业大学吴从炘教授，刘应明院士学生代表、中国数学会副理事长罗懋康教授，数学学院前任院长彭联刚教授，原数学系主任熊华鑫教授，西安交通大学数学与统计学院院长赵彬教授，河北工程大学党委书记哈明虎教授，湖南大学李庆国教授，数学学院前任书记严成辉教授，四川大学财务处处长王宝富教授纷纷发言追思刘应明院士。大家深情回忆了与刘应明院士共事或交往经历，缅怀他为我国模糊数学研究跻身世界前列做出的开创性贡献以及在数学教育上的杰出贡献，缅怀他为我国多党合作事业、为推动科教兴国和我国高等教育事业发展倾注了大量心血，缅怀他为川大，为川大数学学院的改革发展事业鞠躬尽瘁。

刘应明院士的一生，是矢志不渝、奋斗不息的一生，是献身学术、求真探索的一生，是无私奉献、志行高洁的一生。让我们永远铭记刘应明院士崇高人格、严谨学风、求真态度、高尚品德，不断继承和发扬刘应明院士等老一辈四川大学人的宝贵精神，全面推进学校党的建设新的伟大工程和建设世界一流大学新的伟大事业，为把学校建成中国特色、四川大学风格的世界一流大学而努力奋斗。

四、告慰

刘应明院士在四川大学工作了五十多年，奉献了毕生的精力。他热爱这里，他辛勤耕耘，他殷切地期望着四川大学的发展进步。

2017 年 9 月，国家正式确认公布世界一流大学和一流学科建设高校及建设学科名单。四川大学列入建设世界一流大学名单，四川大学数学学科列入建设世界一流学科名单；2017 年 12 月 28 日国家天元数学西南中心成立，中心依托于四川大学。对于四川大学及四川大学数学学科，这两项凝聚着刘应明院士心血和期望的里程碑式的进展，无疑是对他的最好缅怀与告慰。川大师生们将会学习他的精神，继承他的遗愿，努力奋进。

*　*　*　*　*　*

2015 年 9 月，刘应明为四川大学数学学院和四川省数学会主编的《四川数学史话文集》一书作序，这篇序言也许是他最后的一篇文章。序言中对四川数学前辈表达敬意的那段话，他自己是绝对当得起的。

四川处于相对落后的西部，四川的数学事业能取得今天的成就尤为不易。几代学人历经的甘苦可想而知，他们锲而不舍的精神更令人敬佩。我们借用一首蜀人的小诗，向为此而做出奉献的人们致以崇高的敬意。

蜀山重重蜀江穷　江涛拍崖关山雄
雾里识得追梦路　逆水行舟也从容

参考文献：

[1] 陈大勇.精确与模糊内在统一的探索者——记中科院院士、九三学社中央副主席刘应明[J].民主与科学, 2003, 3:37-39.

[2] “四川大学刘应明奖学金”捐赠仪式举行. http://scuaa.scu.edu.cn/info/1007/1296.htm.

[3] 千人昨日泪别“中国模糊数学奠基人”. http://news.sina.com.cn/o/2016-07-19/ doc-ifxuaiwa7202111.shtml.

[4] 刘应明同志遗体告别仪式在蓉举行. http://www.93.gov.cn/html/93gov/xwjc/ snyw/160719150069825550.html.

附录 A　刘应明生平活动年表

一、履历

1940.10.8	出生于福州西郊洪山桥镇。
1951.9～1954.7	福州五中(今格致中学)初中部学习。
1954.9～1957.7	福州市第一中学高中部学习。
1957.9～1963.7	北京大学数学力学系(六年制)学习。
1963.9～2016.7	在四川大学从事教学、科研及行政领导与管理工作。
1980	越级晋升副教授。
1983	破格晋升教授，博士生导师。
1995	当选中国科学院院士。

二、行政任职及社会兼职

1981.3～1983.10	第四届四川省政协委员。
1983.3～1992.11	第六届、第七届全国人大代表。
1989.3～2005.3	四川大学副校长。
1990～2016.7	《四川大学学报(自然科学版)》主编。
1992～2002	九三学社四川省委第三届、第四届副主委，并于 2001 年 8 月接任主委；2002～2007 年，九三学社四川省委第五届主委。
1993.3～1997.10	第八届全国政协常委。
1996.11～2002.6	第五届四川省科协副主席。
1997.11～2007.12	第十届、第十一届九三学社中央委员会副主席。
1998.3～2008.10	第九届、第十届全国人大常委会委员兼十届全国人大教科文卫委员会副主任委员，全国人大中国与爱沙尼亚议员友好小组主席。
2000.7～2005.6	四川大学研究生院首任院长。
2002.6～2007.12	第六届四川省政协副主席。
2005.7～	四川大学研究生院名誉院长。
2007.12～2012.12	第七届四川省科协副主席。
2008.3～2013	第十一届全国政协常委。

三、学术方面任职

1982～	《数学年刊》编委。
1983～1996	《数学学报》编委。
1983～2016	中国模糊数学与模糊系统协会首届副理事长兼秘书长(1983～1985)、理事长(1986～1998)、名誉理事长(1998～2016)。这一协会隶属于中国系统工程学会，所以也称为中国系统工程学会模糊数学与模糊系统专业委员会，理事长也称为主任委员。
1984.1～1987.12	中国数学会第四届理事会理事。
1985(大约)～	四川省高校职称评审委员会副主任。
1985.7～	中国系统工程学会第二届理事会常务理事。
1985.5～	第二届至第六届国务院数学学科评议组成员或召集人。
1985	国际模糊系统协会(IFSA)成立。IFSA 有个人会员 2000 名，来自 31 个国家和地区。刘应明被选为国际模糊系统协会 13 人理事之一，刘应明担任过 IFSA 历届理事兼中国分会主席，1993 年 7 月他当选国际模糊系统协会副主席(第五届)。
1986.5	中国模糊数学与模糊系统协会经国家科委批准同意成立国际模糊系统协会(IFSA)中国分会((86)国科外审字 282 号批文)，并以国际模糊系统协会中国分会名义正式加入 IFSA，作为团体会员。IFSA 中国分会主席刘应明、秘书长汪培庄、司库王国俊。
1986	中国首次参加了国际数学家大会。刘应明是国家教育委员会八人代表团成员。
1987～	四川省数学会理事长。他还参与组建四川省系统工程学会，任理事长。
1987	国际模糊系统协会第二次世界大会副主席。
1988.1～1991.12	中国数学会第五届理事会常务理事。
1988～	国家自然科学基金委员会第二届评审组成员。
1990(约)	全国研究生暑期教学中心领导小组副组长。
1993～	国家博士后管委会第三届“数学与天文学”专家组成员。
1993.1	创办数学科普杂志《天府数学》，任主编。
1994	与国防科技大学郭桂蓉院士等五位全国人大代表、政协委员提出模糊技术产业化建议。5 月，国家计委国家经贸委中国科学院科技促进经济基金委员会在京召开“模糊技术产业化”专家咨询会，他任专家组组长。同年，参加苏黎世的世界数学家大会，任国家教委牵头单位代表。

1994～	接替退休的陆文端教授，担任四川大学数学研究所所长。
1994.7～	中国学位与研究生教育学会理事、常务理事兼四川省学位与研究生教育学会会长。
1995～2006	教育部高等学校数学与力学教学指导委员会副主任。
1996.8～2003.12	中国数学会副理事长(第七届、第八届)。
1997～	在全国政协常委赵展岳先生支持下，成立四川大学展虹基金会，任基金会主任。
1998～	中国工业与应用数学学会第三届、第四届副理事长。
1999.3～	连任三届国务院学位委员会委员。
1999～	中国系统工程学会第二届理事会常务理事。
1999～	四川省学位委员会副主任。
2000～2004～2008	连任两届国家自然科学基金委员会天元数学基金学术领导小组副组长。
2000.5～	教育部“高等学校数学研究与高等人才培养中心”主任，中心主任单位原为北京大学、复旦大学、南开大学，今增加了四川大学，共四个主任单位。
2001～	国家基础科学人才培养基金管理委员会委员、数学专家组评审组副组长；国家自然科学基金委员会数学物理科学部咨询委员，并两次担任基础数学评审组组长。
2001.9～	《模糊系统与数学》杂志主编。
2003～	全国高等学校教学研究会数学学科委员会主任。
2006.5～	连任两届教育部“985工程”四川大学长江数学研究中心首席科学家。
2006～2010	教育部高等学校数学与统计学教学指导委员会副主任。
2006.3～	国家基础科学人才培养基金第三届、第四届管委会委员。
2006.9～	国家杰出青年科学基金第五届、第六届评委会委员。
2006.4	被列为首批四川省委直接掌握联系的高层次人才(其中专业技术人才99人，含数学家2人：刘应明院士和四川师范大学副校长张健教授)。
2009.9～	教育部基础学科拔尖学生培养试验计划专家组成员。

四、荣誉及获奖目录

1978年	蒲保明、刘应明、周浩旋、蒋继光的研究项目“拓扑学”获全国科学大会奖。
1979年	蒲保明、刘应明、周浩旋、蒋继光的研究项目“不分明拓扑与其他拓扑的研究”获得四川省重大科技成果奖二等奖。

1982 年　蒲保明、刘应明的研究项目“不分明拓扑学基础性研究”获得国家自然科学奖四等奖。

1982 年　刘应明的研究项目“不分明嵌入理论、代数结构与凸集理论”获四川省重大科技成果奖三等奖。

1984 年　首批国家级有突出贡献中青年专家。

1985 年　刘应明与北京师范大学合作的研究项目“不分明拓扑代数问题与模糊集基础理论及其应用”获国家教育委员会科技进步奖二等奖。

1985 年　四川省劳模。

1986 年　刘应明的研究项目“不分明邻近构造公理、度量化问题与序结构”获国家教育委员会科技进步奖二等奖。

1988 年　刘应明的研究项目“Fuzzy 紧化理论及相关代数问题”获四川省科技进步奖一等奖。

1989 年　首批全国优秀教师。

1993 年　个人项目获全国普通高校优秀教学成果奖。

1997 年　刘应明、熊华鑫、白苏华、钟淑林、韩泽等 5 人的项目《建设国家数学人才培养基地，推动基础科学教育改革》获得国家级教学成果奖二等奖，四川省教学成果奖一等奖。

1998 年　获宝钢教育基金会优秀教师奖特等奖。

2005 年　刘应明、王宝富、马继刚、梁基华、李清朗等 5 人的项目《数学类学生数学应用能力和创新意识培养的研究与实践》获得高等教育国家级教学成果奖二等奖，四川省教学成果奖一等奖。

2005 年 7 月　国际模糊系统协会授予刘应明“IFSA Fellow”称号。这是该协会对在国际模糊系统领域内作出重大贡献的学者的最高表彰。

2005 年　入选为科学中国人(2004)年度人物。

2005 年　荣获何梁何利科技进步奖。(何梁何利科技进步奖是由香港 4 位著名实业家捐助成立的一个全国性科技成果的重奖，用以奖励在科技领域作出系列杰出贡献的优秀学者。)

2009 年　刘应明、王宝富、彭联刚、胡兵、张伟年的项目“西部高校数学教师创新能力的培养”获得国家级教学成果奖二等奖，四川省教学成果奖一等奖。

2015 年 11 月 21 日荣获第十二届华罗庚数学奖。

附录 B　刘应明著作目录

著作

1. Liu Y M, Luo M K. Fuzzy Topology. Singapore: World Scientific, 1997.
2. 刘应明，任平. 模糊性——精确性的另一半. 北京：清华大学出版社, 2000.

经典拓扑

1. 刘应明. CW 复形可乘的一个充要条件. 数学学报, 1978, 2: 171-175.
2. 刘应明. 一类包含弱仿紧空间与次仿紧空间的拓扑空间,数学学报,1977, 20(3)：212-214.
3. 刘应明，刘立榆. 附贴空间的度量化. 数学学报, 1979, 22(2)：241-243.
4. Sheng Y, Liu Y M. A space with infinite span and zero surjective span. Topology and Its Applications, 2001, 114: 327-332.

格值拓扑

1. Pu P M, Liu Y M. Fuzzy topology. I. Neighborhood structure of a fuzzy point and Moore-Smith convergence. Journal of Mathematical Analysis and Applications, 1980, 76(2): 571-599.
2. Pu P M, Liu Y M. Fuzzy topology. II. Product and quotient spaces. Journal of Mathematical Analysis and Applications, 1980, 77(1): 20-37.
3. Liu Y M. Intersection operation on union-preserving mappings in completely distributive lattices. Journal of Mathematical Analysis and Applications, 1981, 84(1): 249-255.
4. 刘应明. 不分明拓扑空间中紧性与Т и х о н о в定理.　数学学报, 1981, 24: 260-268.
5. 刘应明. 本卷: “不分明拓扑空间中紧性与Т и х о н о в定理”一文的勘误. 数学学报, 1981, 24 (4): 641.
6. Liu Y M. Pointwise characterization of complete regularity and imbedding theorem in fuzzy topological spaces. Scientia Sinica, Series A, 1983, 26: 138-147.
7. 刘应明. 不分明 Stone_Cech 紧化. 数学学报, 1983, 26: 507-512.
8. 刘应明. Fuzzy 集论中邻属关系的分析. 数学年刊 A 辑, 1984, 4: 006.
9. 刘应明. Fuzzy 度量化——嵌入理论的一个应用. 数学研究与评论, 1984, 4: 17-21.
10. Liu Y M. An analysis on fuzzy membership relation in fuzzy set theory[J]. Elsevier, 1983: 115-122.
11. Liu Y M. Some properties of convex fuzzy sets[J]. Journal of Mathematical Analysis and Applications, 1985, 111(1): 119-129.
12. 刘应明. 不分明嵌入理论及其应用[J]. 数学研究与评论, 1985, 5 :115-124.
13. 刘应明，何明. 完全分配格上的诱导映射[J]. 科学通报, 1985, 16: 1203-1206.
14. 刘应明，罗懋康.不分明单位区间的良紧性[J].科学通报, 1986, 23: 1765-1767.
15. 刘应明. 格上拓扑学与不分明拓扑学[J]. 四川大学学报(自然科学版), 1986, 3: 43-52.

16. Liu Y M. Structures of fuzzy order homomorphisms[J]. Fuzzy Sets and Systems, 1987, 21(1): 43-51.

17. 刘应明. 关于 Fuzzy 收敛类[J]. 数学进展, 1987, 16: 195-198.

18. 刘应明, 罗懋康. 诱导空间与不分明 Stone-Cech 紧化[J]. 中国科学, 1987, 30(4): 359-368.

19. 刘应明, 罗懋康. 关于格值半连续映射的几点注记[J]. 模糊系统与数学, 1987, 1 :21-26.

20. 刘应明, 罗懋康.不分明紧化中的预序关系[J]. 数学学报, 1988, 31 : 433-442.

21. Liu Y M. On fuzzy convergence classes[J]. Fuzzy Sets and Systems, 1989, 30(1): 47-51.

22. Liu Y M, Luo M K. Fuzzy Stone-Cech compactifications and the largest Tychonoff compactificions[J]. Chinese Annal of Mathematics, 1989, 130:74-84.

23. Liu Y M, Luo M K. Fuzzy Stone-Čech-type compactifications[J]. Fuzzy Sets and Systems, 1989, 33(3): 355-372.

24. 刘应明，罗懋康，彭谦. 完全分配律的分析式与拓扑式刻划[J]. 科学通报，1989, 34: 1121-1123.

25. Liu Y M, Luo M K. Separations in lattice-valued induced spaces[J]. Fuzzy Sets and Systems, 1990, 36(1): 55-66.

26. Liu Y M, Luo M K. Lattice-valued mappings, completely distributive law and induced spaces[J]. Fuzzy Sets and Systems, 1991, 42:43-56.

27. Liu Y M, Luo M K. Lattice-valued Hahn-Dieudonné-Tong insertion theorem and stratification structure[J]. Topology and Its Applications, 1992, 45(3): 173-188.

28. 刘应明,梁基华. 格值半连续映射的乘积式刻划[J]. 四川大学学报(自然科学版), 1992, 29 : 463-467.

29. 刘应明, 梁基华. Complete regularity in lattice-valued induced spaces[J]. 四川大学学报(自然科学版), 1993, 30: 23-28.

30. 张德学, 刘应明. *L*-fuzzy 拓扑空间的弱诱导化[J]. 数学学报, 1993, 36 : 68-73.

31. 刘应明, 梁基华. Fuzzy 拓扑学——层次结构和点式处理[J]. 数学进展, 1994, 4:18.

32. Zhang D X, Liu Y M. *L*-fuzzy modification of completely distributive lattice[J]. Math Nachr. , 1994, 168 : 79-95.

33. 张德学, 刘应明. 分配格的 *L*-fuzzy 拓扑表示与 *L*-fuzzy 理想[J]. 数学年刊 A 辑, 1994, 15: 59-68.

34. 刘应明. Fuzzy 拓扑与格上拓扑[J]. 自然科学进展(国家重点实验室通讯), 1995, (5): 517-520.

35. Liu Y M, Luo M K. T_D Property and Spatial Sublocales[J]. Acta Mathematica Sinica, 1995, 11: 324-336.

36. Zhang D X, Liu Y M. *L*-fuzzy version of Stone's representation theorem for distributive lattices[J]. Fuzzy Sets and Systems, 1995, 76: 259-270.

37. 刘应明.拓扑学与模糊性的数学处理[J].大自然探索, 1996, 15 : 6-8.

38. Luo M K, Liu Y M, Liang J H. On Convergence Classes in *L*-fuzzy Topological Spaces[J]. Journal of Mathematical Analysis and applications, 1998, 224: 316-331.

39. Luo M K, Liang J H, Liu Y M. Accumulation point and C. T. Yang’s theorem in *L*-fuzzy topological spaces[J]. Journal of Mathematical Analysis and applications, 1999, 231: 266-277.

40. Liu Y M, Zhang D X. Lowen spaces[J]. Journal of Mathematical Analysis and Applications, 2000,

241(1): 30-38.
41. Liu Y M, Zhang D X, Luo M K. Some categorical aspects of Fuzzy topology[J]. Journal of Mathematical Analysis and Applications, 2000, 251: 649-668.
42. Liu Y M, Zhang D X. Level filter characterization of Fuzzy neighbourhood systems[J]. Northeastern Mathematical Journal, 2000, 16: 238-242.
43. Liu Y M, Luo M K. Structure of lattices characterized by validity of lattice-valued topological propositions[J]. Topology and Its Applications, 2002, 122: 321-335.
44. 刘应明, 张德学. 关于 Lowen 空间指数对象的一点注记[J]. 数学年刊 A 辑, 2002, 23: 33-40.
45. Liu Y M, Zhang D X. Stone's representation theorem in fuzzy topology[J]. Science in China, 2003, 46 :775-788.
46. Liu Y M, He W. Steenrod's theorem for locales[J]. Math. Proc. Cambridge Phil. Soc., 1998, 124(2): 305-307.
47. 贺伟, 刘应明. Locale 范畴中的逆极限[J]. 中国科学 A 辑, 1998, 28: 321-327.
48. 贺伟, 刘应明. Locale 范畴的反射子范畴[J].数学年刊 A 辑, 1997, 18: 361-366.

Domain 理论

1. Liu Y M, Liang J H. Solutions to two problems of J.D Lawson and M. Mislove[J]. Topology and Its Applications, 1996, 69(2): 153-164.
2. 梁基华, 刘应明. [X→L]上的 Isbell 拓扑和 Scott 拓扑[J]. 数学年刊 A 辑(中文版), 1995, 16: 717-722.
3. 梁基华, 刘应明. Domain 理论与拓扑[J]. 数学进展, 1999, 28: 97-104.
4. 徐晓泉, 刘应明. 完备格上的上拓扑和区间拓扑[J]. 数学年刊 A 辑(中文版), 1999, 20: 15-20.
5. 寇辉, 刘应明. Domain 投射空间的连续性[J]. 数学年刊 A 辑(中文版), 2000, 21: 579-584.
6. 寇辉, 刘应明. Smyth 幂半格及其连续 Domain 表示[J]. 数学学报, 2002, 45: 209-214.
7. Liang J H, Liu Y M. On the spaces of the maximal points[J]. Chinese Annal of Mathematics,2003, 24: 303-308.
8. Kou H, Liu Y M, Luo M K. On meet-continuous dcpos [J]. Domain Theory, Logic and Computation. Netherlands: Springer, 2003: 117-135.
9. Xu X Q, Liu Y M. Relational representations of hyper-continuous lattices[J]. Domain Theory, Logic and Computation, Netherlands: Springer, 2003: 65-74.
10. 刘应明,徐晓泉. Z-拟连续Domain上的Scott拓扑和Lawson拓扑[J]. 数学年刊A辑, 2003, 24: 365-376.
11. Xu X Q, Liu Y M. Regular relations and strictly completely regular ordered spaces[J]. Topology and Its Applications, 2004, 135(1): 1-12.
12. 徐晓泉, 刘应明. 完备格的关系表示理论及其应用[J]. 模糊系统与数学, 2004,18 : 1-18.
13. 徐晓泉, 刘应明. 正则关系与完全正则空间[J]. 数学年刊 A 辑(中文版), 2008, 29: 819-828.

多元函数的“简单逼近”问题与模糊性处理

1. 李中夫, 刘应明. 用单个一元单调函数与加法近似表示一类可结合函数[J]. 中国科学 A 辑, 1993, 23(12): 1245-1253.

2. 李中夫，刘应明. 多变元函数的分解问题及其在决策理论中的应用[J]. 发展战略与系统工程——第五届系统工程学会年会论文集,1986: 444-448.

其他

1. Liu Y T, Liu Y M, Xu K, et al. SHG-Tree：An efficient index structure of spatial database[J]. 计算机科学与探索, 2009, 3(1): 68-90.
2. Zhang X, Wei C Z, Liu Y M, et al. Fractional corresponding operator in quantum mechanics and applications: A uniform fractional Schrödinger equation in form and fractional quantization methods[J]. Annals of Physics, 2014, 350 : 124-136.
3. 刘应明. 熊华鑫, 白苏华. 我国数学高等教育面临的挑战和对策[M]. 面向 21 世纪的中国数学教育//严士健主编. 南京：江苏教育出版社, 1994：196-204.
4. 刘应明. 惠及子孙, 功德无量的大胆尝试: 评宋乃庆主编《小学数学文化丛书》[J]. 数学教育学报, 2015, 24 : 4.
5. 刘应明. 多党合作发展史上的里程碑: 纪念政治协商制度的意见发布 15 周年[J]. 四川省社会主义学院学报, 2004, 2: 1-3.
6. 刘应明. 高基点、高标准、全程培养德才兼备的优秀科技人才[J]. 学位与研究生教育, 1993, 6: 17-20.
7. 刘应明. 深化研究生教育改革　培养 21 世纪建设人才——纪念恢复研究生招生 20 年[J]. 学位与研究生教育, 1998, 6: 9-11.
8. 刘应明. 贺中共十六大胜利召开与闭幕[J]. 民主与科学, 2002, 6: 21.
9. 刘应明. 以诚为学, 以诚待人[J]. 民主与科学, 2002, 1: 7-8.
10. 刘应明. 与时俱进 阔步迈上新征程[J].民主与科学, 2002, 6: 12-13.

后　　记

2016年7月，刘应明院士不幸病故。他的同事、朋友和学生们在凭吊惋惜的同时，纷纷撰写纪念文章，记叙难忘的往事，表达了深切的怀念之情。四川大学数学学院在他逝世一周年之际，还举行了追思会，与会者们倾诉了对刘应明院士的怀念情怀，感人至深。

在朋友们眼里，他是随和而亲切的友人，他的关心帮助是真诚的，也是有原则的；在同事们眼里，他既是有眼光的领导，也是办事严谨、身体力行的实干家；在青年教师和学生们眼里，他是乐于提携后进的良师益友，是学识丰富的长者。

刘应明院士为国家的科教事业、为四川大学的发展付出了毕生的精力，作出了重要的贡献。

刘应明院士对四川大学数学系(学院)的贡献尤为突出，他是四川大学数学系(学院)建设历史上第三次大发展的领军者。

四川大学数学学院一百二十多年的历史上曾经有两次大发展，为之作出最重要贡献的是魏时珍先生和柯召先生两位学者。

魏时珍先生是中国数学界的元老之一，1927年来到成都大学(四川大学前身)，着手创建体现近代大学教育理念的数学系，魏时珍等老一辈学者在四川大学跨入近代数学教育领域方面起了奠基作用，四川大学数学系因之成为四川数学事业和人才培养的生长点。

柯召院士是中国现代数学研究和中国现代数学教育的先驱者之一。1938年留学英国归来担任四川大学数学系主任，他在继承数学系高水平数学教育的同时，树立了数学科学研究和培养研究型数学人才的学风，使四川大学数学系成为具有研究特色的知名学府，为四川大学数学系的崛起贡献良多。1962年以来，柯召长期担任四川大学主管全校科学研究的副校长，1981～1984年任四川大学校长，为四川大学改革开放以后的快速发展奠定了坚实的基础。

刘应明院士来到四川大学二十多年后的20世纪80年代，由于他的努力和历史机遇，他从柯召先生手里接过接力棒，成为为四川大学数学学科的建设和大发展作出最重要贡献的第三位学者，将四川大学的数学学科推进到国内先进之列。

刘应明院士的许多贡献都是与四川大学数学学院的发展历程交织在一起的。所以，通过他的传记，可以清晰地看到四川大学数学学院近三十多年的发展历程。

刘应明院士对西部数学事业的贡献也是可圈可点的。中国数学会第八届、第十届理事长马志明院士说：

长期以来，他是中国西部地区数学学科建设的杰出学科领导人，为中国西部地区数学人才培养、学科建设、科学研究倾注了大量心血，为全国数学的平衡发展作出了不可替代的重要贡献。

刘应明院士对中国西部数学的发展是一个坚强的顶梁柱，也是我们许多年青一代数学工作者学习的楷模和良师益友。

刘应明院士去世后不久，四川大学数学学院就开始了撰写《刘应明传》的筹备工作。在学校的鼎力支持下，在数学学院的领导以及刘应明的生前好友和学生的积极支持协助之下，《刘应明传》的撰写工作于 2017 年下半年正式启动。

2020 年 3 月，《刘应明传》在多方面的关心支持下顺利完稿，由白苏华、陈朝东负责执笔。

《刘应明传》收集了丰富的史料，全面地展示了刘应明院士不平凡的一生。从书中可以了解他的学识以及他对社会的贡献，更能够感受到他的道德风范。他无私奉献的高尚品格，他严谨的、锲而不舍的治学精神，他的处事风格，以及他的生活情趣，这些都是一个优秀学者的气质所在，是值得后人学习的。

撰写本书的目的，是缅怀和纪念刘应明院士，并为中国近代数学的历史提供一些史料。我们更寄希望于有志于中国数学事业的青年才俊们，希望他们了解刘应明等老一辈数学家奋斗和成长的足迹，激起他们继往开来的激情，为中国教育事业和科学技术发展作出新的更大贡献,为中国数学在 21 世纪赶上世界先进水平而奋进。

编写过程中，接受采访、提供素材或参与初稿审定、提出宝贵意见的有刘应明院士学生罗懋康、张德学、张树果、寇辉、周杰等，四川大学数学学院熊华鑫、李安民、唐贤江、李清朗、韩泽、朱允民、彭联刚、严成辉、胡兵、张伟年、张旭、王宝富、陈柏辉、杜斌、覃孟念、徐友才、张宏、王梅、张丹、韩媚、杨亚岚、曾玲等，以及四川大学副校长晏世经、研究生院副院长朱天、海外教育学院张杰，三位曾经担任过刘应明院士的秘书，还有电子科技大学谢云荪，西南大学宋乃庆，四川师范大学许清华、翁凯庆、柳斌等。

刘应明院士的夫人吴玉群老师为本书的撰写提供了全方位的支持协助。

刘应明院士的老师姜伯驹院士惠允为本书作序。

对于来自各方面的关心支持，我们真诚地致以衷心的感谢。

限于水平，不足之处，敬请读者批评指正。

四川大学数学学院
2020 年 3 月